1001 Tipps für einen schönen Tag
in Schleswig-Holstein

1001 Tipps
für einen schönen Tag in Schleswig-Holstein

sh:z das medienhaus
Ellert & Richter Verlag

Inhalt

Vorwort

Hamburg hat seine Reeperbahn, Thüringen die Bratwurst und Bayern die Berge. Was hat Schleswig-Holstein eigentlich zu bieten? Sehr, sehr viel! Derart groß ist das Angebot an regionalen Besonderheiten im Land zwischen den Meeren, dass es ein ganzes Buch füllt. „1001 Tipps für einen schönen Tag in Schleswig-Holstein" gibt – aufgeteilt in 21 Bereiche – einen Überblick darüber, wo hierzulande welche landschaftlichen, historischen und kulturellen Highlights zu finden sind.

Zusammengestellt wurden die Tipps von den Lokalredaktionen des Schleswig-Holsteinischen Zeitungsverlags sowie des A. Beig-Verlags, und damit von Menschen, die sich vor Ort auch wirklich auskennen. Das Buch ist für Touristen sowie Einheimische gleichermaßen geeignet, denn es beinhaltet neben den klassischen Ausflugszielen ebenso echte Insidertipps.

Sibylle Bremer, Ressortleitung „Redaktionelle Projekte"

Entstanden ist damit eine Vielfalt, die sich über genau 1000 Tipps erstreckt. Eine letzte Empfehlung also fehlt noch, um dem Buchtitel

1001 Tipps für einen schönen Tag in Schleswig-Holstein

gerecht zu werden. „Es gibt kein schlechtes Wetter, sondern nur schlechte Kleidung", heißt es im Volksmund. Eine Weisheit, die bei uns im Norden definitiv ihre Berechtigung hat und daher meine finale Empfehlung für Sie ist. Ob Sonnenschein, Gegenwind oder Dauerregen – alles ist möglich im hohen Norden, und für jedes Klima gibt es die passende Kleidung. Wer dies beachtet, ist gut gewappnet für unser Bundesland und wird mit einem schönen Tag in Schleswig-Holstein belohnt.

55 Tipps für Sylt

Das Highlight der bekanntesten deutschen Insel ist ihre einzigartige Landschaft

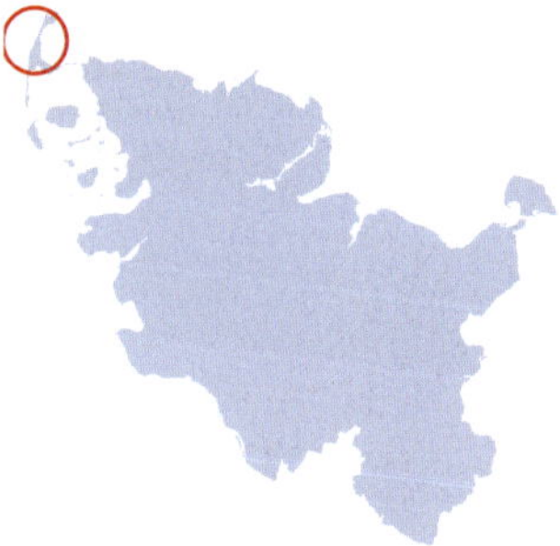

Informationen für Urlaub und Ausflüge

Vieles, was man für einen Tag auf Sylt wissen muss, kann man im Internet unter www.sylt.de erfahren. Erste Anlaufstellen vor Ort sind die Tourist-Informationen in Westerland auf dem Bahnhofsvorplatz (im Pavillon) sowie in der Alten Post (neben dem Rathaus). Tel. 04651/9980 (Pavillon) und 04651/9988 (Alte Post)

1 Wo Sylt immer weiter schrumpft ...

Bei einem Spaziergang um die Hörnum Odde kann man die ständige Veränderung hautnah erleben.

Dauerte der Rundgang vor 20 Jahren noch gut zwei Stunden, so schafft man es heute in weniger als der Hälfte der Zeit, und es muss zudem ein niedriger Wasserstand abgewartet werden.

Für Deutschlands nördlichste Insel gibt es viele Synonyme – „Königin der Nordsee", „Insel der Reichen und Schönen", „In Deutschland ganz oben" oder „Promi-Insel". Wie zutreffend sie auch sein mögen, zeigen sie doch vor allem, dass sich Sylt in den vergangenen 150 Jahren seit Beginn des Fremdenverkehrs einen hierzulande einzigartigen Status erworben hat.

Spätestens seit dem Bau des Hindenburgdamms 1927 ist die Insel mit der unverwechselbaren Form zudem für jedermann leicht per Bahn erreichbar. Eine Möglichkeit, die Jahr für Jahr ungezählte Tagesausflügler nutzen. Ihnen bietet die gerade einmal 99 Quadratkilometer große Insel ein pralles Angebot. Vom Strandleben in Westerland über exklusives Shopping in Kampen oder Keitum und Großevents wie dem Surf World Cup bis zur kulturellen und gastronomischen Vielfalt. Doch das alles ist nur das Rahmenprogramm für das eigentliche Highlight der Insel – und das ist die einzigartige Landschaft und Atmosphäre zwischen Brandung, Dünen und Wattenmeer. Selbst im größten Trubel findet man hier ein Plätzchen, an dem einen der Gesang von Wellen, Möwen und Strandhafer den Rest der Welt einfach vergessen lässt.

Wussten Sie, dass ...

Circa 58 % aller Immobilien auf Sylt mittlerweile auswärtigen Eigentümern gehören?

4 606 429 Urlauber im Jahr 2017 eine Nacht oder länger auf der Insel verbrachten?

Zitiert:

Alles auf der Insel ist ganz nah und gegenwärtig und zugleich in einer gläsernen Ferne.

Peter Suhrkamp, Verleger (1901–1959)

2 Fahrradtour im Insel-Osten

80 Prozent aller radelnden Tagesgäste fahren von Westerland nach List und zurück. Wir empfehlen eine Tour in den Insel-Osten, vorbei am Keitumer Tipkenhoog (Foto unten), durch die Wiesen nach Morsum und von dort auf dem Nössedeich entlang zurück nach Westen. Wer noch Kraft und Lust hat, kann auf dem Rantumdamm das Rantumbecken umrunden.

3 Leuchtturm Hörnum

Als einziges der vier noch betriebenen Sylter Leuchtfeuer steht der 1907 fertiggestellte und 34 Meter hohe rot-weiße Hörnumer Leuchtturm auch Hochzeitspaaren und Besuchern offen. Einst diente er sogar als Schule.

> Besichtigungen Montag, Mittwoch und Donnerstag 9–12 Uhr stündlich, Reservierung unter Tel. 04651/96260 oder info@hoernum.de (Tourist-Service Hörnum)

4 Die Geschichte der alten Sylter

Nur einen Steinwurf voneinander entfernt liegen in Keitum das Sylter Heimatmuseum und das Altfriesische Haus. Die beiden vom Heimatverein Söl'ring Foriining betreuten Museen direkt am Wattenmeer geben einen Überblick über die Sylter Kulturgeschichte bis vor etwa 150 Jahren.

> Sylter Heimatmuseum, Am Kliff 19, Keitum, Tel. 04651/32805 oder 31669; Altfriesisches Haus, Am Kliff 13, Keitum, Tel. 04651/31101, www.sylter-verein.de

5 Erlebniszentrum Naturgewalten

Das Lister Erlebniszentrum Naturgewalten vermittelt kleinen und großen „Forschern" auf 1500 Quadratmetern Einblicke in den Lebensraum Wattenmeer, die Kräfte der Nordsee und das Klimageschehen. Wer wissen will, wie die Insel „funktioniert" und welche Rolle der Mensch dabei spielt, sollte einen Besuch fest einplanen.

> *Hafenstraße 37, List, Tel. 04651/836190, www.naturgewalten-sylt.de*

6 Wo der deutsche Lindbergh ruht

Auf dem schönsten Friedhof der Insel – und dem nördlichsten in Deutschland –, versteckt in einem Dünental, hat der Flieger Wolfgang von Gronau (1893–1977) in List seine letzte Ruhe gefunden. Er gilt als der deutsche Charles Lindbergh, weil er als Erster den Atlantik in Ost-West-Richtung überflog.

7 Die Sylter Kaffee- und Kuchen-Oase

Vorsicht! Wer im idyllisch angelegten Garten oder den unterirdischen Katakomben der Kampener Kupferkanne Platz nimmt, wird so schnell nicht wieder aufstehen wollen, obwohl die Nachfolger schon drängeln. Die größten Kuchenstücke der Insel und Kaffee aus eigener Rösterei steigern das Wohlgefühl ebenso wie der traumhafte Blick aufs Watt.

8 Wattwanderung zu den Austernbänken

Warum es im Sylter Watt mittlerweile von Austern nur so wimmelt, erfährt man bei einer Wattwanderung zu den Lister Austernbänken. Achtung: Gummistiefel mitnehmen, sonst gibt's blutige Schnitte an den Füßen.

> *www.naturgewalten-sylt.de*

9 Hering, Hai & Co. im Sylt-Aquarium

In 25 Meerwasserbecken warten über 2000 Bewohner auf Ausflügler. Hier gibt es einen lebendigen Einblick in die heimische Unterwasserwelt der Nordsee mit Krabbe, Hering & Co. sowie diejenige exotischer Korallenriffs. „King" ist der Zitronenhai „Rambo", der einem im gläsernen Tunnel über den Kopf hinweggleitet.

> Gaadt 33, Westerland, Tel. 04651/8362522, ganzjährig tägl. 10–17 Uhr, www.syltaquarium.de

10 Musik mit Meerblick genießen ...

Fast täglich kommen Musikliebhaber auf der Westerländer Promenade auf ihre Kosten. Von Mai bis Oktober wird die Musikmuschel bespielt. Im Juli und August spielt die Hauptband „Holiday Party Band", verstärkt durch Gastauftritte von Musikgruppen aus ganz Deutschland und Auftritten vom„Sylter Shanty Chor" und „Sylter Bands". Ergänzt wird das Programm außerdem von Gottesdiensten, Tanzabenden und vielem mehr.

11 Seehunde und anderes Meeresgetier

Bis Oktober fahren die „Adler"-Schiffe ab List und Hörnum zu den Ruheplätzen der Seehunde und Kegelrobben. Unterwegs werden per Schleppnetz Meeresbewohner an Bord geholt. Mutige dürfen Schollen, Seesterne oder Einsiedlerkrebse vorsichtig anfassen, ehe diese ins Meer zurückkehren.

> www.adler-schiffe.de

12 Ein Besuch der Sylter Unterwelt

Der Denghoog ist das einzige begehbare Hünengrab der Insel. Die Decke des rund 5000 Jahre alten Steinzeitgrabes hinter der Wenningstedter Friesenkapelle bilden drei große Findlinge.

> www.sylter-verein.de

13 Wanderung bei Sonnenaufgang

Wer Sylt abseits des Touristentrubels erleben möchte, muss früh aufstehen und gut zu Fuß sein. Ein echtes Erlebnis ist ein Sonnenaufgang am Wattenmeer – am besten beim Spaziergang von Keitum über Munkmarsch bis Kampen.

14 Die „Sylter Welle" für Regentage

Pflichtprogramm bei Regenwetter ist das Westerländer Freizeitbad „Sylter Welle". Meerwasser, Wellenbecken und Rutschenturm sind die Highlights. Dazu

gibt es eine große Saunalandschaft.
> *Strandstraße 32, Westerland, Tel. 04651/9980, tägl. 10–22 Uhr, www.sylterwelle.de*

15 Nandus und Eulen in den Tinnumer Wiesen
Versteckt in Wiesen liegt der Tierpark der Familie Christiansen. Auf vier Hektar leben circa 400 tierische Bewohner – von Nandus und Mähenspringern über Meerschweinchen und Kaninchen bis hin zu Eulen und Papageien. Im Tretboot kann man die kleine, von Häschen und Pfauen bewohnte Insel umrunden.
> *Ringweg 100, Tinnum, Tel. 04651/32601, Mai bis Okt. tägl. 10–19 Uhr*

16 Musikalische Gotteshäuser
Ob St. Severin, St. Jürgen oder Friesenkapelle – in den Sommermonaten gibt es auf Sylt fast jeden Tag in einer der neun Kirchen ein Konzert. Neben den virtuosen Organisten der Insel gastieren dort regelmäßig renommierte Solisten der unterschiedlichsten Instrumentengattungen sowie ganze Orchester.
> *www.kirche-auf-sylt.de*

17 Die richtige Sylt-Lektüre „Faszination Sylt"
Echtes Inselfeeling nach Hause holen – neue und alt bekannte Locations rund um die Insel erkunden, geheime Hotspots entdecken, Kurioses und Neues über Sylt, deren Bewohner und Bräuche erfahren und noch vieles mehr – all das bietet das Buch von Klatt/Layda.
> *„Faszination Sylt", 160 Seiten, 29.95 Euro, Ellert & Richter Verlag*

18 Muscheln sammeln am Flutsaum
Der Entschleunigungstipp für Gestresste: Beim Spaziergang am Flutsaum den Blick auf den Boden richten und einsammeln, was einem besonders gut gefällt. Ob Herzmuscheln, Austernschalen, Pelikanfüße oder bunte Steine – als Deko auf der heimischen Festtafel oder Fensterbank weckt das Strandgut das ganze Jahr über Urlaubserinnerungen. Wichtig: Jutebeutel nicht vergessen!

19 Frühstück mit Wattblick
Was gibt es Schöneres, als einen Urlaubstag mit einem üppigen Frühstück zu beginnen? Bei Sonnenschein geht nichts über entspanntes Schlemmen mit Blick aufs glitzernde Wattenmeer – ob stilvoll auf der Terrasse des Fährhauses (am Hafen Munkmarsch) oder rustikal im Lister Strandbistro „Austernperle“ (Oststrand).

20 Schwitzen in den Dünen
Wer gerne schwitzt, ohne sich zu bewegen, der sollte eine der Sylter Strandsaunen aufsuchen. Am urigsten und abgelegensten sind die in List oder in Hörnum.
> Infos und Öffnungszeiten unter www.sylt.de/meer/am-strand

21 Rundflug über die Inseln und Halligen
Über den Wolken ... sollte man bei einem Rundflug besser nicht fliegen. Bei klarer Sicht entfaltet sich unter einem die einzigartige Landschaft der Inseln und Halligen inmitten des glitzernden Wattenmeeres. Geflogen (15 bis 45 Minuten) wird mit Syltair.
> www.syltair.eu

22 Ein Proberitt auf den Wellen
Gerne lassen sich die Sylter Wellenreiter bewundern, wenn sie versuchen, die Brandung auf ihren Boards zu meistern.
> Unser Tipp: Einfach mal selbst ausprobieren. Am besten bei Angelo Schmitt in Rantum, Tel. 04651/3383758

23 Eine Runde Dünen-Golf
Mit vier 18-Loch-Plätzen ist Sylt die deutsche Golf-Insel. Wer bereits die Platzreife hat, kommt um eine Runde Dünen-Golf nicht herum. Zum Beispiel auf dem Links-Course des GC Budersand in Hörnum oder beim Marine-Golf-Club am Flughafen.
> www.gc-budersand.de; www.sylt-golf.de

24 Naturzentrum und Heidewanderung
Eine feine Ausstellung über Flora, Fauna und Entstehung der Insel gibt es im Naturzentrum Braderup. Im Anschluss unbedingt eine Wanderung durch die Braderuper Heide einplanen.
> M.-T.-Buchholz-Stig 10a, Braderup, www.naturschutz-sylt.de

25 Boule spielen im Avenarius-Park
Trotz der höchsten Grundstückspreise der Republik gibt es mitten in Kampen eine große freie Fläche. Der Avenarius-Park – benannt nach dem Schriftsteller und Naturschützer Ferdinand Avenarius (1856–1923) – ist ein

Kleinod mit Obstbaum-Allee, Naturwiese und Teich. Der Clou: ein „Boulodrome“, das professionelle Boulespieler vor Neid erblassen lässt.

26 Ein sprudelnder KunstRaum
Im achteckigen Stahl- und Glas-Bau der Sylt Quelle in Rantum gibt es nicht nur brunnenfrisches Sylter Mineralwasser, sondern auch jede Menge Kunst. Die Galerie im Obergeschoss präsentiert mehrmals jährlich wechselnde Ausstellungen internationaler Künstler.
> *www.kunstraum-syltquelle.de*

27 Erdgeschichte am Morsum-Kliff
Einige Millionen Jahre Erdgeschichte lassen sich am 21 Meter hohen Morsum-Kliff ablesen. Normalerweise übereinander liegende Erdschichten wurden während der Eiszeit so verschoben, dass sie nebeneinander anzutreffen sind. Das Kliff ist heute ein Nationaler Geotop – Klettern sollte man ebenso unterlassen wie das Buddeln nach Fossilien.

28 „Willy“ füttern im Hörnumer Hafen
Die Kegelrobbe „Willy“ ist seit Jahren die Attraktion im Hörnumer Hafen. Gerne lässt sich das Robbenweibchen (!) von Urlaubern mit frischen Heringen füttern, die diese gleich nebenan beim Fischhändler kaufen.

29 Mit der Fähre von List nach Röm
Wer den Blick auf den Lister Ellenbogen mit einem original dänischen Hotdog kombinieren möchte, der ist an Bord der MF „SyltExpress“ richtig. Die Fähre eignet sich nicht nur für den Anreiseweg, sondern auch für einen Kurztrip auf die Insel Röm.
> *www.syltfaehre.de*

30 Original Sylter Schokolade
Wie viele verschiedene Schokoladen-Sorten es bei ihr gibt, weiß vermutlich nicht einmal Chefin Tania Langmaack. In der Sylter Schokoladenmanufaktur gibt es für jeden Geschmack etwas – und vieles, was man mal probieren sollte. Wer auf den Geschmack gekommen ist, kann bei einem der Schokoladen-Seminare lernen, wie man solche Leckereien selbst herstellt.
> Zum Fliegerhorst 15, Tinnum, www.cafe-wien-sylt.de

31 Herausforderung für Petri-Jünger
Brandungsangeln am Weststrand ist für jeden Petri-Jünger eine Herausforderung. Also Rute und Jahresfischereischein einpacken und am Ellenbogen sein Glück versuchen.

32 Einmal um den Ellenbogen
Der Ellenbogen ist nicht nur die nördlichste Spitze Deutschlands, sondern auch ein traumhaftes Naturparadies. Wer sich die Maut an der Straße sparen will, kann seine Ellenbogen-Tour – allerdings nur zu Fuß – vom südlichen Parkplatz vor der Mautstation aus beginnen.

33 Promenade Westerland
Wenn man in Westerland am Bahnhof ankommt und dann den direkten Weg Richtung Strand einschlägt, kommt man auf die 800 Meter lange Promenade, die 1913 erbaut wurde. Dort kann man das Wetter in Strandkörben genießen, sich in Bistros verköstigen, Musik in der Musikmuschel lauschen und an vielen Veranstaltungen aktiv oder als Zuschauer teilnehmen, zum Beispiel beim Winzerfest, Surfcup, Weihnachtsbaden oder der Silvesterparty.

34 Deutschlands kleinste Spielbank
Seit 1949 rollt in Deutschlands kleinster Spielbank fast jeden Abend die Kugel. Im historischen Westerländer Rathaus gibt es neben Automaten auch Roulette, Black Jack und Poker.
> Andreas-Nielsen-Straße 1, Westerland

35 Im freien Fall der Insel entgegen

Der besondere Kick für Wagemutige: Im Sommer sind jedes Wochenende die Fallschirmspringer von Seventhsky am Sylter Himmel zu sehen. Wer aus 2800 Metern Höhe der Insel im freien Fall entgegensausen möchte, kann bei ihnen einen Tandemsprung buchen.
>Tel. 0173/2160121, www.seventhsky.de

36 Sylter Meersalz

Möchte man ein authentisches Produkt von der Insel mit nach Hause nehmen, gibt es von Alexandro Pape das Sylter Meersalz, gewonnen aus reinem Meerwasser, also echtes „Fleur de Sylt". Erhältlich in der
> Sylter Meersalz Manufaktur, Hafenstraße 2 in List, sowie in vielen Geschäften auf Sylt.

37 Sonnenuntergang auf der Uwe-Düne

Den Sonnenuntergang genießt man am besten mit einem Gläschen Wein auf der Uwe-Düne in Kampen. Die Aussichtsplattform liegt 52 Meter über dem Meeresspiegel, was das Naturschauspiel um ein paar Minuten verlängert.

38 Brunchen in der Sansibar

Wer in Deutschlands bekanntestem Lokal abends keinen Platz mehr bekommt, der sollte es vielleicht mal mit dem Frühstücksbrunch (ab 10.30 Uhr) probieren. Dann ist die Hütte noch nicht ganz so voll, der Teller aber trotzdem.
> Tel. 04651/964646, www.sansibar.de

39 Das Sylter Kleinkunst-Festival

Das Meerkabarett in der Halle der Rantumer Sylt Quelle holt die besten Comedians, Musiker und Kleinkünstler auf die Bühne. Ob TV-Stars oder Newcomer, hier gibt es im Sommer beste Unterhaltung – und danach Currywurst.
> www.meerkabarett.de

40 Lesen, staunen, spielen lernen, ...

Der neu entstandene Sagenwald in dem kleinen Wäldchen zwischen Wenningstedt und Kampen bietet Familien die Möglichkeit, sich mit dem Thema „Sagen und Geschichten" nicht nur theoretisch, sondern auch ganz praktisch vor Ort zu beschäftigen.

41 Algenfarm in List
Was man aus Braun- und Rotalgen alles machen kann und wie man sie an Land züchtet, kann einem niemand besser erklären als Meeresbiologe Klaus Lüning auf seiner Lister Algenfarm.
> Hafenstraße 10–12, List, Tel. 0175/1644762, www.algenfarm.de

42 Villa Kunterbunt
Am nördlichen Ende der Westerländer Promenade findet man für junge Sylturlauber (4 bis 13 Jahre) das Pippi Langstrumpf „Kinder an die Macht" – Domizil mit Piratenspielplatz und Riesenhüpfkissen. Es kommt keine Langeweile auf und nebenbei haben die Eltern frei.
> Villa Kunterbunt,
Mai–Okt. 10–17 Uhr,
Nov.–April 10–15 Uhr,
Tel. 04651/998275

43 Faszinierender Pferdesport
Wer einmal das Polospiel mit edlen Pferden live erleben möchte, kann dies Anfang Juni in Hörnum am Strand beim Beach Polo World Cup und im Juli oder August (wechselnde Termine beim German Polo Masters) in Keitum. Tempo, Eleganz, Geschwindigkeit, Faszination – alles dabei.

44 Nachtspaziergang am Strand
„Weißt du, wie viel Sternlein stehen?" Am besten kann man dieser Frage bei einer nächtlichen Strandwanderung mit der Schutzstation Wattenmeer in Hörnum nachgehen.
> Tel. 04651/881093, www.schutzstation-wattenmeer.de

45 Budersandberg von Hörnum
Auf dieser Düne trafen sich früher die Hexen der Insel, heute hat man einen herrlichen Blick über den Sylter Süden und auf den wohl kuriosesten Kleingartenverein der Insel.

46 Stehend über die Insel rollen

Stehend auf zwei Rädern über die Insel zu rollen erfreut sich immer größerer Beliebtheit. Die Weely oder Segway genannten Gefährte sind einfacher zu bedienen, als es auf den ersten Blick aussieht. Die Insel erkunden kann man allein oder bei geführten Touren.

> *Infos und Buchung: Tel. 04651/4609999 oder www.sylt-weely.de*

47 Verwöhnen lassen wie Kleopatra

Nach einer ausgiebigen Radtour oder einem langen Strandspaziergang kann man sich im 4500 Quadratmeter großen Syltness Center in Westerland so richtig verwöhnen lassen. Gönnen Sie sich ein Hammam- oder ein Kleopatra-Bad oder eine Ayurvedamassage.

> *Dr.-Nicolas-Straße 3, Westerland, Tel. 04651/9980, www.syltnesscenter.de*

48 Das kleinste Museum der Insel

In dem ehemaligen Spritzenhaus der Keitumer Feuerwehr (erbaut 1906) ist das gerade einmal 60 Quadratmeter große Sylter Feuerwehrmuseum untergebracht. Ob Uniformen, Helme oder Handdruckspritzen – viele Feuerwehr-Utensilien der letzten 130 Jahre sind hier zusammengetragen.

> *C.-P.-Hansen-Allee, Keitum, April bis Okt. jeweils dienstags von 10.30–13 Uhr*

49 Strandgymnastik für Frühaufsteher

Fit für den Sylt-Urlaub: In Westerland treffen sich Frühaufsteher bis Anfang September montags, mittwochs und freitags um 9 Uhr am Strandübergang Friedrichstraße zur Strandgymnastik. Bei schlechtem Wetter wird das Training in die Musikmuschel verlegt.

> *Tel. 04651/9980, www.westerland.de*

50 Waldspaziergang

Wer an stürmischen Tagen etwas Windschutz sucht, kann sogar auf Sylt einen – wenn auch kleinen – Waldspaziergang machen. Unser Tipp ist das Wäldchen zwischen den beiden Campingplätzen von Wenningstedt und Kampen mit seinem Fitness-Parcour und dem neuen Sagenwald.

51 Über den 55. Breitengrad

Fahren Sie mit dem Rad einmal rund um Deutschlands imposanteste Wanderdünenland-

schaft. An der Jugendherberge List das Rad abstellen und über den Dünenwanderweg ins Naturschutzgebiet Listland hineinwandern. Auf der Aussichtsplattform erwartet einen ein grandioses Panorama.
Übrigens: Bei dem Abzweig zur Alten Listlandstraße kurz nach der Siedlung Westerheide überquert man den 55. Breitengrad.

52 Vogelkoje Kampen

Noch vor hundert Jahren bereicherten Wildenten den ansonsten eher kargen Speiseplan der Sylter. Gefangen wurden sie in speziellen Entenfanganlagen, sogenannten Vogelkojen. Die Anlage nördlich von Kampen ist originalgetreu rekonstruiert und liegt inmitten eines urwaldähnlichen Naturschutzgebietes direkt am Wattenmeer.
> Lister Straße, Kampen, Tel. 04651/871077, April bis Okt., www.sylter-verein.de

53 Auf den Spuren Kampener Künstler

Auf ungewöhnliche Art werden in Kampen Künstler und Kunstschaffende geehrt, die den Ort bekannt gemacht haben. Insgesamt 22 Bronzeguss-Platten mit Zitaten von Max Frisch, Siegward Sprotte, Ernst Rowohlt und anderen finden sich an einigen der schönsten Stellen Kampens.
> Das Begleitbuch und Infos gibt es beim Tourismus-Service Kampen (Tel. 04651/46980, www.kampen.de).

54 Flugzeuge gucken

Wer nach ein paar Stunden Inselnatur Sehnsucht nach ein bisschen Zivilisationstrubel hat, der ist im Flughafen-Restaurant gut aufgehoben. Von der Dachterrasse aus kann man dem entspannten Treiben auf dem Vorfeld des Insel-Airports zusehen.

55 Glaskunst

In Keitum direkt am Bahnhof gibt es das neue Atelier von Antje Otto. Verschiedene Bearbeitungstechniken ergeben unterschiedliche Objekte: Lampen, Gläser, Schalen und vieles mehr.
> Antje Otto, E-Mail: info@glaskunst-antjeotto.de, Tel. 04651/32933

49 Tipps für Föhr, Amrum, Pellworm und die Halligen

Einmalige Landschaften zeigen die Vielfalt inmitten des Wattenmeers

Informationen für Urlaub und Ausflüge

Föhr Tourismus GmbH, Tel. 04681/300, www.foehr.de, Tourist-Information im Reedereigebäude am Hafen; Amrum-Touristik, Tel. 04682/94030, www.amrum.de, Tourist-Information im Reedereigebäude am Fähranleger; Kur- und Tourismusservice Pellworm, Tel. 04844/18940, www.pellworm.de, Uthlandestraße 2; Internet: www.halligen.de, www.faehre.de, www.adler-schiffe.de, www.faehre-pellworm.de

1 Tief im Westen ...

... versinkt die Sonne als knallroter Ball im Meer. Ob Wyk, Goting oder Dunsum – von der Föhrer Süd- und Westküste ist dieses Schauspiel wunderbar zu beobachten. Einen Logenplatz hat man auf dem Utersumer Deich. Wie im Theater sitzen die „Sonnenanbeter" dort allabendlich auf Bänken und klatschen Beifall, wenn das Spektakel vorbei ist.

Nirgendwo ist man dem Weltnaturerbe Wattenmeer näher. Denn die Inseln Föhr, Amrum und Pellworm sowie die nordfriesischen Halligen liegen mittendrin in dieser einmaligen Landschaft, die geprägt ist vom Wechsel der Gezeiten. Dabei hat jedes dieser Eilande seinen ganz eigenen Charakter. Föhr ist die „grüne" Insel mit saftigen Marschwiesen, Dörfern, die von prächtigen alten Reetdachhäusern geprägt werden, und der quirligen Hauptstadt Wyk, die schon seit 1819 Seebad ist. Hier verbrachte einst der dänische König Christian VIII. seine Sommerfrische. Ganz anders die „kleinen Schwestern": Amrum hat eine imposante Dünenlandschaft und mit dem Kniepsand einen der breitesten Badestrände Europas. Ganz flach ist dagegen die Marscheninsel Pellworm. Genau wie die Halligen, die bei Sturmfluten immer wieder vom Meer überspült werden – nirgends spürt man die Naturgewalten unmittelbarer.
Um die nordfriesischen „Uthlande" in ihrer ganzen Vielfalt zu erkunden, braucht es mehr als nur einen Urlaub. Doch auch für Tagesgäste sind die Inseln und Halligen lohnende Ziele.

Wussten Sie, dass ...

mehr als 700 Werke bedeutender Künstler im Besitz des Föhrer Museums Kunst der Westküste in Alkersum sind?

200 Hektar Wald Amrum zur waldreichsten deutschen Nordseeinsel machen?

Zitiert:

Auf Föhr fand ich das beste Badewasser, das ich je antraf.
Hans Christian Andersen, dänischer Dichter (1805–1875)

2 Raufklettern und runtergucken

Das ist schon fast wie kraxeln in den Bergen: 316 Stufen muss überwinden, wer den Amrumer Leuchtturm besteigen will. Ganz schön anstrengend, doch wer es geschafft hat, wird belohnt. Denn vom Amrumer Wahrzeichen, mit 64 Metern der höchste Leuchtturm an der deutschen Nordseeküste, hat man einen weiten Blick über Inseln und Meer.

> Öffnungszeiten Montag–Freitag 8.30–12.30 Uhr, im Winter nur Mittwoch 9–12.30 Uhr

3 Mit der Lore tuckern

Oland, Langeneß und Nordstrandischmoor sind durch einen Lorendamm mit dem Festland verbunden. Immer wenn die Halligleute mit ihren kleinen Loren

über den Damm „tuckern", ist das ein besonderes Schauspiel für Touristen. Mitfahren dürfen aber nur Feriengäste, die von ihren Vermietern abgeholt werden.

4 Den Stürmen getrotzt

Ein historisches Kleinod ist die kleine Hallig-Kirche auf Hooge. Die neben dem Hallig-Friedhof auf der Kirchwarft gelegene Johanniskirche aus dem 17. Jahrhundert hat viele stürmische Zeiten überlebt. Zahlreiche Gegenstände erinnern heute noch an diese großen Sturmfluten. Zu bewundern sind auch Kunstwerke des Meisters Ringeling.

5 Übers Meer wandern

Richtige Eilande sind nur per Schiff oder Flugzeug zu erreichen. Doch nach Föhr und Amrum kann man auch laufen – immer dann, wenn bei Ebbe der Meeresboden trockenfällt. Zwischen den Inseln werden in den Sommermonaten regelmäßig geführte Wattwanderungen angeboten.
> *Termine unter www.foehr.de oder www.amrum.de*

6 Seehund zum Streicheln

Große und kleine Besucher können im Nationalpark-Haus in Wyk auf Föhr die Wattenmeer-Natur entdecken. Attraktion für Kinder ist der ausgestopfte Seehund.
> *www.nph-foehr.nationalparkservice.de*

7 Aufs Wasser gucken

Früher spannen die alten Föhrer auf der Schifferbank am Sandwall von Wyk ihr Seemansgarn. Auf der neuen Schifferbank dürfen auch Föhr-Urlauber den Blick aufs Meer genießen.

8 Schwitzen oder chillen

Durch die Fensterfront des Fitnesscenters Aquafit im Wyker Wellnesstempel Aquaföhr kann man beim Schwitzen aufs Meer schauen. Oder von der Strandpromenade aus denen zusehen, die sich dort einen Waschbrettbauch antrainieren. Und dann selbst im Bistro Aquamarin auf ganz andere Art auch etwas für den Bauch tun.
> *www.aquafoehr.de*

9 Wo Föhrer Enten sich den Bauch vollschlagen

Am besten stellt man sein Auto auf dem Parkplatz am Feuerwehrgerätehaus ab. Dann kann man durch den historischen Nieblumer Ortskern schlendern, die alten Kapitänshäuser bewundern und den Nachwuchs bei Laune halten, indem man sagt, man befinde sich auf direktem Weg zur „Meere". Das ist der Teich vor dem „Haus des Gastes", auf dem Enten darauf warten, gefüttert zu werden.

10 Traditionelle Jagdmethode

Noch heute wird die traditionelle Entenjagd in Föhrer Vogelkojen betrieben. Die Boldixumer Vogelkoje kann im Sommer besichtigt werden.
> *Geöffnet von April bis Okt., Montag–Freitag 10–12 Uhr*

11 Anderen bei der Arbeit zugucken

In „Stellys Hüüs" in Oldsum können Föhr-Urlauber nicht nur riesige Tortenstücke genießen, sondern auch sehen, wie das Geschirr entsteht, auf dem sie serviert werden. Annetta König hat ihre Keramikwerkstatt mitten im Café.

> *Oldsum 38, Tel. 04683/306*

12 Auf Föhr zu Besuch bei Munch und Liebermann

Im Alkersumer Museum Kunst der Westküste gibt es unter anderem Werke von Munch, Liebermann und Nolde. Darüber hinaus werden in wechselnden Ausstellungen auch Arbeiten von Zeitgenossen präsentiert.

> *www.mkdw.de*

13 Spiel, Spaß und gutes Essen für die ganze Familie

Die Eltern können es sich im Farmrestaurant gemütlich machen und im Hofladen stöbern, während der Nachwuchs stundenlang beschäftigt ist. Auf Hinrichsens Familienfarm in Dunsum ist ein kleiner Freizeitpark entstanden, unter anderem mit Swingolf, einem Modell-Spielland und einer Spielscheune. Besondere Attraktion sind die Fahrten auf einem amerikanischen Viehwagen zur Fütterung der Herde. Und auf dem Hof können viele Tiere bewundert werden.

> *www.hinrichsens-farm.de*

14 Definition von Glück

Viele „Föhringer" sind im 17. und 18. Jahrhundert als Kapitäne auf Walfangschiffen zu Reichtum gekommen. Einer der erfolgreichsten war Matthias Petersen, genannt der „Glückliche Matthias". Angeblich hat er 373 Wale erlegt. Seine Lebensgeschichte erzählt ein Grabstein auf dem Süderender Friedhof.

15 Das riesengroße Maul

Diese Portale sind gute sechs Meter hoch. Durch die Unterkiefer eines Blauwals betritt man das Geländes des Friesenmuseums in Wyk auf Föhr, das auch in seiner Ausstellung an die Walfangzeit erinnert.

> *www.friesen-museum.de*

16 Ganz schön klapprig

Seit Jahren brüten Störche in Wyk auf Föhr, unter anderem im Park an der Mühle und in einem Gehege an der Badestraße. Von dort überträgt eine Webcam Bilder von Adebars Familienleben.

> *www.inselstorch.de*

17 So schmeckt der Föhrer Sommer

Ernteglück auf einem Feld zwischen Goting und Borgsum. Dort bietet Bauer Nielsen im Frühsommer Erdbeeren zum Selbstpflücken an.

> *Taarepswoi 5, Tel. 04683/96120, www.bauernhof-nielsen.de*

18 Stadtbummel auf Föhr

Die Wyker Innenstadt bietet Flaneuren nicht nur schöne Geschäfte und gemütliche Lokale, sondern auch eine tolle Aussicht. Denn der Sandwall, Promenade und Einkaufsmeile, liegt direkt am Wasser.

19 Des Müllers Lust

Von Mühle zu Mühle – eine ganz besondere Föhr-Radtour. Am besten startet man in Wrixum, wo die alte Windmühle sogar besichtigt werden kann. Weiter geht es auf Fahrradwegen über Oldsum und Borgsum zurück nach Wyk. Dort lädt der idyllische Park an der Mühle zur Erholung ein.

20 Treffsicher im Galopp

Es erinnert an mittelalterliche Reiterkämpfe. Beim Ringreiten muss der Reiter im Galopp einen kleinen Ring mit einer kurzen Lanze aufspießen. Auf Föhr und Amrum finden in den Sommermonaten Turniere statt, die Volksfest-Charakter haben.

> *Termine unter www.foehr.de und www.amrum.de*

21 Gemütlich über die Inseln zockeln

Inselrundfahrten der besonderen Art bieten „Friesenexpress“ (Föhr) und „Insel-Paul“ (Amrum). Die Bimmelbahnen tuckern ganz gemütlich über die Dörfer und die Passagiere erfahren dabei einiges über Land und Leute.

> *www.friesenexpress-foehr.de; www.amrumer-inselbahn.de*

22 Der schönste Tag im Leben

Nicht nur der ehemalige schleswig-holsteinische Ministerpräsident Peter Harry Carstensen, auch ganz normale Leute kommen zum Heiraten nach Föhr oder Amrum. Ob „gute Stube“ im Museum, alte Mühle oder Segelboot: Auf den Inseln kann man sich an romantischen Orten „trauen“.

> *www.aml-foehr-amrum.de*

23 Ziemlich fein herausgeputzt

Bei der Festtagstracht der Friesinnen sticht vor allem der kostbare Schmuck aus Silberfiligran ins Auge. Die Insulanerinnen legen ihre Tracht nicht nur für die Touristen an, sondern auch zu besonderen Anlässen, beispielsweise zur Konfirmation oder Hochzeit.

24 Sommerfrische auf der Sandbank

Sie strecken ihre dicken Bäuche genüsslich in die Sonne, aalen sich im Sand und lassen es sich gut gehen. Die Seehunde auf den Sandbänken rund um Inseln und Halligen verhalten sich kaum anders als die Urlauber an den Stränden. Wer die Meeressäuger aus der Nähe beobachten will, kann zu Fahrten zu den Robbenbänken in See stechen.
> *Termine unter www.foehr.de, www.amrum.de oder www.seeadler-hooge.de*

25 „Geistige" Anregung

Für das „geistige" Wohlbefinden der Insel- und Halligbesucher lockt das nordfriesische Nationalgetränk „Pharisäer" – ein leckeres „Schlückchen" aus Kaffee, Rum und Sahne.

26 Vom Sklaven zum General

Hark Olufs' Schiff wurde 1724 von Piraten gekapert, er selbst als Sklave verkauft. Im Dienst des Beys von Constantine stieg er zum Oberbefehlshaber der algerischen Kavallerie auf. Als reicher Mann kehrte er nach Amrum zurück. Sein abenteuerliches Leben ist Thema einer Ausstellung im Norddorfer „Maritur".
> *www.naturzentrum-amrum.de*

27 Der „Walfisch" aus Stahl

Im Spätherbst 1998 beherrschte die Havarie der „Pallas" über Wochen die Nachrichten. Das brennende Schiff war vor Amrum gestrandet, auslaufendes Öl hatte die Küste verschmutzt und tausende Seevögel das Leben gekostet. Das Wrack ist an klaren Tagen vom Wittdüner Weststrand aus mit bloßem Auge zu sehen. Von Weitem erinnert es an einen Wal, dessen Rücken aus dem Wasser ragt.

28 Anonym begraben

Immer wieder wurden Menschen, die auf See ums Leben kamen, an den Amrumer Stränden angeschwemmt. 1906 wurde für sie in Nebel der Friedhof der Namenlosen angelegt. Im Jahr 2011 neu gestaltet, lädt er zum Verweilen ein.

> *Gegenüber der Bushaltestelle „Mühle"*

29 Wegweiser für Schiffe

Wie sie so auf dem Wasser dümpeln, wirken sie federleicht, doch tatsächlich sind sie riesige Metall-Ungetüme. Im Amrumer Seezeichenhafen kann man die Schifffahrtstonnen sehen, die als Fahrwassermarkierungen ausgelegt werden, und bei Führungen alles über die „Wegweiser" im Meer erfahren.

> *Termine unter www.amrum.de*

30 Besuch bei den Vorfahren

Schon lange bevor im frühen Mittelalter die Friesen Amrum entdeckten, lebten dort Menschen. Bei archäologischen Führungen kann man unter anderem die Reste einer eisenzeitlichen Siedlung besichtigen.

> *Termine unter www.amrum.de*

31 Neue Kunst und altes Handwerk auf Amrum

In der Nebeler Windmühle von 1771 erfährt man viel über das alte Müllerhandwerk. In wechselnden Ausstellungen wird außerdem moderne Kunst präsentiert.

> *April bis Okt., Montag–Sonntag 11–16 Uhr*

32 Fischers frische Fische

Nachts schwimmen sie noch in der Nordsee, mittags landen sie bereits auf Brötchen oder in der Pfanne, die Krabben und Fische, die Andreas Thaden fängt. Ehefrau Marie-Luise verkauft sie in einem zur Fischbude umgebauten Steuerhaus auf der Steenodder Mole an Amrums Ostküste.

> *Geöffnet im Sommer, immer wenn die rote Fahne weht*

33 Die Blütezeit der Insel

Das Heimatmuseum Öömrang Hüs in Nebel bietet einen Einblick in das Leben auf Amrum in früheren Jahrhunderten und die

Blütezeit der Insel während des Walfangs.
> *Öffnungszeiten unter www.amrum.de*

34 Handicap kein Hindernis

Für Reisende mit Handicap wird auf Inseln und Halligen einiges getan. So bietet Hooge ein Landkarten-Set als Relief mit Kommentaren in Brailleschrift und die Gaststätte „Zum Seehund" hat eine Speisekarte in Blindenschrift. Auf Föhr und Amrum gibt es barrierefreie Strandübergänge und Spielplätze.
> *www.foehr.de, www.amrum.de, www.hooge.de*

35 Uralte Wohnkultur

Das Kapitän-Tadsen-Museum auf der Langeneßer Ketelswarft ist ein original erhaltenes Halligehaus, dessen Grundstein 1741 gelegt wurde. Die Räume sind mit historischen Möbeln, Wand- und Deckenmalereien sowie Wandfliesen ausgestattet.
> *Tel. 04684/217, Osterferien bis 31. Okt., Führungen Montag–Samstag 13.30 Uhr*

36 Zur Hallig radeln

Die Hamburger Hallig ist die einzige Hallig, die über einen Damm direkt mit dem Festland verbunden ist. Von Ostern bis Oktober ist das Eiland mit dem Pkw, zu Fuß oder mit dem Rad zu erreichen. Eine Badestelle lädt zum Schwimmen im Meer ein.

37 Im Schlafzimmer des Königs

Im Königspesel auf Hallig Hooge hat schon der dänische König Frederik VI. übernachtet. In der Friesenstube aus dem 18. Jahrhundert ist die Wohnkultur der Seefahrer zu bestaunen.
> *www.hooge.de*

38 Einmal Postbote spielen

Mit dem Postboten von Pellworm zur Hallig Süderoog wandern – ein unvergessliches Erlebnis. Seit einiger Zeit können sich Heiratswillige in der guten Stube der Halligbewohner, Gudrun und Hermann Matthiesen, trauen lassen.
> *Tel. 04844/18940*

39 Auf den Spuren von Nils Holgersson

Auf dem Weg nach Sibirien machen jedes Frühjahr tausende von Ringelgänsen Station auf den Halligen. Seit Jahren organisiert das Nationalparkamt die Ringelganstage, bei denen Besucher die Tiere beobachten und alles über die Gänse erfahren können. Die Eröffnung findet alljährlich im April auf Hooge statt.

40 Einmal über Rungholt fahren
Wer mit der Pferdekutsche von Nordstrand zur Hallig Südfall fährt, kann von sich sagen: „Heut' bin ich über Rungholt gefahren." Bei Südfall soll der versunkene, sagenumwobene Ort liegen.
> Mai bis Sept., Tel. 04842/300, www.touristinfo-nordstrand.de

41 „Speedboot" im Wattenmeer
Am schnellsten reist man durch das Wattenmeer mit dem „Adler Express". Der „Wasserjet" düst zweimal am Tag von Nordstrand bis Sylt – vorbei an den Inseln Pellworm und Amrum sowie den Halligen.
> Tel. 04651/98700, www.adler-schiffe.de

42 Das Tor zu den Halligen
Der Fährhafen Schlüttsiel ist Ausgangspunkt für Fahrten ins Halligmeer. Besucher können sich dort in einer Ausstellung über die Halligwelt informieren.
> www.faehre.de

43 Der bundesdeutsche Primus
Die Hallig Gröde ist in ganz Deutschland bekannt: Bei Bundestagswahlen hat sie immer bei der Stimmauszählung die Nase vorn. Das winzige Eiland bietet Naturgenuss pur.
> www.groede.de

44 Turmruine als Insel-Wahrzeichen
Die Alte Kirche St. Salvator auf der Insel Pellworm wurde um das Jahr 1200 errichtet. Die Ruine des Turms, der 1611 einstürzte, ist das Wahrzeichen der Insel. Die Kirche hat eine kostbare Arp-Schnitger-Orgel. Die Neue Kirche erhielt ihren jetzigen Standort um 1621/22. Teile der Ausstattung stammen aus Kirchspielen, die in der großen Flut 1634 untergingen.
> www.pellworm.de, www.faehre-pellworm.de

45 Wo es auch Fisch gibt

Der Fischmarkt in Wyk auf Föhr ist ein Klassiker. Auf der Ostkaje des Binnenhafens stehen sonntags die Stände und Buden dicht an dicht – mit Kitsch und Kunst, Klamotten und Schmuck, Obst und Oliven, Waffeln und Bratwurst. Und ganz weit hinten findet man auch Fisch.

> Jedes Jahr vom Sonntag vor Ostern bis Mitte Oktober, 10–15 Uhr

46 Trubel auf dem Lande

Jeden Donnerstag ist von Mai bis Oktober im sonst so beschaulichen Föhrer Inseldorf Oevenum Hochbetrieb – immer dann, wenn in der Buurnstrat die Stände zum Dorfmarkt aufgebaut werden. Neben frischem Föhrer Obst und Gemüse gibt es dort viel Kunsthandwerk und alle Sorten Schleckereien.

> 10–12.30 Uhr

47 Einfach mal abheben

Die Nieblumer Windsurfingschule bietet Surf-, Kite-, Catamaran- und Kitebuggykurse für jedermann an. Jedermann heißt: Auch Menschen mit Handicap sind Dirk Hückstädt willkommen. Denn der Föhrer Surflehrer bietet (nach eigenen Angaben deutschlandweit als Einziger) auch Kite- und Kitebuggykurse für Rollstuhlfahrer an.

> Jens-Jacob-Eschel-Straße 27, Nieblum, Tel. 04681/4766, www.nws-foehr.de, huecki@nws-foehr.de

48 Touren auf einer Tjalk oder einem Pfahlewer

Durchs Wattenmeer segeln wie die Vorfahren kann man auf der 1896 erbauten Groninger Tjalk „Labor Sanitas“ und auf der „Ronja“, dem Nachbau eines historischen Pfahlewers. Beide Segelschiffe liegen im Sommer im Wyker Hafen und bieten regelmäßig Touren an.

> www.laborsanitas.de

49 Ein Hauch von Freiheit und Abenteuer

Einmal am Wasser entlangreiten, sich den Wind um die Nase wehen lassen, den Duft von Meerwasser und warmem Pferdefell einatmen und die grenzenlose Freiheit der Amrumer Inselküste genießen – nicht nur kleine Mädchen träumen von solchen Ausritten. Der Reiterhof „Islandpferde faan Stianood“ in Steenodde bietet Strandritte und andere Ausritte in kleinen Gruppen sowie Reitunterricht an.

> Stianoodswai, Steenodde, Tel. 0177/4811807

48 Tipps für Südtondern

Was sich in Nordfrieslands Norden so alles anstellen lässt

Informationen für Urlaub und Ausflüge

Vom Fahrradverleih bis zum bequemen Bett: Alle wichtigen Informationen für den Urlaub an der Nordsee, aber auch im Binnenland, hält die Nordfriesland-Tourismus GmbH bereit:
Nordseestraße 1, 25899 Dagebüll, Tel. 04667/981036,
E-Mail: info@nf-tourismus.de, www.nordfrieslandtourismus.de

1 Einmaliges Naturschauspiel Trockenen Fußes ins Meer gehen? Das geht, denn alle sechs Stunden wechseln sich Ebbe und Flut ab – ein aufregendes Naturereignis. Übers Watt sind Wanderungen bis zu den Halligen möglich. Am besten unternimmt man diese Touren mit einem erfahrenen Führer wie beispielsweise Dr. Walther Petersen-Andresen aus Dagebüll. Es werden auch Vollmondwanderungen durch das Watt mit anschließendem Grillen angeboten.
> Tel. 04667/466,
E-Mail: wp-a@gmx.de,
www.wattwanderung.eu

Südtondern ist vielen nur durch Niebüll und Dagebüll bekannt. Die beiden Orte sind das „Sprungbrett“ für Urlauber der Inseln Sylt, Föhr und Amrum. In der Kleinstadt Niebüll startet der Sylt-Shuttle der Bundesbahn, in Dagebüll legen die Fähren an. Dabei hat das den Inseln gegenüberliegende Festland weit mehr zu bieten!
Ein Aufenthalt vor Ort verspricht vor allem Erholung. In Südtondern ist die Luft noch rein, die Landschaft naturbelassen. Das Weltnaturerbe Wattenmeer liegt direkt vor der Haustür. Darüber hinaus punktet die Region kurz vor der dänischen Grenze mit zahlreichen Kultureinrichtungen, die besonders bei Schmuddelwetter einen Ausflug wert sind. Unter anderem war Südtondern die Heimat des bekannten expressionistischen Malers Emil Nolde. Seine Werke werden in einem idyllisch gelegenen Museum in Seebüll ausgestellt.
Scheint die Sonne, können Urlauber diverse Freizeitangebote nutzen. Wie wäre es zum Beispiel mit einer Draisinenfahrt oder einer Kanutour?
Dank der Vielfalt der Angebote verzeichnen auch die Orte im Küstenhinterland hohe Gästezahlen – zu Recht.

Wussten Sie, dass ...

Emil Nolde **1300** „Ungemalte Bilder“ vollendet hat? So nannte der Künstler die während seines Malverbots in der NS-Zeit entstandenen Aquarelle.

40 000 Einwohner in Südtondern leben? Sie machen es damit zum größten Amt in Schleswig-Holstein.

Zitiert:

Ich fühle mich in Südtondern richtig wohl, und das liegt besonders an den Menschen.
Hauke Petersen, Schornsteinfeger aus Niebüll

2 Mit Stock über Stein

Kein Besuch im hohen Norden ohne Nordic Walking! Die Technik ist schnell für alle Fitness- und Altersstufen erlernbar und bietet die Möglichkeit, die Landschaft kennenzulernen sowie gleichzeitig die Gesundheit zu stärken.

> Nordic Walking Team Nordfriesland, Björn Voss, Tel. 04661/675713; Evangelische Familienbildungsstätte Niebüll, Tel. 04661/2240

3 Zeit zum Gedenken

Unweit der dänischen Grenze befindet sich die KZ-Gedenk- und Begegnungsstätte Ladelund. Hier wird mit viel Engagement und Ausdauer die Erinnerung an

die Opfer des nationalsozialistischen Regimes am Leben erhalten.

> KZ-Gedenkstätte Ladelund, Raiffeisenstraße 3, Tel. 04666/449, www.kz-gedenkstaette-ladelund.de

4 Ein Streifzug durch Binsen und Schilf

Auf einer geführten naturkundlichen Wanderung für die ganze Familie lernen die Teilnehmer den Gotteskoogsee, seine Flora und Fauna kennen. Der renaturierte See ist Revier für zahlreiche Wasservögel. Mit etwas Glück lässt sich der Seeadler beobachten oder der Ruf der Rohrdommel

hallt über den See. Es empfiehlt sich die Mitnahme eines Fernglases und festes Schuhwerk.
> *Naturkundemuseum Niebüll, Hauptstraße 108, Tel. 04661/5691, www.nkm-niebuell.de*

5 Auf dem Wasser durchs Land

Auch vom Wasser aus lässt sich die Landschaft Südtonderns wunderbar erkunden. Von Dagebüll aus können Interessierte vom 1. Mai bis zum 1. Oktober auf der Lecker oder Soholmer Au paddeln, und zwar in Kajaks oder Kanus.
> *Kanu-Service-Südtondern, Nord-Waygaard 2, Dagebüll, Tel. 04674/865, www.kanu-service.de*

6 Das Wandern ist des Müllers Lust

Auf die Spuren der Ochsentreiber konnen sich Wanderfreunde auf dem „Ochsenweg" machen, der im 18. Jahrhundert als Tiertriebroute von Dänemark bis Hamburg diente. Breite Pfade führen durch Naturschutzgebiete und Erlebnisräume. Starten kann man unter anderem in Leck am Einstieg an der L 5.

7 Seeluft genießen

Die schöne Marschlandschaft mit frischer Seeluft zu genießen– das geht am besten auf dem Deichwanderweg Dagebüll. Entlang des Weges befinden sich zwölf Schautafeln, die über Flora und Fauna informieren. Parkplätze stehen unter anderem in der Straße „Am Badedeich" zur Verfügung.

8 Idyllische Badestelle

Die Niebüller „Wehle“ liegt nicht weit vom Ortskern. Das idyllische Naturbad eignet sich nicht nur für eine kühle Erfrischung an heißen Sommertagen, sondern auch zum Picknicken und Sandburgenbauen. Die Wehle liegt zwischen Deichstraße und Mühlenstraße.

9 Nordfrieslands größter Künstler

Emil Nolde gilt als einer der führenden Maler des Expressionismus. Das ehemalige Wohnhaus des Künstlers ist heute Ausstellungsraum. In der Malschule Seebüll finden regelmäßig Malkurse für alle Altersstufen statt. Legendär ist auch der von Emil Nolde angelegte Garten des heutigen Museums.

> Nolde Stiftung Seebüll, Neukirchen, Tel. 04664/983930, www.nolde-stiftung.de

10 Ein Museum für moderne Kunst

In Niebülls ehemaligem Rathaus wurde 1986 für den Bildhauer und Maler Richard Haizmann ein Museum eröffnet.

> Rathausplatz Niebüll, Tel. 04661/1010, www.haizmann-museum.de

11 Die Wunder der Natur bestaunen und erleben

Im Naturkundemuseum Niebüll werden überwiegend Tiere aus dem norddeutschen Raum in ihrer Umgebung vorgestellt. Das Museum ist zugleich Nationalpark Wattenmeer Infozentrum.

> Tel. 04661/5691, www.nkm-niebuell.de

12 Eine Zeitreise durch die Wiedingharde

Was sind Warften und Köge? Erklärt werden diese Begriffe sowie auch die Naturereignisse Sturmflut, Ebbe und Flut im Infozentrum Wiedingharde. Zudem werden Einblicke in Landwirtschaft, Windenergie und Muschelfischerei gegeben.

> Toft 1, Klanxbüll, Tel. 04668/313, www.nordfrieslanderleben.de

13 Friesische Handwerkskunst
Dem eigenen Kaffeebecher friesisches Flair geben: In der Ofen- und Keramikwerkstatt finden donnerstags von 19 bis 21 Uhr Töpferkurse für Erwachsene statt.
> Klanxbüller Straße 4, Niebüll, Tel. 04661/600880, www.friesentoepferei.de

14 Kinderstube für Vögel
Das Naturschutzgebiet Rickelsbüller Koog ist ein Paradies für Vögel. Hier rasten tausende von Zugvögeln, die bei Flugmanövern oder beim Brüten auf ihren Nestern beobachtet werden können. Eine Vogelbeobachtungshütte lädt zum Verweilen ein.
> Informationen über geführte Touren erhalten Sie im Infozentrum Wiedingharde: Tel. 04668/313, E-Mail: info@nordfrieslanderleben.de, www.wiedingharder-infozentrum.de.

15 Sattes Grün und 18 Loch
Auf einem ehemaligen Bauerngut wurde der Golfclub Hof Berg, ein Par 73 Meisterschaftsplatz, zwischen alten Bäumen errichtet und bietet für alle Handicap-Klassen eine Herausforderung.
> Golfclub Hof Berg, Hof Berg 3, Stadum, Tel. 04662/70577

16 Ohne Schuhe alle Sinne erleben
Barfuß über Stock und Stein – im Bauernhof-Barfußgarten gilt es, Natur pur mit allen Sinnen zu erleben. Verschiedene Bodenbeläge im Garten aktivieren die Durchblutung der Füße. Zudem gibt es jede Menge Tiere zu entdecken.
> Veronika Golomb-Petersen, Südfrersbüll 30 a, Neukirchen, Tel. 0174/4158838, www.bauernhof-barfussgarten.de

17 Eine Düne weit ab vom Meer
Eine urige Dünenlandschaft, die nie am Meer gelegen hat, sondern als Folge der letzten Eiszeit vor rund 10 000 Jahren entstand: Die Süderlügumer Binnendüne ist mit einer Größe von 41,5 Hektar eine der größten Binnenheiden Schleswig-Holsteins und Heimat vieler selten gewordener Tier- und Pflanzenarten. Eine Aussichtsplattform im Naturschutzgebiet bietet einen wunderschönen Blick über die reizvolle Landschaft.
> Informationen über Führungen im Naturkundemuseum Niebüll, Hauptstraße 108, Tel. 04661/5691, www.nkm-niebuell.de

18 Es geht um Millimeter

Im schönen Lecker Au-Garten treffen sich regelmäßig Boulespieler, um gemeinsam die Kugeln zu werfen. Jeder, der Lust und Interesse hat, mitzuspielen, kann einfach zu den Spielzeiten Montag, Dienstag, Samstag und Sonntag ab 15 Uhr dazustoßen.

> *Weitere Infos gibt auch der Vorsitzende des Vereins „Bouleclub Südtondern von zwanzigzehn“, Siegfried Starystach, Tel. 04662/ 8917199*

19 Etwas für die Abwehrkräfte tun

Wassertreten mit anschließender Gymnastik ist an der Badewehle in Niebüll möglich. Im Sommer findet jeden Montag und Donnerstag in der Zeit von 8 bis 8.30 Uhr Frühgymnastik und Wassertreten statt. Die Teilnahme ist kostenlos, Gruppen sollten sich anmelden.

> *Tel. 04661/3416, www.kneipp-verein-suedtondern.de*

20 Literarische Geschenke

Die Kulturstation Zollhäuser in Rodenäs liegt, wie der Name verrät, direkt an der Grenze zu Dänemark. In dem alten Zollhaus gibt es neben Kunstausstellungen auch ein Buchcafé. Dort werden die Bücher nicht verkauft, sondern dürfen unentgeltlich mitgenommen werden – und zwar so viele, wie Sie tragen können. Man kann aber auch nur für Kaffee und Kuchen kommen.

> *Norddeich 3, Rodenäs, Tel. 04668/557, www.zollhaeuser.de*

21 Rund um Heilpflanzen und -kräuter

Ob Kräuteröle, Kräutersalz, Kräuteressig, Kräutertees, Naturkosmetika oder Kräutersäckchen: Der Kneippsche Heilpflanzen- und Kräutergarten in Niebüll bietet ab August Workshops für Interessierte jeden Alters an.

> *Termine sind immer dienstags ab 17 Uhr – außer bei Regen. Anmeldungen für den Workshop bis Montagabend, 19.30 bis 20 Uhr, unter Tel. 04664/3416*

22 Grenzenlos die Natur erleben

Im deutsch-dänischen Grenzbereich befinden sich zahlreiche Seen, die vielen Gänse-, Enten- und Schwanarten als Rast- und Futterplatz dienen und daher zu jeder Jahreszeit Beobachtungsmöglichkeiten für Vogelliebhaber bieten. Der Wanderweg um den Ruttebüller See bei Aventoft führt beispielsweise sowohl auf der deutschen als auch auf der dänischen Seite entlang.

23 Imbiss mit Kult-Faktor

Der Imbiss „Zum Schaschlik" in Leck ist unter Einheimischen besser bekannt als „Calli Schaschlik", dessen Currywurst & Co. so beliebt sind, dass die Kunden oft in einer langen Reihe bis auf die Straße hinaus stehen.

> Restaurant „Zum Schaschlik", Hauptstraße 17, Leck, Tel. 04662/ 1356, www.calli-schaschlik.de

24 Rutschen, schwimmen, entspannen

Es ist das größte Hallenbad der Region: das Erlebnisbad in Leck. Neben dem Schwimmbecken bietet die Einrichtung einen

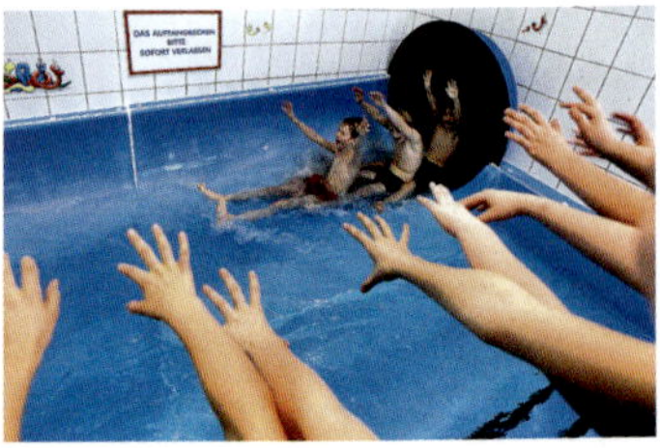

Whirlpool, Außensaunabereich, Erlebnisbereich für Kinder, Sonnenbänke und eine 90-Meter-Riesenrutsche. Also Badesachen nicht vergessen.

> Am Stadion 3, Leck, Tel. 04662/ 2310, www.erlebnisbad-leck.de

25 Treffpunkt für Kunst und Musik

Das Werner-Weckwerth-Museum im Friedrich-Wilhelm-Lübke-Koog zeigt dutzende Bilder des verstorbenen Malers. Seine Tochter, Helga Weckwerth, leitet das Museum. Hier finden an einigen Abenden auch klassische Konzerte statt.

> Geöffnet hat das Museum immer von Freitag bis Sonntag, 15 bis 18 Uhr. Informationen gibt es unter Tel. 04668/296. Wellumweg 50, 25924 Friedrich-Wilhelm-Lübke-Koog

26 Gefühlvolle Handarbeit
Frische Krabben selbst pulen – gehört zum Urlaub an der Nordsee dazu. Krabben in Schale gibt es saisonal zum Beispiel in Dagebüll am Hafen.

27 Ganz ohne Zufall
Um im Langenberger Forst Damwild beobachten zu können, braucht man kein Glück, denn das Tiergehege an der Lecker Chaussee beherbergt eine ganze Herde.

28 Mit dem Drahtesel auf Tour
Der TSV Rot-Weiß Niebüll, der TSV Stedesand und der Ortskulturring Achtrup bieten Radtouren in Gesellschaft zu bestimmten Terminen an.
> Radwanderkarten gibt es bei den Tourist-Informationen in Niebüll, Leck und Dagebüll.

29 Die Geschichte der friesischen Kultur
Im Friesischen Museum in Niebüll werden Haus- und Küchengeräte, Möbel und vieles mehr aus dem 16. bis 19. Jahrhundert ausgestellt – eine spannende Reise in der Vergangenheit.
> Friesisches Museum, Osterweg 76, Niebüll, Tel. 0175/4146185, www.friesisches-museum.de

30 Erlebnis Eisenbahn
Zwischen Niebüll und Dagebüll verkehrt eine Kleinbahn. Warum nicht mal mit dem Zug durch die Marsch fahren?
> Abfahrtszeiten unter www.neg-niebuell.de

31 Mit dem Vierbeiner aktiv werden
Der Gebrauchshundesportverein Niebüll bietet auf seinem Platz am Peter-Schmidts-Weg Aktivitäten für Vierbeiner und ihre Besitzer an.
> Tel. 0176/23306732

32 Blick in die Vergangenheit
Wie lebte es sich früher in Südtondern? Im Lützen-Haus auf der Voltswarft in Fahretoft wird über die friesische Vergangenheit informiert.
> Tel. 04674/203

33 Geschichte eines Lebensretters

Wie entstand der Deichbau? Beispiele gibt es im Deichmuseum Neukirchen. Verschiedene Deichprofile werden in Originalgröße gezeigt und in Schaukästen wird die Entwicklung der unterschiedlichen Deichbauweisen dokumentiert.

> *Weitere Auskünfte gibt das Infozentrum Wiedingharde unter Tel. 04668/313, www.wiedingharder-infozentrum.de*

34 Ausgefallene Blumenpracht

In Achtrup säumen besonders schöne Rabatten die Dorfstraße, sodass sich eine Fahrt oder ein Spaziergang durch den Ort einfach lohnen.

35 Dorfhistorie erleben

Was benutzte ein Bauer früher auf dem Feld? Geräte der bäuerlichen Arbeitswelt aus den Jahren vor dem letzten Krieg und aus früheren Zeiten sowie zahlreiche Exponate aus dem häuslichen Leben auf dem Lande sind im Dorfmuseum Ladelund zu sehen.

> *Dorfmuseum Ladelund, Westerstraße 13, Tel. 04666/864, www.ladelund.de. Der Eintritt ist frei.*

36 Nichts für Allergiker

Wie wäre es mal mit einer Nacht im Heu? Und zwar in der „Heuherberge Hedwigsruh" in Stadum, am Rande des Langenberger Forstes. Auch ein Sonntagsbesuch (Sonn- und Feiertage 14 bis 18 Uhr) in der Spielscheune lohnt sich – allein schon wegen der selbst gemachten Torten.

> *Tel. 04662/70531, www.heuherberge-nf.de*

37 Kleine Bahnen, großer Spaß

Eine Runde Minigolf bringt immer Spaß. Auf dem Platz an der Flensburger Straße in Leck können Minigolfer ihr Können beweisen. Ausrüstung gibt es vor Ort. Bei schlechtem Wetter bleibt die Bahn geschlossen.

> *Öffnungszeiten und Preise unter www.minigolf-leck.de oder Tel. 0151/16011991*

38 Nur Mut – runter kommt jeder

Nervenkitzel gefällig? Dann heißt es rauf auf den 10-Meter-Turm des Niebüller Hallenbads und runter – wenn Sie sich trauen!

> *Öffnungszeiten unter www.rwn-schwimmteam.de*

39 Über den Wolken muss die Freiheit ...

Erleben Sie Südtondern von oben: In Leck und in Aventoft sind Mitflüge in Segel- und Motorflugzeugen möglich.

> *Aventoft: Tel. 04664/262 oder 04668/590, www.flugplatz-aventoft.de; Leck: Tel. 04662/3914, www.sportfluggruppe.de*

40 Tradition geht durch den Magen

Blätterteig, Schlagsahne und Pflaumenmus – mehr ist eigentlich nicht auf einer klassischen Friesentorte drauf. Und zu kaufen gibt es diese Spezialität bei fast jedem Bäcker.

41 Die Sonne versinkt im Meer

Ein Sonnenuntergang am Meer hat etwas Magisches. In Südwesthörn bei Emmelsbüll-Horsbüll können Sie erleben, wie die Sonne im Meer versinkt. Tipp: Picknickkorb und Decke mitbringen.

42 Ein süßes Stück Dänemark

Die Dänen sind für ihr gutes Lakritz bekannt. Zu kaufen gibt es das in Grenzmärkten, beispielsweise im Supermarkt in Aventoft.

43 Auf Schienen unterwegs

Um mit einer Draisine voranzukommen, ist Muskelkraft vonnöten. Wer die aufbringt, wird mit einer idyllischen Fahrt durch entlegene Landschaften belohnt. So führen die Schienen von Leck nach Unaften beispielsweise am alten Achtruper Bahnhof vorbei.

> *Büllsbüller Chaussee 1 a, Leck, Infos unter Tel. 04841/939747, www.draisine-nordfriesland.de*

44 Erfrischung überall
30 Gemeinden gehören dem Amt Südtondern an – und viele von ihnen haben ein Freibad. Die Orte der Erfrischung sind fast immer in den Dörfern ausgeschildert.

45 Ordentlich was am Haken
Angelfreunde aufgepasst: Zahlreiche Süß- und Salzwasser-Reviere befinden sich in Südtondern – so zum Beispiel der Horsbüller Forellensee.
> Forellensee Horsbüll, Karl-Christian Springer, Marksweg 10, Emmelsbüll-Horsbüll, Tel. 04665/327, www.forellensee-horsbuell.de

46 Wiebkes Hausladen
Im Hausladen von Wiebke Petersen gibt es vor allem regionale Produkte zu kaufen: Eier von frei laufenden Hühnern, Marmeladen und Gelees aus saisonalen Früchten, zum Teil aus dem eigenen Garten, je nach Jahreszeit ist zudem dies und das im Angebot, was Garten und Gewächshaus hergeben. Außerdem gibt es im Hofladen Produkte hiesiger Erzeuger zu kaufen, zum Beispiel Wiedingharder Ziegenkäse in verschiedenen Geschmacksrichtungen, hergestellt auf dem Ziegenhof Detlefsen, der ebenfalls in Emmelsbüll-Horsbüll liegt, aber über keinen eigenen Hofladen verfügt. Auch sind Honig, Back-, Wurst- und Fleischwaren aus der Nachbarschaft im Angebot.
> Öffnungszeiten: Mo.–Fr. 8–12 Uhr und 14–18 Uhr, Sa. 8–12 Uhr, Horsbüller Straße 20, 25924 Emmelsbüll-Horsbüll, Tel. 04665/656, www.wiebkes-hausladen.de

47 Die schwarze Sonne
Ein Naturschauspiel der besonderen Art bietet sich im Frühjahr und Herbst über dem Gotteskoogsee und seinen Reetflächen bei Niebüll. Kurz vor Sonnenuntergang erheben sich abertausende von Staren und vollziehen ihre Formationsflüge, die an ein bizarres Ballett erinnern.

48 Den Verkehr fließen lassen
Am Hafen von Dagebüll bringen täglich Fähren Urlauber und Pendler zu den Inseln Föhr und Amrum. Das bunte Treiben beobachten und den Ausblick auf Meer und Halligen genießen kann man im „Tor zu den Inseln", dem Bistro direkt am Fähranleger.

Windräder – so weit das Auge reicht. In der tellerflachen Marschlandschaft Südtonderns stehen besonders viele davon, weil hier ein stetiger und manchmal starker Westwind weht. Der Rotor „erntet" die Energie des Windes und wandelt sie in elektrische Energie um.

54 Tipps für Husum und Umland

Beliebtes Ziel bei Touristen: Kultur-Metropole mit maritimem Flair

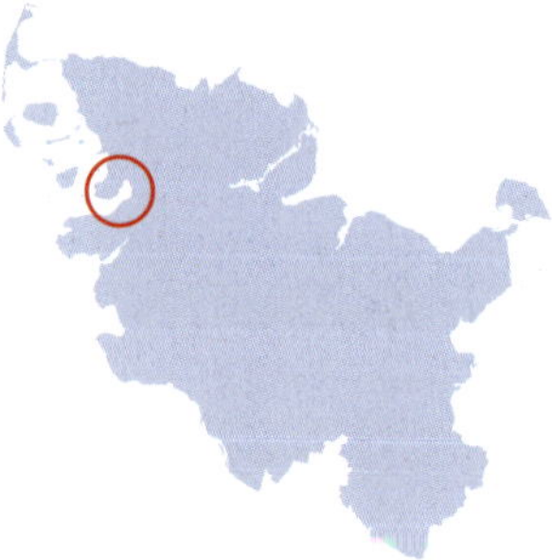

Informationen für Urlaub und Ausflüge

Tourismus- und Stadtmarketing Husum GmbH,
Norderstraße 15, Tel. 04841/89870, www.husum-tourismus.de;
Tourist-Information Bredstedt und Umgebung,
Markt 37, Tel. 04671/5857, www.nordseeurlaub.sh

1 Die Seele am Hafen baumeln lassen

Der Husumer Binnenhafen mit seinen alten Häusern und dem Restaurant-Schiff, das die Flut zweimal am Tag aus dem Schlick hebt, übt nicht nur auf Touristen eine magische Anziehungskraft aus. Auch Einheimische machen hier gerne Kurzurlaub für die Seele. Man flaniert, lässt sich in einem der vielen Cafés nieder – und atmet tief durch.

Gesunde Luft in einer reizvollen Landschaft mit rauem Charme – dazu jede Menge Kultur und Möglichkeiten, unverfälschte Natur zu erleben. Husum und Umgebung ist ein attraktives Urlaubsziel an der Nordsee. Der Tourismus stellt denn auch ein wesentliches wirtschaftliches Standbein in der Region um Nordfrieslands Kreisstadt dar. Die Vielfalt des Angebots ist ein echtes Pfund: sechs Museen bei einer Einwohnerzahl von rund 23 000, mit den „Raritäten der Klaviermusik" und den „Jungen Meistern im Schloss" zwei Konzertreihen von internationalem Rang, ein weithin beachtetes Figurentheater-Festival und Theodor Storm als literarischer Botschafter. Nur wenige Städte ähnlicher Größenordnung haben auf dieser Ebene so viel zu bieten wie Husum. Und haben Sie schon mal das „Blütenwunder des Nordens" bewundert? Millionen von Krokussen verwandeln im März oder April den Schlosspark in einen lilafarbenen Teppich. Dieses Schauspiel währt leider nur kurz, die anderen Attraktionen lassen sich die ganze Saison über genießen. Allein der beschauliche Hafen unweit des Marktplatzes! Mehr maritimes Flair geht nun wirklich nicht.

Wussten Sie, dass ...

4 Städte Partner von Husum sind? Kidderminster (England), Heilbad Heiligenstadt, Gentofte (Dänemark) und Trzcianka (Polen).

9998 Tassen Pharisäer pro Jahr im Nordstrander Pharisäerhof über den Tresen gehen? Dort wurde das Heißgetränk erfunden.

Zitiert:

Ich vergehe zuweilen fast vor Heimweh, wenn ich von Husum höre ... dreht sich alles in mir um.
Franziska Gräfin zu Reventlow, Schriftstellerin (1871–1918), geboren in Husum

2 Rendezvous mit der Fischersfrau

Wer sich im Zentrum von Husum ein Eis gönnt, setzt sich gerne zum Schlecken an den Rand des Tine-Brunnens. Dort leistet ihm das heimliche Wahrzeichen der Stadt Gesellschaft. Seit 1902 thront die bronzene Fischersfrau, die vom gebürtigen Husumer Bildhauer Adolf Brütt geschaffen wurde, auf ihrem Sockel mitten auf dem Marktplatz. Laut Volksmund warnte Tine ihren Heimatort einst vor einer verheerenden Sturmflut.

3 Auf den Spuren Theodor Storms

„Die graue Stadt am Meer" nannte Theodor Storm einst liebevoll sein Husum. Der berühmte Dichter hinterließ in seinem Geburtsort eine Menge Spuren, die es zu entdecken lohnt. Ganz oben auf der Liste der Storm-Stätten steht das Storm-Haus in der Wasserreihe – eine der schönsten und ältesten Gassen der Stadt.
> *www.storm-gesellschaft.de*

4 Streifzug durch Husum

Seit 2011 gehören sie zur Europäischen Nachtwächter- und Türmerzunft: Husums Stadtführer laden von Mitte März bis November jeden Nachmittag außer sonntags zum Rundgang ein. Zweimal im Monat gibt es die Führung „Tatort Husum", bei der die düsteren Stellen der Stadt aufgesucht werden. Und immer dienstags geht es von Mitte März bis Anfang Mai sowie im September und Oktober mit Laterne und Hellebarde zur Abendstunde auf Entdeckungstour, wenn die Nachtwächter zum nächtlichen Streifzug durch die Stadt rufen. Los geht es stets am Historischen Rathaus am Marktplatz.

5 Eine Badestelle für die ganze Familie

Südwestlich von Husum liegt die familienfreundliche Badestelle Lundenbergsand in Simonsberg. Während der Nachwuchs Burgen baut, kommen Mama und Papa am Deich zur Ruhe.

6 Meisterkonzerte im „Kirchlein am Meer"

Das imposante „Kirchlein am Meer" im Husumer Ortsteil Schobüll fand 1240 erstmals Erwähnung. Heute gibt es hier unter anderem Meisterkonzerte.

7 Hafentage – da geht die Post ab

Das größte maritime Spektakel an der schleswig-holsteinischen Westküste steigt in der ersten Augustwoche. Die fünf Husumer Hafentage locken mit einem bunten Programm – von Live-Musik auf mehreren Bühnen und Wasserspielen über einen Kutter-Korso bis hin zum Feuerwerk.

8 Ein Stückchen Schweiz in Nordfriesland

Auf knochentrockenem Flugsandboden ist auf dem Geestrücken bei Joldelund vor mehr als 100 Jahren ein Wald mit Knickanpflanzungen entstanden. In der „Joldelunder Schweiz“ gibt es einen Waldlehrpfad sowie interessante Ausgrabungen aus der Eisenzeit. Man fand dort Rennöfen, mit denen sich Raseneisenerz gewinnen ließ. Aus diesem Sumpferz wurden früher Waffen und Geräte geschmiedet.

9 Pharisäer: Rezept gewitzter Insulaner

Die Geburtsstunde des Pharisäers – Kaffee auf Rum mit Sahnehaube – schlug 1872 im Elisabeth-Sophien-Koog auf Nordstrand. Laut Überlieferung wollten dort gewitzte Insulaner bei einer Kindstaufe mit diesem Rezept ihren Alkoholkonsum vor dem gestrengen Pastor verbergen.
> *Pharisäerhof, Tel. 04842/353*

10 Maritime Schätze, so weit das Auge reicht

Das Schifffahrtsmuseum Nordfriesland in Husum ist voll von Exponaten zur Seefahrtsgeschichte. Sonderausstellungen wechseln sich ab. Ein besonderes Stück ist das „Uelvesbüller Wrack“, ein vor rund 400 Jahren gestrandeter Frachtsegler.
> *www.schiffahrtsmuseum-nf.de*

11 Hier fiel die Klappe für den Schimmelreiter

Vier Kilometer nördlich von Husum, in der Hattstedtermarsch, befindet sich das „Schimmelreiter-Land“. Theodor Storm soll es für seine berühmte Novelle vor Augen gehabt haben. Wer dort Hauke Haiens Spuren sucht, kommt am mittlerweile geschlossenen Schimmelreiterkrug vorbei, wo 1934 die Geschichte um den Deichgrafen verfilmt wurde.

12 Bummel durch die Nacht

Wer einmal nicht am Deich entlang spazieren möchte, für den bietet der Naturerlebnisraum Mildstedter Tannen eine schöne Alternative mit seinem Wechsel von Auenlandschaft, Nadelwald und Wiesen. Mit etwas Glück lässt sich ein Eisvogel beobachten. Idyllisch sind auch der Schobüller Wald und die angrenzende Hattstedter Heide

13 Frische Krabben direkt vom Kutter ...

... gibt’s auf dem Fischmarkt in Husum – jeden dritten Sonntag von März bis September. Und bei den Krabbentagen im Oktober

wird das größte Krabbenbrötchen der Welt angeschnitten.

14 Eine Küche ganz nach Storms Geschmack

Der Dichter Theodor Storm kehrte hier schon als Primaner ein, später auch mit seiner Familie. Der Hockensbüller Krug in Husum wurde mehrfach als historisches Gasthaus ausgezeichnet.
> *www.zum-krug.de*

15 Diese Räume atmen Geschichte

Blick in das Ende des 16. Jahrhunderts gebaute Husumer Schloss: Das Treppenhaus, der Rittersaal, die Schlosskapelle und diverse Empfangsräume können besichtigt werden. In der Gewandführung „Zwischen Tugend und Barock“ zeigen zwei barocke Damen den Widerspruch des Lebens im Barock auf amüsante Art und Weise auf und führen dabei ihre Gäste durch das

Schloss. In der Führung „Wenn aus Dienern Herrscher werden“ ist das turbulente 19. Jahrhundert Thema.
> *www.museumsverbund-nordfriesland.de*

16 Damit die Naziopfer nicht vergessen werden

An die Grauen der Diktatur des Nationalsozialismus erinnert die KZ-Gedenkstätte Schwesing. Vor den Toren Husums, an der heutigen B 200, lag das Außenkommando des Konzentrationslagers Neuengamme bei Hamburg. 2500 Gefangene waren hier 1944 untergebracht. Mehr als 300 von ihnen starben infolge von Zwangsarbeit, Unterernährung und Misshandlung.
> *Das ehem. Lagergelände ist frei zugänglich.*
www.kz-gedenkstaette-husum-schwesing.de

17 Treffpunkt der Kulturen
Rund um den Tine-Brunnen „tobt" jeden Donnerstag (von März bis Dezember auch samstags) der Husumer Wochenmarkt. Man spricht Plattdeutsch, Friesisch oder Dänisch – ein echter Treffpunkt der nordfriesischen Kulturen.

18 Kleine Bauernkate als Kulturtempel
Aus einer kleinen Bauernkate im Husumer Ortsteil Schobüll hat Hans-Heinrich Lüth einen nordfriesischen Kulturtempel gemacht. Die Galerie Lüth widmet sich ausschließlich Künstlern, die aus Schleswig-Holstein stammen – ein Muss für jeden Kunstliebhaber.
> *www.galerie-lueth.de*

19 Rast auf dem Engelsplatz
Ein übermannsgroßer Engel aus italienischem Marmor schmückt den Engelsplatz in der Gemeinde Reußenköge. Die Figur im Desmerciereskoog 7 ist die erste eines Skulpturen-Parks, der quer durch Deutschland gehen soll.

20 Dem Sonnenuntergang entgegenwandern
120 Kilometer Wanderweg schlängeln sich durch die Husumer Bucht. Nur hier wandert man direkt am Wasser entlang und ist im nächsten Moment wieder in einem kleinen Wäldchen verschwunden. Jeder der sieben elf bis 23 Kilometer langen Rundwanderwege beginnt und endet am Marktplatz in Husum.

21 Puppenspieler aus aller Herren Länder
Kasper war einmal. Dass Puppenspiel mehr ist als ein Haudrauf mit Zipfelmütze, beweist Husum alljährlich im September beim Internationalen Figurentheater-Festival.
> *www.pole-poppenspaeler.de*

22 Vermächtnis eines reichen Auswanderers
1872 ging der Husumer Ludwig Nissen nach New York und kam dort als Diamantenhändler zu Wohlstand. Der Auswanderer gründete eine Stiftung und ermöglichte so die Gründung des Nordsee-Museums. Seit 1937 veranschaulicht das Nissenhaus die kulturellen Entwicklungen und Traditionen an der Nordseeküste, ergänzt durch kunsthistorische Sonderausstellungen.
>*www.museumsverbund-nordfriesland.de*

23 Wandeln auf dem Kulturpfad
32 Sehenswürdigkeiten auf einen Schlag: Der Husumer Kul-

turpfad verbindet historische Gebäude, Storm-Stätten, Wohnhäuser weiterer wichtiger Söhne der Stadt und die großen Museen. Die Route beginnt am alten Rathaus am Marktplatz.

24 Wo seit 1584 geschlemmt wird

Dragseth's Gasthof serviert am Zingel gutbürgerliche Küche in liebevoll restaurierten Räumen. Husums ältesten Gasthof gibt es seit 1584. Mehr als zwei Jahrhunderte lang diente er als Ausspannwirtschaft für Bauern und Viehhändler aus Eiderstedt und Dithmarschen.

25 Heilige Quelle lockt Naturliebhaber an

In Bordelum, unweit der Kirche, liegt ein idyllisches Plätzchen, an dem die „Heilige Quelle" plätschert. Um 1800 glaubte man, das kostbare Nass könne Blinde und Lahme heilen. Heute kommen Naturliebhaber gerne hierher. Doch Vorsicht: Aus der Quelle sprudelt kein Trinkwasser.

26 Alles Käse: Spezialitäten vom Hof

Die Hofkäserei Backensholz in Oster-Ohrstedt liefert Spezialitäten, die weit über Nordfriesland hinaus bekannt sind. Der Biolandbetrieb unterhält einen Hofladen.

> Schwabstedter Damm 8, www.backensholz.de

27 Spaß ohne Ende auf 2400 Quadratmetern

Ein Indoor-Paradies für Kinder auf 2400 Quadratmetern: Klettergerüst mit Reifenrutsche, Soccerplatz, Kartbahn, Niedrigseilgarten und vieles mehr. Im Fun-Center Husum, Einkaufszentrum Dreimühlen, gibt's auch eine Bühne und Lichtspiele.

> Ostenfelder Straße 64, Husum, Tel. 04841/7799411, www.funcenter-husum.de

28 68 Hektar Moor erkunden

Natur entdecken – im Ahrenviölfelder Westermoor. Mitten durch das 68 Hektar große Restmoor führt die Straße von Ahrenviölfeld nach Bondelum. An der Kreisstraße 69 gibt's einen Parkplatz mit Infotafel. Von dort aus können Wanderungen oder Radtouren gestartet werden.

> www.eider-treene-sorge.de

29 Traumhaft: Krokusse blühen millionenfach

Jedes Jahr im März, April verwandeln mehr als vier Millionen Krokusse den Husumer Schlosspark in ein lilafarbenes Blütenmeer – willkommener Anlass für das Krokusblütenfest mit der Krönung einer von den sh:z-Lesern gewählten Majestät und verkaufsoffenem Sonntag. Aber auch ohne Blumen ist der Schlosspark einen Spaziergang wert.

30 Toller Blick: Rauf auf den Stollberg

Der Stollberg bei Bordelum ist mit seinen 44 Metern die höchste Erhebung an der nordfriesischen Küste. Die noch einmal 20 Meter höher liegende Plattform auf dem Fernsehturm bietet eine fantastische Aussicht – bei schönem Wetter bis nach Flensburg und Schleswig. Sogar der Westerhever Leuchtturm ist bei guter Sicht auszumachen.

31 Das mit dem Wind geht schon mal in die Hose

Künstlerin Julia Bornefeld hängte bei der „HusumWindArt 2007" Windhosen in den Wind. Inzwischen ist ihre Arbeit von der Husumer Ede-Sörensen-Stiftung angekauft worden und Teil des Projekts „Kunstumschlungen".

32 Immer ein anderes Bier auf dem Tisch

Ob Green Lion oder Bernstein – in Husums Brauhaus sorgt Braumeister Jens Nachwein regelmäßig für Abwechslung. Bis zu 16 Biersorten kreiert er jährlich in der Neustadt. Dienstags und freitags, jeweils ab 17 Uhr, gibt es Führungen (ab fünf Personen).
> *www.husums-brauhaus.de*

33 Dicke Fische an der Angel

Lachsforelle, Schleie, Karpfen, Hecht, Zander, Stör, Wels und Aal dürfen auf dem Forellenhof Wester-Ohrstedt geangelt werden. Zwei jeweils rund einen Hektar große Gewässer und ein Kindersee laden zum Angelvergnügen ein. Die Anlage ist ganzjährig geöffnet.

> Tel. 04847/809240, www.forellenhof-wester-ohrstedt.de

34 Badefreuden und mehr am Dockkoog

Der Dockkoog – Husums grüner Badestrand. Sonnenhungrige faulenzen hier im Strandkorb, Wasserratten erfrischen sich in der Nordsee. Bei Ebbe lockt ein geführter Wattspaziergang.

35 So sah einst das bäuerliche Leben aus

Das älteste Freilichtmuseum Deutschlands (von 1899) heißt Ostenfelder Bauernhaus, steht aber in Husum. Das vor 1600 errichtete Gebäude bietet einen Einblick in die bäuerliche Lebenswelt, die sich auf engem Raum abspielte.

> www.museumsverbund-nordfriesland.de

36 Leinen los zur Hafenrundfahrt

Ab April lädt die Adler-Reederei viermal pro Tag zu Hafenrundfahrten ein. Der einstündige Törn beginnt in der Regel im Husumer Binnenhafen, unweit der Fußgängerbrücke. Nur bei Niedrigwasser legt das Schiff im Außenhafen ab, zu erreichen durch den Tunnel an der Kleikuhle.

> www.hafenrundfahrt-husum.de

37 Kunst und Kricket

Auf dem Hattstedter „Mikkelberg" war früher das Müllergewerbe beheimatet. Heute ist in die Reste einer Holländermühle ein modernes nordisches Kunst- und Kricketzentrum integriert, entworfen vom dänischen Architekten Alan Havsteen-Mikkelsen. Im Sitz des „Husum Cricket Club" ist die Haussprache Dänisch.

> Tel. 04846/6604, www.mikkelberg.de

38 Vogelkoje: heute eine Naturoase

Früher ein Ort, wo Vögel grausam gefangen und getötet wurden, ist die Vogelkoje auf Nordstrand heute eine Naturoase.

> Führungen nach Absprache, Tel. 04842/454 (Tourist-Info), www.nordstrand.de

39 Naturerlebnis: per Rad durch die Marsch
Natur und Landschaft pur bietet eine Fahrradtour durch die Südermarsch südlich von Husum. Auf den Kuhweiden sind Reiher und Wiesenvögel unterwegs. In den zahlreichen Gräben tummeln sich Enten, Bisame und Fische.

40 Mit dem Kanu unterwegs
In vielen Orten entlang der Treene gibt es Bootsverleiher. Der Fluss ist ein ideales Revier, auch für Anfänger. Böschungen zum Ein- und Aussetzen von Kanus gibt es in Hollingstedt, Norderstapel, Schwabstedt, Friedrichstadt und Fresendelf.

41 Kein Stadtbummel ohne Fischbrötchen
Ein Muss beim Stadtbummel: Ein mit Hering, Backfisch oder Lachs belegtes „Husumer Fischbrötchen“ in die Hand nehmen und beim Reinbeißen den kreischenden Möwen zusehen – doch Vorsicht, auch Vögel sind hungrig!

42 Ein Fernrohr, das sprechen kann
Einzigartig in Schleswig-Holstein ist das sprechende Fernrohr am Norderhafen auf Nordstrand – unweit der Gaststätte „Halligblick“ auf dem Deich. Frei nach dem Motto „Ich höre, was du siehst“ erläutert es Blinden die Insel- und Halligwelt. Informativ auch für Sehende.

43 Die Region aus der Vogelperspektive
Zu Rundflügen über Husum, Nordstrand oder die Halligwelt lädt die Sportfluggruppe Husum ein. Abgehoben wird auf dem Flugplatz Schwesing.
> *www.sfg-husum.de*

44 Kuchen spachteln mit Blick auf alte Kacheln
Das Café Frida in Bredstedt hat zwar nur einen kleinen, dafür aber feinen Gastraum. Er ist mit 3000 handgemalten Kacheln gefliest, die einst von Seefahrern mitgebracht wurden. Kuchen und Torten sind selbst gebacken.
> *www.hotelcafefrida.de*

45 Historischen Einmaster entern
Skipper John von Eitzen hat nach 200 Jahre alten Plänen einen historischen Pfahl-Ewer originalgetreu nachgebaut. Seine „Ronja“

ist ein Abbild der Lastensegler, wie sie früher zu Dutzenden die deutsche Nordseeküste entlangfuhren. Wer will, kann den im Husumer Binnenhafen liegenden Einmaster von Juni bis Oktober für einen Törn entern.

> *Tel. 04841/61305 oder 0170/4424292, www.pfahlewer.de*

46 Ja, ist denn heut schon Weihnachten?

Das Weihnachtshaus im Husumer Westerende 46 ist ein ganz spezielles Museum. Wechselnde Sonderausstellungen legen schon mal den Verdacht nahe, dass das Christkind seinen Kalender verlegt hat. Im stilvollen historischen Laden von 1890 laden Raritäten wie seltener Weihnachtsbaumschmuck aus kleinen Manufakturen zum Stöbern ein.

> *www.weihnachtshaus.info*

47 Den Blick weit schweifen lassen

Der Beltringharder Koog, 1989 eingedeicht, ist 3340 Hektar groß. Er wurde aus Küstenschutzgründen gebaut, und nicht um Land zu gewinnen. Auf dem Deichweg zwischen dem Hotel Arlau-Schleuse und dem Cecilienkoog steht dort, wo mehrere Deiche zusammenstoßen, ein hölzerner Beobachtungsstand. Von dort oben hat man einen weiten Blick auf die Arlau-Niederungen und zur Seeseite hin.

48 Ami-Schlitten und Bernstein

Im Automobil-Museum Hansen in Bredstedt warten über 50 chromblitzende Oldtimer auf Bewunderer. Der Schwerpunkt liegt auf amerikanischen Schlitten. Wer sich für das „Gold des Nordens“, den Bernstein, begeistern kann, wird dort ebenfalls fündig.

> *Lornsenstraße 17–19, Bredstedt, Tel. 04671/4646 (geöffnet ist von Mitte April bis Mitte Sept., Dienstag–Sonntag 14–17 Uhr), www.oldtimermuseum-hansen.de*

49 Seeluft für rüstige Wandersleut’

Wer gerne zu Fuß unterwegs ist und dabei die Natur mit Blick aufs Wattenmeer genießen will, für den bietet sich eine Wanderung von Lüttmoorsiel nach Holmer Siel und zurück an. Eine Strecke ist fünf Kilometer lang. Rast kann man sowohl am Start- als auch am Zielort machen.

> *www.nordseeurlaub.sh*

50 Mit dem Fahrrad auf die Hamburger Hallig

Seit dem Jahre 1860 ist die Hamburger Hallig mit dem Festland verbunden. Wer das 110 Hektar große Eiland besuchen möchte, kann mit dem Auto über den schmalen Plattendamm fahren oder das Fahrrad benutzen. Einen Verleih gibt es an der Deichseite des Informations- und Servicegebäudes (www.amsinck-haus.de).

> *Fahrradverleih: 1. April bis 31. Oktober 10–18 Uhr, zwei Euro. Nur für den Weg zur Hamburger Hallig und zurück!*

51 Enteckungstour auf zwei Rädern

Mit dem Gästeführerverein Viöl können Radfahrer Land und Leute in Nordfriesland entdecken. Er bietet im Sommer nicht nur Ausflüge in die nähere Umgebung, sondern auch Tagestouren beispielsweise auf die Inseln an.

> *www.vioel.de*

52 Naturwald mit Buchen und Eichen

Der 155 Hektar große Immenstedter Buchen- und Eichenwald gilt als ein typischer Geestwald. Spaziergänger können im zentralen Teil mit viel Alt- und Totholz sehen, wie die Wälder einstmals aussahen.

> *www.amt-vioel.de*

53 Die Welt aus der Froschperspektive

Der „Lernort Natur" ist ein vier Hektar großes Areal auf dem Stollberg bei Bordelum. Tafeln und Aktionskästen animieren dazu, die Welt einmal anders zu erleben. So lässt sich die Umgebung aus den Augen eines Frosches betrachten – ein Linsen-System macht's möglich. Der Eintritt ist frei.

> *www.nordseeurlaub.sh*

54 Wattwandern bei Nacht

Nordstrand bei Nacht: Bei dieser besonderen Art der Wattwanderung werden die Sinne geschärft. Es geht darum, dem Seewind zu lauschen, die Salzluft zu schnuppern und das Glucksen des Wattbodens wahrzunehmen.

> *Tel. 04842/519, www.schutzstationwattenmeer.de*

50 Tipps für Eiderstedt und Umgebung

Eine Landschaft mit hohem Himmel und besonderen Menschen

Informationen für Urlaub und Ausflüge

Tourismus-Zentrale St. Peter-Ording, Badallee 1, Tel. 04863/9990, www.st-peter-ording.de;
Tourist-Info Garding, Markt 26, Garding, Tel. 04862/469, www.spo-eiderstedt.de;
Tourist- und Freizeitbetriebe Tönning, Am Markt 1, Tel. 04861/61420, www.toenning.de;
Tourismusverein Friedrichstadt und Umgebung, Am Markt 9, Tel. 04881/93930, www.friedrichstadt.de

1 Deutschlands größte Sandkiste

Mehr Meer und Strand als in St. Peter-Ording gibt es sonst wohl nirgendwo an den schleswig-holsteinischen Küsten. Die riesige Sandkiste erstreckt sich über zwölf Kilometer Länge. Immer ist ein Spaziergang reizvoll und ein sonniger Sommertag unvergesslich. Und mit etwas Glück findet man Bernstein oder eine Flaschenpost.
> *www.st-peter-ording.de*

Von drei Seiten vom Meer umgeben, verzaubert die Halbinsel Eiderstedt ganz im Westen Schleswig-Holsteins mit ihrem besonderen Licht und ihrem urwüchsigen Flair. Im Westen der riesengroße Strand von St. Peter-Ording, der sich bei Urlaubern größter Beliebtheit erfreut, davor die saftigen Weiden der flachen Marsch, die kleinen Dörfer mit ihren reetgedeckten Häusern, mitten in der Landschaft die stattlichen Haubarge – Bauernhäuser, die es so nur auf Eiderstedt gibt und an denen sich der frühere Reichtum der Landschaft heute noch ablesen lässt–, die verträumten Städtchen Garding, Tönning und Friedrichstadt. Markant sind außerdem die zahlreichen Kirchen. Auch geschichtlich ist Eiderstedt etwas Besonderes. So haben die frühere Insel- und spätere Halbinsellage ein eigenes Recht und eine eigene Verwaltung entstehen lassen, aber auch eigene Sitten und Gebräuche sowie ein großes Bewusstsein der Eiderstedter Bevölkerung für ihre Landschaft, die dem Meer über die Jahrhunderte mühsam abgerungen worden ist.

Wussten Sie, dass ...

1814 Stunden Sonnenschein im Jahr 2010 in St. Peter-Ording gezählt wurden? Das bedeutete Platz zwei hinter der Greifswalder Oie (1837).

66,33 Kilometer Außendeich Eiderstedt vor dem Meer schützen? Er beginnt in Husum an der Schleuse und endet am Eidersperrwerk.

Zitiert:

... aber die weite, ruhevolle, immergrüne Marsch ... ist meines Herzens Heimat geblieben.
Thusnelda Kühl (1872–1935), Schriftstellerin und Lehrerin, Oldenswort

2 Reise in die Vergangenheit

Wie eine Zeitreise mutet ein Besuch in Friedrichstadt an, das an der B 202 liegt. Die alten Häuser stammen teilweise aus dem 17. Jahrhundert. In den Gassen blühen Rosen; Museen, Kirchen, Galerien und viele Gaststuben laden zum Besuch ein. Im Museum „Alte Münze“ wird vom Leben früher berichtet.
> www.friedrichstadt.de

3 Landschaft der Kirchen

So viele Kirchen wie auf Eiderstedt gibt es sonst nirgendwo in Nordelbien – jedes Dorf hat sein Gotteshaus. Reich ist die Ausstattung, beeindruckend sind die Altäre und Darstellungen biblischer Geschichten. Im Som-

mer bietet der Förderverein Eiderstedter Kirchen spezielle Exkursionen an.
> www.kirche-eiderstedt.de

4 Fische beobachten im Multimar

Einmal durch ein Pottwal-Skelett spazieren und 280 Arten von Fischen, Krebsen, Muscheln und Schnecken beobachten – das kann man im Multimar Wattforum in Tönning. Direkt an der Eider gelegen bietet das Infozentrum täglich faszinierende Einblicke in die Welt der Nordsee.
> Dithmarscher Straße 6, Tönning, www.multimar-wattforum.de

5 Grachtenfahrt wie in Amsterdam

Grachtenfahrten sind auch im kleinen Friedrichstadt möglich. Das Städtchen wurde 1621 von niederländischen Glaubensflüchtlingen erbaut und ist von Grachten durchzogen.

> Friedrichstädter Grachten- und Treeneschifffahrt Günther Schröder, Tel. 04881/876395, www.grachtenschiffahrt.de, und Friedrichstädter Grachtenfahrt Prinzen-Linie, Tel. 04881/937597, www.grachtenfahrt.de

6 Künstler lieben Eiderstedt

Eiderstedt ist auch die Halbinsel der Künstler. Die Landschaft und der hohe Himmel inspirieren. Etliche von ihnen haben sich zu dem Projekt „Kunst-Klima" zusammengeschlossen. Regelmäßig stellen sie im Alten Rathaus in Garding aus – und freuen sich auch über einen Besuch im eigenen Atelier.

> Altes Rathaus, Enge Straße 5, Garding, www.kunstklima.com

7 Schleswig-Holsteins längster Fluss

Einen herrlichen Blick auf die Eider, den längsten Fluss des Landes, mit ihren bei Niedrigwasser sichtbaren Schlickbänken hat man vom Badestrand in Tönning und im Oldensworter Vorland.

> Am Freizeitpark, Tönning; Rotenspieker, Oldenswort

8 Höhenluft genießen

Deutschlands bekanntester Leuchtturm steht im Vorland von Westerhever. Man kann ihn besichtigen, dort heiraten oder sich einfach nur auf der Warft mit dem Natur-Infozentrum der Schutzstation Wattenmeer umschauen.

> www.spo-eiderstedt.de, www.schutzstation-wattenmeer.de, www.westerhever-nordsee.de

9 Unverstellter Blick bis Helgoland

Einmal bei Flut in einem der Pfahlbau-Restaurants am Strand von St. Peter-Ording festzusit-

zen, ist ein ganz besonderes Erlebnis. Aber auch ohne Flut lässt es sich herrlich in den Sonnenuntergang träumen oder tagsüber von hoch oben den Strandbetrieb beobachten.
> *www.st-peter-ording.de*

10 Wasserwandern mit Muskelkraft

Auch ohne eigenes Boot kann man hier Kanu fahren – in vielen Orten entlang der Treene gibt es Kanuverleiher. Die Treene ist ein ideales Revier, auch für Anfänger. Ein- und Aussetzstellen für Kanus gibt es in Hollingstedt, Norderstapel, Schwabstedt, Friedrichstadt und Fresendelf.
> *Tel. 04638/898404, www.gruenes-binnenland.de*

11 Waldspaziergang direkt am Meer

Ein Wald auf Meeresboden – den gibt es im Katinger Watt. Die Landschaft ist nach der Abdämmung der Eider entstanden. In dem Naturschutzgebiet beginnt der Wald direkt am Ufer eines Priels. Besonders die Vogelwelt ist vielfältig.
> *NABU Naturzentrum Katinger Watt, Katingsiel 14, Tönning, www.nabu.de; Infohaus Spökenkieker, Schäferweg 9, Groß-Olversum, www.spoekenkieker-sh.de*

12 Tante-Emma-Laden und Galerie

Eine Ladeneinrichtung aus dem Jahr 1820 ist im Haus Peters in Tetenbüll zu sehen. Nun werden dort aber nicht mehr Kakao und Gewürze verkauft, sondern Kunstwerke gezeigt.
> *Dörpstraat 16, Tetenbüll, www.hauspeters.info*

13 Treffpunkt unter dicken Balken

Beeindruckend ist das historische Packhaus am Tönninger Hafen. Winters wie sommers finden hier zahlreiche Veranstaltungen statt, wie das Weihnachtsereignis, der Ostereier-Markt oder das Mondschein-Kino im August. Dort gibt es im Sommer auch eine Ausstellung zur Stadtgeschichte.
> *www.toenning.de*

14 Bollwerk gegen den „Blanken Hans“

Bis 1974 rauschte die Eider bei Sturmflut ungebremst ins Hinterland. Seitdem wird sie durch das

Eidersperrwerk gebremst. Auf den mächtigen Schotten kann man spazieren und einen Blick auf die wilde Nordsee werfen.
> *Eiderdammstraße, Vollerwiek*

15 Zu Gast bei Seehunden und Störchen
Seehunde gibt es im Westküstenpark St. Peter-Ording zu sehen. Im großen Robbarium erfreuen sie die Besucher. Aber es gibt noch viele andere Vierbeiner und Vögel zu entdecken.
> *Wohldweg 6, St. Peter-Ording, www.tierpark-westkuestenpark.de*

16 Eiderstedts geheime Ecken
Die Eiderstedter Kultursaison im Spätsommer ist eine gute Gelegenheit, die geheimen Ecken der Halbinsel kennenzulernen. Zehn Tage lang werden Exkursionen und Abendveranstaltungen angeboten. Außerdem gibt der Verein den Kulturreiseführer Eiderstedt heraus.
> *www.eiderstedter-kultursaison.de*

17 Über Gräben springen
Früher gab es kaum Wege in der Marsch. Man lief querfeldein und übersprang die Gräben mit Hilfe eines Klootstocks. Einige Tourismusvereine bieten dieses Vergnügen ihren Gästen an.
> *www.spo-eiderstedt.de*

18 In den Himmel hineinlaufen
Immer wieder erholsam ist ein Spaziergang zwischen Schafen und Vögeln im Vorland von Westerhever. Beim Blick auf den Horizont verwischt die Grenze zwischen Himmel und Erde.

19 Gartenkultur mit Seltenheitswert
Ein Barockgarten mitten in der Marsch? Ja, den gibt es in Tating. Dort legte im 18. Jahrhundert der Besitzer ein faszinierendes Stück Gartenkultur an. Gleich nebenan im Schweizer Haus gibt es Kaffee und Kuchen.
> *www.tating.de*

20 Sagenhaftes Herrenhaus
Schloss Hoyerswort bei Oldenswort entstand im 16. Jahrhundert. Ein Blutfleck ziert den Saal, die Sage dazu erzählt der Hausherr, der auch ein Café, ein Museum und eine Töpferei betreibt.
> *www.hoyerswort.de*

21 Einblick in die Geschichte
Die Landschaft Eiderstedt war lange eine recht selbstständige Region. Einen Einblick in ihre Geschichte gibt das Heimatmuseum in St. Peter-Ording.
> *Olsdorfer Straße 6, St. Peter-Ording, www.museum-landschaft-eiderstedt.de*

22 Die Treene per Schiff erkunden
Früher war in Schwabstedt die Anlegestelle für die Fähre über die Treene. Nach wie vor fahren Ausflugsschiffe von dort nach Friedrichstadt.
> *www.grachtenschifffahrt.de*

23 Genießen unterm Reetdach
Der Teufel soll am Roten Haubarg mitgebaut haben. Doch verflucht ist dieses Beispiel der großen Eiderstedter Bauernhöfe nicht. Wie damals in der Landwirtschaft gearbeitet wurde, er-

fährt der Besucher in der Diele, nebenan ist ein Restaurant.
> *Sand 5, Witzwort, www.roterhaubarg.de*

24 Heimatsport im vollen Galopp
Könige werden im Sommer auf Eiderstedt gekrönt. In fast jedem Dorf wird dann ein Kinder- und Erwachsenen-Ringreiten ausgetragen. Dabei müssen im vollen Galopp möglichst viele Ringe mit der Lanze geholt werden.
> *www.spo-eiderstedt.de*

25 Vielfältige Häuserwelt

Seeth fasziniert mit einer einmaligen Hauslandschaft mit allen norddeutschen Typen. Wer Stärkung braucht, der sollte den „Stapelholmer Heimatkrog" besuchen, einen der gemütlichsten Landgasthöfe im Land.

> *www.amt-nordsee-treene.de*

26 Achtung! Tieffliegende Holzkugel

Ein alter Eiderstedter Sport ist das Boßeln. Eine verbleite Holzkugel muss dabei weit geschleudert werden. Das ganze Jahr über finden an vielen Wochenenden Wettkämpfe an den Außendeichen von St. Peter-Böhl und Kaltenhörn (Tetenbüll) statt.

> *www.uv-eiderstedt.de*

27 Vom Wind getrieben

Zum Treffpunkt der nationalen und internationalen Strandsport-Szene wird St. Peter-Ording jedes Jahr. Auch für jedermann ist Platz zum Strandsegeln, Kitesurfen, Kitebuggyfahren und Windsurfen.

> *www.st-peter-ording.de*

28 Direkt ins Meer

Wem die Sandbank vor St. Peter-Ording zu groß ist, für den ist die grüne Badestelle am Deich in Vollerwiek die richtige Adresse. Eine weitere Deichbadestelle gibt es in Westerhever (Stufhusen), in Tönning ein Meerwasserfreibad und in St. Peter-Ording die Dünen-Therme.

> *www.toenning.de, www.spo-eiderstedt.de*

29 Schatzsuche

Wenn der Westwind tagelang die Nordsee kräftig durcheinandergewirbelt hat, dann ist die beste Zeit zum Bernsteinsuchen. Tipps gibt Boy Jöns vom Nordseebernsteinmuseum in St. Peter-Ording.

> *www.nordseebernstein-museum.de*

30 Hoch zu Ross über den Strand

Das Glück der Erde liegt auf dem Rücken der Pferde – auch am Strand von St. Peter-Ording. Mit dem eigenen Pferd oder auf geführten Ausritten kann man sich diesem Vergnügen hingeben.

> *www.st-peter-ording.de*

31 Nachts im Watt

Einmal auf dem Meeresgrund spazieren gehen und das Leben dort kennenlernen – Wattwanderungen machen es möglich. Die Schutzstation Wattenmeer bietet verschiedenste Varianten an – von der Kinder- über die Nacht- bis zur Literatur-Tour.
> *www.schutzstation-wattenmeer.de*

32 Zwischen Säge und Hobel

Mitten in der Altstadt Friedrichstadts liegt die historische Tischlereiwerkstatt Jacob Hansen von 1876. Sie ist noch heute in ihrer ursprünglichen Form erhalten. Das Museum ist einen Besuch wert, nicht nur für Technikinteressierte.
> *Förderverein Tischlereimuseum Jacob Hansen, Tel. 040/7606090, www.tischlereimuseum-friedrichstadt.de*

33 Der echte Eiergrog

In Katingsiel gleich hinterm Deich steht der älteste Gasthof Eiderstedts. In der Schankwirtschaft Andresen ein Bier oder den echten Eiergrog der blonden Kathrein, ein Krabben- oder Schinkenbrot zu genießen, hat seinen Reiz.
> *Tel. 04862/370, www.schankwirtschaft-andresen.de*

34 Musik-Hauptstadt

Musik liegt immer dienstags im Juli und August in der Luft, wenn in Gardings Innenstadt die Musikanten-Börse stattfindet. Pro Abend treten acht Bands auf.
> *www.musik-fuer-garding.de, www.spo-eiderstedt.de*

35 In der Treene erfrischen

Ein erfrischendes Bad nehmen – ohne Salzwasser auf den Lippen zu schmecken. Das ist in der Flussbadeanstalt in Schwabstedt möglich. Mitten in der Ortschaft liegt in einer Treenekurve ein Sandstrand. Ebenso im Treenebad in Friedrichstadt.

36 Peermarkt in Tönning

Pferdehandel steht zwar nicht mehr im Mittelpunkt bei dieser Traditionsveranstaltung im August im Tönninger Schlossgarten. Aber bei dem Volksfest mit Jahrmarkt dreht sich immer noch alles ums Pferd.
> *www.toenning.de*

37 Beim Angeln entspannen

Fried- und Raubfischangler kommen voll auf ihre Kosten, wenn sie von der B 202 nach Drage abbiegen. Dort immer die Dorfstraße entlang und etwa 500 Meter hinter der Ortschaft in den Brookweg einbiegen.

Nach gut einem Kilometer ist die Eider erreicht.
> *www.asv-drage.de*

38 Wenn's zum Schwimmen zu kalt ist
So abwechslungsreich wie in St. Peter-Ording ist kaum ein Laufparcours. Wald, Düne, Strand und Meer lassen sich beim Joggen, Wandern oder Nordic Walking erleben. Durch den Ort und den Nordsee-Fitness-Park führen mehrere Routen.
> *www.st-peter-ording.de*

39 Hochzeit im Glockenturm
Ein Besuch lohnt sich allemal, besonders für Paare, die an eine Hochzeit denken: In den separaten Glockenturm der St.-Jakobi-Kirche in Schwabstedt kommt auch der Standesbeamte.
> *Standesamt Nordsee-Treene, Tel. 04841/992750, www.amt-nordsee-treene.de*

40 Das Wilde Moor entdecken
An der Treene zwischen Schwabstedt und Fresendelf liegt das Wilde Moor. Sichere Wege führen hindurch.
> *www.eider-treene-sorge.de*

41 Speisen wie ein Prinz
Einmal Speisen wie ein Prinz, das ist in den historischen „Holländischen Stuben" in Friedrichstadt möglich. Ihr wohl bekanntester Gast war der spätere französische König Louis-Philippe.
> *Am Mittelburgwall 24–26, Friedrichstadt, Tel. 04881/93900, www.hollaendischestube.de*

42 Alles über Reet erfahren
Mit Reet werden seit Jahrtausenden Häuser gedeckt. Im Schwabstedter Westerkoog bei Ramstedt kann der Besucher auf einem Lehrpfad vieles über die Pflanze erfahren.
> *www.eider-treene-sorge.de*

43 Raus auf die Eider
In Tönning und am Eidersperrwerk starten regelmäßig Schiffsausflüge auf der Eider und zur Nordsee. Dabei lernen die Teilnehmer die Tierwelt des Meeres und auch die Seehunde kennen.
> *www.adler-schiffe.de*

44 Deutschland im Miniformat
Der Modellbahnzauber in Friedrichstadt lässt auf 100 Quadratmetern Fläche Züge von der Nordsee bis zu den Alpen rollen.
> *Modellbahn-Zauber, Brückenstraße 18, Friedrichstadt, Tel. 04881/938858, www.modellbahn-zauber.de*

45 Radtour ins Blaue

Auf Eiderstedt gibt es per Fahrrad viel zu entdecken – verträumte Dörfer, wunderschöne Reetdachhäuser und herrliche Ausblicke über das flache Land. Daher einfach mal ins Blaue radeln, immer der Nase nach, ohne Karte, sich einfach von Eiderstedt überraschen lassen.

46 Besuch im Wasserkoog

Mitten in der Marsch liegt der schmucke Tetenbüller Ortsteil Wasserkoog. Die Ansammlung von liebevoll erhaltenen Reetdachhäusern besticht durch ihre Ursprünglichkeit und ihre schönen Gärten. Auch einige Galerien sind dort zu finden.

47 Blick nach oben

Der Blick nach oben lohnt sich in Friedrichstadts historischem Zentrum. Denn viele der alten Häuser haben zusätzlich zu den Hausnummern auch Hausmarken. Tiere, Vögel oder Wappen zieren die Außenwände. Manche stammen aus der Gründerzeit der Stadt, andere aus der Gegenwart.

48 Ein Haus nur für Kinder

Das Kinderspielhaus in St. Peter-Ording bietet das ganze Jahr über ein buntes Programm für die ganz jungen Gäste, vom Keksebacken bis zum Drachenbauen, vom Märchenerzähler bis zum Puppentheater.

> *www.st-peter-ording.de*

49 Ein kleines Dorf mit viel Geschichte

Oldenswort, im Herzen Eiderstedts gelegen, hat eine lange Geschichte. Im kleinen Heimatmuseum, dem „Treffpunkt Oldenswort“ in der Dorfstraße, werden die bedeutenden Persönlichkeiten des Orts vorgestellt. Es gibt dort auch Kunstausstellungen und ein Café.

> *www.treffpunkt.oldenswort.net*

50 Von der Kuh in die Milchtüte

Wie eine moderne Molkerei funktioniert, wird im Besucherzentrum der Osterhusumer Meierei Witzwort erklärt. Dort werden neben Trinkmilch auch Sahne, Butter und Joghurt produziert.

> *www.ohmw.de*

54 Tipps für Flensburg und Umgebung

Unternehmungen von der historischen Altstadt bis zur Küstenzeile mit den Museumsseglern

1 Phänomenale Welt

Die Phänomenta in Flensburg ist ein interaktives Experimentiermuseum. Hier können Groß und Klein naturwissenschaftliche Phänomene selbst entdecken. Beispielsweise kann man hier erfahren, wie ein Fernsehstudio oder wie Brückenstatik funktioniert – oder in den Raumfahrttrainer steigen. Dazu kommen wechselnde Ausstellungen.
> *Norderstraße 157–163, Tel. 0461/144490, www.phaenomenta-flensburg.de*

Informationen für Urlaub und Ausflüge

Flensburg-Reisende finden auf www.flensburger-foerde.de Nützliches über Stadt, Veranstaltungen und die Suche nach Unterkünften. Hier gibt es fertig geschnürte Kurzurlaubspakete und einen Online-Buchungsservice. Vor Ort findet sich die Touristinformation, Nikolaistraße 8. Telefonisch ist sie über die Rufnummer 0461/9090920 erreichbar.

Je weiter ein Reisender von Flensburg entfernt lebt, desto größer ist die Wahrscheinlichkeit, dass er mit der Stadt an der Förde zuallererst die Straf-Punkte im Sündenregister des Kraftfahrt-Bundesamtes verbindet. Ein bisschen anders verhält es sich wohl bei Handball-Fans oder bei Freunden herben Bieres.
Doch Flensburg hat viel mehr zu bieten als Punkte, Plopp und Profi-Handball. Zunächst gibt es hier eine nahezu komplett erhaltene historische Altstadt, die nur einen Steinwurf von der Hafenspitze entfernt liegt. Die maritime Küstenzeile am Westufer mit Historischem Hafen, Museumsseglern, Schifffahrtsmuseum und Museumswerft ist in dieser Form sicher einmalig. Doch Flensburg hat für Gäste noch viel mehr zu bieten – Museen, Parks, historische Häuser, Strände: 54 Tipps haben wir hier zusammengestellt.

Wussten Sie, dass ...

55 historische Wasserfahrzeuge, Segelschiffe, Yachten und Motorschiffe zum Historischen Hafen Flensburg gehören?

322 000 Übernachtungen in 2018 in Flensburg gezählt worden sind. Die Beliebtheit der Stadt nimmt seit Jahren zu – auch wegen ihres skandinavischen Flairs.

Zitiert:

Flensburg ist besonders, weil wir etwas bieten, was andere so nicht bieten können. Das Bummeln durch die Stadt ist hier wie Sightseeing. Mit Stadt- und Rumführungen bekommt man einen Einblick in die Geschichte der Stadt.
Gorm Casper, seit 2014 Tourismus-Chef von Flensburg

2 Das Tor zur Fördestadt

Das Nordertor ist ein Stadttor, das die Stadt Flensburg einst nach Norden hin begrenzte. Um 1595 wurde es als Kontrolltor für Einreisende errichtet. An der Nordseite finden sich das Flensburger Stadtwappen und das Wappen des dänischen Königs Christian IV. Heute gilt das Nordertor als Wahrzeichen der Stadt und führt vom Stadtteil Neustadt in die Innenstadt hinein.

3 Dampferlegende

Die 1908 gebaute „Alexandra“ ist das letzte seegehende Passagierdampfschiff Deutschlands. Sie war das erste fahrende historische Schiff in Schleswig-Holstein unter Denkmalschutz. Heute fährt die „Alexandra“ noch Hafen- und Förderundfahrten und liegt am Kai an der Schiffbrücke.

> Tel. 0461/18291805, www.dampfer-alexandra.de

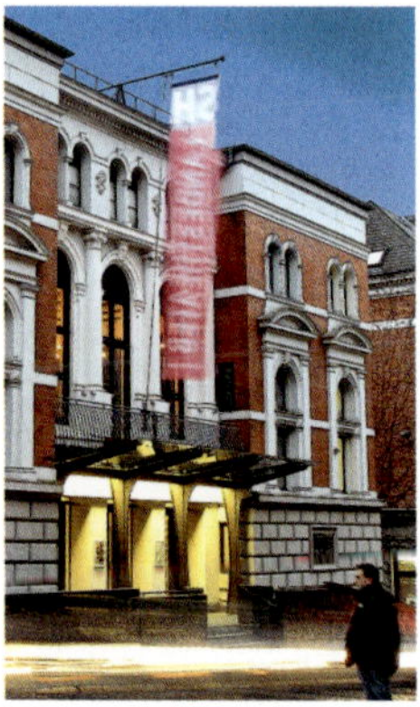

4 Szenentraum

Das Stadttheater gehört zum Landestheater SH, das im ganzen Land zahlreiche Spielstätten hat. Vom Schauspiel und Musical über die Kinderoper bis zum Ballett wird hier einiges auf die Bühne gebracht. Mehr Theaterspektakel gibt es in der Pilkentafel, im dänischen „lille teater“, bei Broschmann & Finke und in der Theaterschule.

> www.sh-landestheater.de; www.detlilleteater.de; www.pilkentafel.de; www.brofi.net; www.theaterschule-flensburg.de

5 Der Platz der Einkehr

Der Nordermarkt ist für seine Cafés und Restaurants bekannt. Im Sommer findet hier reges Leben bis in die Abendstunden statt. Der Neptunbrunnen im Zentrum wurde 1758 errichtet, sein Mittelpunkt ist eine Neptunsfigur. Traditionell wird der Brunnen von den Abiturienten des dänischen Gymnasiums zum Baden gestürmt.

6 Hafentreffpunkt

Der Hafen reichte ursprünglich weit in die heutige Altstadt hinein, über die Jahrhunderte verlandete er. Die heutige Hafenspitze ist ein beliebter Ort zum Spazierengehen und Fahrradfahren. Viele Segler machen hier fest. Während Erwachsene an der Hafenspitze Sonne tanken, steht der Spielplatz den Kindern zur Verfügung.

7 Kunsttreff

Die Rote Straße ist ein beliebter Ort für Handwerk und Kunst. Früher trafen sich hier reisende Händler. Dadurch entstanden die Kaufmannshöfe. Der Name kommt von „Rodung“, da sich früher vor den Toren ein Wald befand. Die Straße erreichte man durch das Rote Tor. Heute befinden sich in den Hinterhöfen kleine Läden und Cafés.

> Stadtführungen möglich: www.rotestrasse.de

8 Der Duft von Kaffee und Geschichte

Im Sonnenhof der Roten Straße befindet sich das Café „Alte Kaffee-Rösterei“. Zum einen kann man hier selbst gerösteten Kaffee kaufen, sich zum anderen einen bestellen und auf der Terrasse im Hof genießen. Bei Kälte weicht man nach drinnen aus. Zwei Etagen sind für die Gäste da, an den Wänden können diese sich ansehen, wie Flensburg einmal aussah.

> Rote Str. 16, Tel. 0461/50508900, www.flensburger-kaffee.de

9 Malerisches Kapitänsviertel

Zwischen den Kirchen St. Johannis und St. Jürgen versteckt sich das Kapitänsviertel. Mit seinen Gassen und winzigen Häusern ist es eines der Schmuckviertel der Stadt. Dazwischen verbergen sich Quellen und kleine Plätze. Einst ließen sich hier die Kapitäne nieder.

> Führung: www.flensburger-foerde.de

10 Speicher und Gassen

Vom Holm, der Großen Straße und der Norderstraße gehen viele Hinterhöfe und Gänge ab. So gibt es den Oluf-Samson-Gang, in dem trotz seines Rotlicht-Rufs hübsche Kapitänshäuser stehen, und den Brasseriehof, der für seine Speicher bekannt ist. Donnerstagabends gibt es die traditionelle Führung „Dämmerungsbummel". Vom Nordermarkt geht es quer durch die Höfe und Gassen. Abschließend wird in einer Kneipe eingekehrt.
> *Führung: www.flensburger-foerde.de*

11 Der Kulturberg

Der Museumsberg ist eines der bedeutendsten Museen für die Kunst- und Kulturgeschichte im Landesteil Schleswig. Heinrich Sauermann verkaufte 1876 seine Kunstgewerbesammlung an die Stadt. Damit wurde der Grundstein für das Museum gelegt. Es erhielt seinen Namen durch seinen Platz: Das Gebäude der niederländischen Renaissance steht auf der Westlichen Höhe.
> *Museumsberg 1, Tel. 0461/852956, www.museumsberg-flensburg.de*

12 Schiffbau und Handel

Das Schifffahrtsmuseum befindet sich in einem Zollpackhaus aus dem 19. Jahrhundert. Es erzählt die Geschichte der Segelschiffentwicklung, des Schiffbaus und der Handelshäuser. Darüber hinaus ist ein Flensburg-Modell von um 1600 ausgestellt.
> *Schiffbrücke 39, Tel. 0461/ 852970, www.schifffahrtsmuseum-flensburg.de*

13 Historische Schiffe

In der Museumswerft an der Schiffbrücke werden historische Schiffe restauriert. Die Bootsbauer arbeiten wie vor 200 Jahren. Man kann sich anschauen, wie eine 1794er Danske Jagt nachgebaut wird oder wie ein Fischersteg vor 100 Jahren aussah. Kinder können ihr Traumboot bauen, während die Eltern im Werftcafé sitzen. Wer Hunger hat, isst bei Ben auf dem Bollwerk ein Fischbrötchen. Jährlich zum Himmelfahrtswochenende findet die Rumregatta statt, alle zwei Jahre am zweiten Juli-Wochenende das Dampfrundum.

> *Schiffbrücke 43–45, Tel. 0461/182247, www.museumswerft.de*

14 Feilschen und schachern

Der Südermarkt ist für seine Wochen- und Flohmärkte sowie den Weihnachtsmarkt bekannt. Im 13. Jahrhundert gab es hier einen Bauernmarkt. Vom Markt aus lässt sich eine Tour in die Innenstadt starten.

15 Ru(h)m-Erinnerungen

Die Rum- und Zucker-Meile zeigt die verbliebenen Bauten und Orte, die an den Flensburger Ruhm durch den Import von Rum und Zucker aus Westindien im 18./19. Jahrhundert erinnern. Beispielsweise führt sie zu Speichern und ehemaligen Rumhäusern

> *Führungen: www.flensburger-foerde.de*

16 Traditionsrum

Das Rumhaus Johannsen ist das letzte traditionell produzierende Rumhaus Flensburgs, das sich seit Jahrhunderten in der Marienburg befindet. Hier gibt es Jamaika-Rum oder Flensburger Rum-Verschnitt. In der Hökerei kann man verschiedene Rumsorten erwerben und es gibt Führungen zu Produktion und Geschichte des Rums.

> *www.johannsen-rum.de*

17 Wasserblick

Auf dem Bohlberg befindet sich der trichterförmige Wasserturm. 1961 erbaut, diente er damals der Versorgung. Heute wird er als Aussichtsturm genutzt, man kann – fast – über die ganze Stadt und die Förde schauen.

18 Architekturwunder

Flensburg ist für seine vielen Kirchen bekannt. Die St.-Nikolai-Kirche ist die größte und liegt am Südermarkt. Der Bau begann 1390. Die St.-Johannis-Kirche ist mit Feldsteinen erbaut und über 880 Jahre alt. Sehenswert ist das Gewölbe mit dem Gemälde des Gartens Eden.

> *Virtuelle Rundgänge sind möglich unter www.nikolaikirche-flensburg.de und www.stjohannis-flensburg.de*

19 Stadtaussicht

Ein schöner Aussichtspunkt über die ganze Stadt befindet sich auf der Erhöhung Duburg. An der Straße „Am Schlosswall" ist ein Balkon, der einem einen schönen Blick über die Ost- und Westseite der Stadt sowie den Hafen ermöglicht.

20 Das rote Schloss am Meer

In der Marineschule im Stadtteil Mürwik werden seit 1910 die Offiziere der deutschen Marine ausgebildet. Aufgrund ihrer gotischen Architektur wird die Schule auch „Das rote Schloss am Meer" genannt.

> *Kelmstraße 14, Tel. 0461/31355631, Dienstag 14–19 Uhr geöffnet, Personalausweis erforderlich*

21 Wasserhäuser und Segelboote

Das Viertel Sonwik entstand aus dem früheren Marinehafen. Seit 2002 wurden die alten Gebäude saniert und bewohnbar gemacht. Ebenso wurden die Wasserhäuser gebaut, die auf der Kaimauer liegen. Von der Hafenpromenade aus hat man einen guten Blick auf so manches Segelboot und die Förde.

> *www.marina-guide.de*

22 Steine und Fossilien

Das Eiszeit-Haus befindet sich am Christiansenpark und ist ein Teil des naturwissenschaftlichen Museums. Man kann sich Fossilien, „Steine zum Anfassen" und Schautafeln dazu anschauen. Die erdgeschichtliche Entwicklung Schleswig-Holsteins wird so erzählt. Für Kinder gibt es Mitmachaufgaben und ein Ferienprogramm.

> *Mühlenstraße 7, Tel. 0461/852577 oder 852504, www.eiszeit-haus.flensburg.de*

23 Meerblick

Flensburg einmal vom Wasser aus sehen, das kann man bei einer Hafen- oder Förderundfahrt. Dabei lassen sich viele Seiten der Stadt entdecken.

> *Reederei Ketelsen, Tel. 0461/ 62945*
> *M/S Viking, Tel. 0461/25520, www.viking-schifffahrt.de*
> *Flensburger-Fähr-Betrieb, Tel. 0173/9192001, www.flensburger-faehr-betrieb.de*

24 Plopp-Geschichte

Flensburg wird häufig mit seinem Bier verbunden. Die Produktionsstätte des Bieres mit dem Plopp kann auch besichtigt werden. Unter anderem lernt man dabei, wie das Flensburger Bier in die berühmte Bügelflasche kommt.

> *Anmeldung unter Tel. 0461/ 863122 oder E-Mail: brauereibesuch@flens.de*

25 Flora und Fauna

Das Waldgebiet Marienhölzung im Westen der Stadt ist ein beliebtes Naherholungsziel. Auf Wanderwegen kann man den Wald erkunden. Für Kinder gibt es ein Freigehege mit Rehen und Wildschweinen.

26 Sanderlebnis

Der beliebte Strand Solitüde liegt am Ostufer der Förde, direkt am Wald. Er verfügt über einen Spielplatz und Grillplätze. Weitere Strände sind das Ostseebad und Wassersleben.

> *Anreise mit öffentlichen Verkehrsmitteln: Bus 3 bis Solitüde, Bus 1 bis Wassersleben oder Bus 7 bis Ostseebadweg*

27 Fahrrad-Entdeckung

Bei der Fahrradstadttour kann man die Fördestadt auf dem Rad erleben. Die Tour führt entlang des Hafens auf die Westliche Höhe und endet in der Innenstadt.

> *Tel. 0461/57494323, www.stadtfuehrungen-in-flensburg.de*

28 Untergetaucht

Wer einmal die Förde von unten sehen möchte, der kann beim Tauchcenter am Hafen einen Schnupperkurs belegen.

> *Tel. 0461/14504350, www.tauchcenter-am-hafen.de*

29 Strandspaziergang
Der Yachthafen Fahrensodde liegt kurz vor der Hafeneinfahrt Flensburgs. Von hier aus kann man einen schönen Spaziergang entlang der bewaldeten Hänge der Förde starten oder sich am kleinen Strand erholen.

30 Messing und Eisen
Das Kupfermühlen-Museum berichtet über die Messingfabrik und von den Lebensumständen der Besitzer und Arbeiter. Schon im 17. Jahrhundert nutzte man die Energie der Krusau zum Antrieb eines Eisenhammerwerks.
> *Zur Kupfermühle 17, Harrislee, Tel. 0461/4077125*

31 Shopping-Spaß
Im Verlauf des Holms und der Großen Straße sind viele kleine und große Geschäfte zu finden, unter anderem auch das Center „Flensburg Galerie“ und die Holmpassage. Am Stadtrand gibt es die Center „Fördepark“ und „Citti-Park“.

32 Grab- und Kriegsdenkmal
Der Alte Friedhof an der Reepschlägerbahn beherbergt eine klassizistische Kapelle von Axel Bundsen und über 600 Grabdenkmäler. Seit September 2011

steht dort auch der Idstedt-Löwe, der als Erinnerung an den Sieg der Dänen über die deutschen Schleswig-Holsteiner in der Schlacht bei Idstedt (1850) errichtet wurde.

33 Sport mit Meerblick
Direkt mit Strandblick kann man in Wassersleben Minigolf spielen – in einem öffentlichen Park mit 18-Loch-Minigolfbahnen. Hier werden zeitweise sogar Meisterschaften ausgetragen. Schläger und Bälle können gemietet werden. Eine weitere Anlage ist in Solitüde, ebenfalls in Strandnähe, zu finden.

34 Kulturstopp
Wer sich für aktuelles Kulturgeschehen interessiert, ist in den Kulturzentren Kühlhaus und Volksbad richtig. Im Kühlhaus finden seit den 1990ern Partys, Konzerte und Theatervorstellungen statt. Das Volksbad war früher ein Ort, wo Flensburger ohne eigenes Bad sich waschen konn-

ten. Heute ist das Gebäude am Nordertor ein Ort für Musik, viele Konzerte finden dort jede Woche statt.
> *www.kuehlhaus.net, www.volxbad.de*

35 Steakschmaus

Seit 1583 besteht das Restaurant „Gnomenkeller", das einst ein Weindepot war. Es ist bekannt für seine Steaks vom Lavagrill. Natürlich gibt es auch vegetarische Gerichte.
> *Holm 3, Tel. 0461/22116, www.gnomenkeller.de*

36 Stufenfilme

Große kulturelle Veranstaltungen finden im Deutschen Haus statt. Nach 51 Stufen gelangt man in das Programmkino „51 Stufen". Hier werden Filme aus der ganzen Welt gezeigt. Täglich laufen drei Filme, darunter einer für Kinder. Wer es aktueller braucht, kann die UCI Kinowelt am ZOB nutzen.
> *Friedrich-Ebert-Str. 7, Tel. 0461/1411884, www.51stufen.de*

37 Zwischen den Bäumen

Wer seine Grenzen erweitern möchte, kann im bis zu zehn Meter hohen Hoch- und Niederseilgarten des Kletterparks Martinstift auf seine Kosten kommen. Klettern für Gruppen ab acht Personen. Für alle, die älter als zehn Jahre sind.
> *Tel. 0461/9031330, www.kletterpark-martinstift.de*

38 Sporterlebnis

Unter Sportlern ist Flensburg für seine Handballmannschaft SG Flensburg-Handewitt bekannt. Die Spiele finden in der Campushalle statt.
> *www.sg-flensburg-handewitt.de, Karten: sh:z-Ticketcenter in der Nikolaistraße*

39 Geologie-Erkundung

Die Tier- und Pflanzenwelt und die Geologie des Landesteils Schleswig können im Naturwissenschaftlichen Museum erkundet werden.
> *Museumsberg 1, Tel. 0461/852504*

40 Hafenrummel

Die Flensburger Hafenfeste sind einen Besuch wert. Die alten „Gaffelsegler" kann man immer ab Himmelfahrt vier Tage lang bei der Rumregatta bewundern.

Dabei gewinnt der Segler, der als Zweiter in das Ziel kommt. Der Preis ist eine „Buddel" Rum. Mitte August finden dann die Nautics statt. Dabei kann man zahlreiche Großsegler sehen und auch besichtigen. Highlight ist die Auslaufparade am Sonntag.

41 Entspannung pur

Das Campusbad ist Flensburgs Erlebnisbad. Im Nichtschwimmerbereich kann geplanscht werden. Für Sportler gibt es das 50-Meter-Becken. Darüber hinaus gibt es eine Saunalandschaft zum Entspannen. Aufgüsse können hier zum Beispiel in einer Kristallsauna und einer Biosauna erlebt werden. Außerdem gibt es Sonnenliegen und Becken zur Erholung.
> Thomas-Fincke-Straße 19, Tel. 0461/8072460, www.campusbad-fl.de

42 Rampen rauf & runter

Die Sportpiraten haben den früheren Schlachthof mit dem Galwikpark in ein Sportparadies verwandelt. Hier können Begeisterte das BMX- oder Skateboardfahren erlernen. Für Kleinere gibt es einen Wasserspielplatz. Darüber hinaus finden häufiger BMX-Schaufahrten und Workshops statt.
> Werftstraße 30, Tel. 0171/5047475, www.skatepark-flensburg.de

43 Meer Bier

Das ehemalige Rumhaus Sonnberg ist seit 1990 „Hansens Brauerei" mit Gasthaus. Hier trifft sich Flensburg zum Bier. Es werden deftige Speisen serviert. Im Sommer genießt man vom Garten aus Bier mit Hafenblick.
> Schiffbrücke 16, Tel. 0461/22210, www.hansensbrauerei.de

44 Uriges Altertum

Das Porticus ist eine Kneipe an der Marienkirche. Seit 1740 steht das Haus, seit Jahrzehnten beherbergt es die Kneipe. Die Inneneinrichtung wirkt antik und lädt zum Klönschnack am Abend ein.
> Marienstraße 1, Tel. 0461/14681438

45 Freibad Weiche

Flensburgs einziges Freibad im Stadtteil Weiche ist ein kleines, aber feines Paradies für Schwimmanfänger. Das 25-Meter-Becken ist auf 26 Grad geheizt und verfügt über eine kleine Rutsche. In den Sommerferien können Grundschüler hier auch schwimmen lernen – oder ihre ersten Schwimm-Abzeichen von Seepferdchen bis Gold bekommen.

> *Alter Husumer Weg, Buslinien 11 und 12 (Haltestelle Försterstieg), www.freibad-weiche.de*

46 Fisch mit Hafenblick

Wer nach Flensburg kommt, um Fisch zu probieren, kann dies bei Piet Henningsen tun. Das Restaurant an der Schiffbrücke besteht bereits seit 1886. Wer Fisch nicht mag, kann trotzdem vorbeikommen, denn auch Fleisch und Vegetarisches stehen auf der Karte.

> *Schiffbrücke 20, Tel. 0461/24576, www.restaurant-piet-henningsen.de*

47 Bergmühle

Flensburg, einst Stadt der Wind- und Wassermühlen, hat noch eine einzige funktionsfähige Mühle: die Bergmühle im Flensburger Norden, ein Galerieholländer aus dem späten 18. Jahrhundert. An bestimmten Tagen wird das Korn in der restaurierten Mühle zu Mehl und Schrot verarbeitet. Mittlerweile steht die Mühle für Hochzeiten zur Verfügung.

> *An der Bergmühle 7, www.bergmuehle-flensburg.de*

48 Am Lautrupsbach

Wer sich am Fischmarkt am Ostufer gestärkt hat und Lust auf einen Spaziergang zwischen Bach und Bäumen hat, muss nur den Hafendamm überqueren. Über den Unteren Lautrupsweg und die Lautrupsmühle findet man direkt auf einen Fuß- und Radweg zum Tal des Lautrupsbachs.

49 Ostseeküstenradweg

Per Fahrrad kann man in Flensburg das nördlichste Stück des Ostseeküstenradwegs erproben. Start ist in Harrislee an der Schusterkate, einst kleinster deutsch-dänischer Grenzübergang. Der Weg führt beschildert am Flensburger Hafen entlang bis nach Solitüde. Wer ein Fahrrad ausleihen möchte: Die Firma Nextbike unterhält in Flensburg zahlreiche Ausleihstationen.

> *www.ostseekuestenradweg.de, www.nextbike.de*

50 Ochseninseln

Die dänischen Ochseninseln, einst Weideinseln für den Viehbestand von Schloss Duborg in Flensburg, sind immer einen Ausflug wert. Man erreicht sie nach 15 Autominuten über Sonderhaff auf der Nordseite der Förde. Im Sommer verkehrt stündlich eine kleine Fähre. Die Insel lässt sich in 30 Minuten zu Fuß umrunden. Speisen und Getränke gibt es im Inselkrug.
> Tel. 0045/74678766, www.ochseninseln.de

51 Bowling Arena (BoA)

Jüngster Spross in der bunten Liste der Flensburger Freizeitaktivitäten ist die direkt an der B 199, nahe dem Citti-Park gelegene und mit eigener Auffahrt ausgestattete Bowling Arena (BoA). Sie ist erst 2012 eröffnet worden und verfügt neben 20 Bahnen über ein gastronomisches Angebot und Räume für größere Gesellschaften. Gern werden hier Kindergeburtstage gefeiert.
> Am Friedenshügel 52–54, www.bowlingarena-flensburg.de

52 Für Kunstfreunde

Die Norderstraße wird immer mehr zum Szene-Geheimtipp in der Stadt. Zumindest für kunstbegeisterte Menschen. In zahlreichen kleinen Galerien und Ateliers können Besucher Werke verschiedenster Art bestaunen.

53 Abgehoben

Wer mal richtig schön abheben möchte, kann das beispielsweise im Jump-House in Flensburg machen. In Deutschlands nördlichstem Trampolinpark an der Förde warten über 70 Trampoline zum Toben, Springen und Ausprobieren.
> Tel. 0461/57498810, www.jumphouse.de

54 Punkte checken

Wer sich in Flensburg aufhält und auf schnellstem Weg die Auskunft über den eigenen Punktestand aus der Verkehrssünder-Kartei benötigt, kann diese am Auskunftspavillon des Kraftfahrt-Bundesamtes auf Antrag direkt vor Ort erhalten. Gültigen Ausweis mitbringen.
> Fördestraße 16, Mürwik, www.kba.de

55 Tipps für Schleswig und Umgebung

Die schöne Stadt zwischen den Meeren – mit viel Kultur und einer großen Geschichte

Informationen für Urlaub und Ausflüge

Ostseefjord Schlei GmbH, Plessenstraße 7, Schleswig,
Tel. 04621/ 850050, Buchungshotline: Tel. 04621/850056,
www.ostseefjordschlei.de;
www.schleswig.de

1 Fischerzunft und Filmkulisse

Die Fischersiedlung Holm in Schleswig kennt in Deutschland fast jedes Kind: 2011 wurde hier das Kinoabenteuer der „Fünf Freunde" gedreht. Als die Mitglieder der Filmcrew erstmals vor den pittoresken Häuschen standen, die sich um einen kleinen Friedhof gruppieren, staunten sie, dass es so etwas Malerisches überhaupt noch gibt. Mehrere Bewohner leben noch heute vom Fischfang in der Schlei – wie unzählige Generationen vor ihnen. Ein kleines Museum am Eingang der Süderholmstraße zeigt Fotos, die das Leben der Fischer in Vergangenheit und Gegenwart dokumentieren.

„Wie eine Fleischwurst lang und schmal am Rande einer Schüssel liegt, so hat auch Schleswig Stadt und Burg sich an den Rand der Schlei verfügt.“ Der Mann, der dieses Bild vor 300 Jahren zeichnete, hatte nicht ganz Unrecht. Gerade waren die Ortschaften Friedrichsberg, Lollfuß und Altstadt zu einer Gemeinde kombiniert worden. Seither erstreckt sich die Schleswiger Stadtkulisse mit den Fixpunkten Schloss Gottorf und St.-Petri-Dom über viele Hundert Meter am Nordufer der Schlei entlang – dem Wasser zugewandt, wie seit 1200 Jahren, als die Domstadt das Erbe der Wikinger-Metropole Haithabu antrat. Heute ist Schleswig End- und Mittelpunkt der Region Ostseefjord Schlei, einer der wichtigsten und erfolgreichsten Touristik-Destinationen in ganz Schleswig-Holstein mit stetig wachsenden Besucherzahlen.

Wussten Sie, dass ...

rund **30** Dorfmuseen und volkskundliche Sammlungen im Kreis Schleswig-Flensburg auf Ihren Besuch warten?

804 das Jahr ist, in dem Schleswig erstmals als „Sliasthorp“ erwähnt wurde? Am Südufer der Schlei wurde Haithabu allerdings schon 808 zum viel bedeutenderen Handelsplatz ausgebaut.

Zitiert:

Schlüssel und Schloss des ganzen Königreichs Dänemark. Bezeichnung für Schloss Gottorf in den Annalen des einstigen Glücksburger Zisterzienser-Klosters, dessen Fundamente vor wenigen Jahren auf dem Grund des Glücksburger Schlossses gefunden wurden.

2 Naturstrand und Abend-idyll

Wer Strand und Ostsee ohne Trubel erleben möchte, ist am Naturstrand von Langballigau am besten aufgehoben. Idyllisch ist es auch am Abend, wenn über Bockholmwik die Sonne untergeht.

3 Bootsfahrt auf der Schlei

Die „Wappen von Schleswig" verkehrt ab Ostern regelmäßig zwischen Schleswig und Ulsnis, Abfahrt 14 Uhr an der Schleswiger Schleiuferpromenade. Im Sommer auch zwischen Schleswig und Schleimünde.

> *www.schleischifffahrt.de*

4 Treffen mit Teddy und Co.

Generationen von Kindern haben ihre Betten mit ihm geteilt: dem Teddybär. Das Schleswiger Stadtmuseum in der Friedrichstraße 9–11 widmet dem flauschigen kleinen Freund eine eigene liebevolle Dauerausstellung.

> *Tel. 04621/936820, www.stadtmuseum-schleswig.de*

5 Moorleichen und Kunstgenuss

Die Landesmuseen auf Schloss Gottorf haben so viel zu bieten, dass ein einziger Tag nicht ausreicht, um alles zu entdecken. Gruseliger Besuchermagnet in der Archäologie sind die Moorleichen, die viel über das Leben unserer Vorfahren vor fast 2000 Jahren verraten. Der Barockgarten mit dem Globushaus lässt erahnen, wie hier einst die Fürsten von Schleswig-Holstein-Gottorf residierten.

> *Schlossinsel 1, Tel. 04621/813222, www.schloss-gottorf.de*

6 Lebendige Wikingerzeit
Lange Zeit waren in Haithabu die Spuren der Vergangenheit nur für das geschulte Auge zu erkennen. Inzwischen ist hier ein Wikingerdorf rekonstruiert worden.
> *Am Haddebyer Noor 2, Busdorf, www.haithabu.de*

7 Klostermauern und Bibelgarten
Das St.-Johannis-Kloster am Schleswiger Holm ist Schleswig-Holsteins besterhaltene mittelalterliche Klosteranlage. Im Bibelgarten nebenan wachsen zahlreiche Pflanzen, die in der Bibel erwähnt werden.

8 Wikingertage
Schwertkämpfe, Feuershows, Segelboote, Gaukeleien, ein Kinderdorf und Folkmusik: Im August locken die Wikingertage Tausende Besucher auf die Schleswiger Königswiesen.

9 Dampfeisenbahn
Zu den besonderen Erlebnissen zählt eine Fahrt mit der Angelner Museumsbahn durch das Herz Angelns zwischen Kappeln und Süderbrarup. Der Museumszug fährt von Mai bis Oktober regelmäßig sonntags, von Juni bis September auch mittwochs.
> *www.angelner-dampfeisenbahn.de*

10 Tretboot mieten am Stadthafen
Die Zeiten, in denen am Schleswiger Stadthafen Küstenmotorschiffe ihre Ladung löschten, sind lange vorbei. Heute betrachtet man Schleswig vom Wasser aus sportlich mit dem Tretboot.

11 Wahrzeichen mit Kunstschätzen
Der Schleswiger St.-Petri-Dom ist rund 900 Jahre alt. Im Innern faszinieren Kunstschätze wie der Brüggemann-Altar.

12 Sport auf den Königswiesen
Wie wäre es mit einer Partie Boule? Oder Fitness-Training unter freiem Himmel? Auf den Königswiesen in Schleswig ist beides möglich.

13 Spielplätze für wahre Abenteurer

Im Norden Schleswigs wartet einer der vielseitigsten Spielplätze der Region auf junge Abenteurer. 150 000 Euro hat sich die Stadt das stilisierte Wikingerschiff am Berender Redder kosten lassen.

14 Odins Haddeby

Hier haben Sie die Wahl zwischen dem Restaurant mit Kamin, der Brasserie mit offener Küche, der überdachten Terrasse und dem Biergarten mit Schleiblick. Wie Sie sich auch entscheiden: Es erwarten Sie eine nordische Frischeküche der Saison, köstliche Backwaren und Torten sowie ein charmanter Service.

> *Öffnungszeiten: täglich 7–23 Uhr, Haddebyer Chausee 13, 24866 Busdorf, Tel. 04621/850500, www.gasthaus-haddeby.de*

15 Segeln zwischen Rapsfeldern

Die Schlei gilt als hervorragendes, wenn auch nicht leichtes Segelrevier. Wer kein eigenes Boot hat oder den langen Weg durch die Ostseeförde scheut, leiht sich einfach eine Yacht.

> *Möglich etwa bei Renz Yachting & Charter, Tel. 04621/35877, www.renz-yachting.de*

16 Mit Muskelkraft durch Angeln

Ob Wikinger-, Schlemmer-, Badesee- oder Landarzt-Törn – sie alle lassen sich mit dem Rad gut an einem Tag bewältigen (21 bis 39 Kilometer).

> *www.ostseefjordschlei.de*

17 Schwäbisches im hohen Norden

Gaisburger Marsch, Spätzle und Maultaschen im hohen Norden – wer's schwäbisch mag, ist in der „Möwe Jonathan" in Pommerby bestens aufgehoben. Gelegentlich gibt es auch Kulturveranstaltungen.

> *Tel. 04643/2988, www.moewe-jonathan.com*

18 Leuchtfeuer mit Lizenz zum Trauen

Der 1910 errichtete Leuchtturm Falshöft in Nieby ist 28 Meter hoch und beherbergt ein Trauzimmer. Zu besichtigen ist das inzwischen erloschene Leuchtfeuer vom 1. April bis 31. Oktober dienstags und donnerstags zwischen 15 und 17 Uhr sowie am ersten und dritten Wochenende des Monats samstags und sonntags zwischen 14.30 und 17.30 Uhr.

> *www.leuchtturm-falshoeft.de*

19 Vogelparadies und Robustrinder

Natur pur erleben Besucher auf der Geltinger Birk. Das bei Nieby gelegene Naturschutzgebiet ist geprägt durch Wasserflächen, Salzwiesen, Dünen und Strand. Hier brüten mehr als 200 Vogelarten und es weiden wilde Pferde und schottische Hochlandrinder.

20 Lebendiges Dorfmuseum

Ist Unewatt nun ein Dorf mit Museum oder ein Museum mit Dorf? Beides passt auf dieses Landschaftsdenkmal bei Langballig. Fünf „Museumsinseln" erwarten die Besucher. Im Sommer wird ein Kulturprogramm angeboten.

> *www.museum-unewatt.de*

21 Mit allen Zehen genießen

„Spaß bis in die Zehenspitzen" gibt es im „Barfußpark Schwackendorf" (Gemeinde Hasselberg). 2,5 Hektar groß ist die Fläche, die es zu erleben und zu ertasten gibt, und zwar auf einem 1,5 Kilometer langen Tastpfad und 32 Erlebnis-Stationen.

> *Schwackendorf 37, Hasselberg, Tel. 04642/965178, www.barfusspark-schwackendorf.de*

22 Kulturgenuss auf dem Lande

Ab Mitte Juli lädt Gut Oestergaard in Steinbergkirche in sein Maislabyrinth ein. Verweilen können Gäste auch im Café. Die Kulturscheune bietet abwechslungsreiche Veranstaltungen.

> *www.gut-oestergaard.de*

23 Alte Obstsorten entdecken

Mitten in Angeln, im Söruper Ortsteil Winderatt, befindet sich das „Pomarium Anglicum", ein Obstmuseum mit gut 720 verschiedenen Apfelsorten, circa 120 Birnensorten, dazu Steinobst und Mispeln.

> *Waldweg 2, Tel. 04635/2745, www.alte-obstsorten.de*

24 Hotspots für Angler

Entlang der Ostseeküste Angelns gibt es mehrere Hotspots

für Meerforellenangler, so zum Beispiel in der Nähe von Norgaardholz (Habernis Huk).

25 Mit dem Kanu die Natur erkunden
Die Treene ist 98 Kilometer lang und lädt dazu ein, die Seele baumeln zu lassen. Am besten geht dies im Kanu mit einem Paddel in der Hand. Ab Langstedt ist die Treene zum Kanufahren bestens geeignet.
> *www.sh-kanuland.de*

26 Eulenpfad
Das dürfte im ganzen Land einmalig sein: In Tarp gibt es einen Eulenpfad – eine Wanderroute, auf der insgesamt 63 Eulen-Holzskulpturen zu bewundern sind. Ab Stapelholmer Weg.

27 Sonnenbaden ohne Trubel
Stranderlebnis fernab vom Trubel – das bietet der gepflegte Strand von Holnis, nur wenige Autominuten von Glücksburg entfernt in Richtung Norden.

28 Wasserski und Wakeboard
Einfach einhaken, Hantel in die Hand nehmen und los geht's – immer dem Seil nach.
> *Selker Weg 26, Jagel, www.wasserski-jagel.de*

29 Spaziergang mit Hund
Ihr Hund möchte schwimmen? Die Schlei bietet dazu gute Gelegenheiten. In Weseby gibt es einen schönen Strand. Richtung Steilküste wird es ruhiger.

30 Fünfte Jahreszeit auf dem Lande
Am letzten Juli-Wochenende findet in Süderbrarup der größte ländliche Jahrmarkt statt. Der Brarupmarkt, der seit 1593 gefeiert wird, hat sich im Laufe der Jahrhunderte zu einem großen Volksfest mit Fahrgeschäften und Buden entwickelt.

31 Kunsthandwerk
Wer auf der Suche ist nach einem individuellen Geschenk oder sich selbst etwas wirklich Besonderes gönnen möchte – zu Pfingsten in Süderschmedeby wird man fündig.

32 Industriemuseum mit Traumaussicht
Lange erinnerten nur überwucherte Ruinen und verlassene Bahngleise an die Ziegelei am Borgwedeler Schleiufer. Inzwischen gibt es hier ein kleines Industrie-Museum mit malerischem Blick auf die Schlei.
> *www.borgwedel.de*

33 Torten-Tipp

Bauerngarten-Ambiente und hausgemachte Torten vom Feinsten werden an den Wochenenden im Geeler Krog/Lütt Kaffeestuv im Brodersbyer Ortsteil Geel geboten.

34 Badevergnügen in der Schlei ...

... mit Rutschinsel und Sandstrand bietet „Klein Westerland" im Brodersbyer Ortsteil Burg.

35 Räuberhöhle

Die Idstedter „Räuberhöhle" ist eines der wenigen gut erhaltenen Ganggräber Schleswig-Holsteins. Die begehbare Kammer ist gut vier Meter lang, knapp zwei Meter breit und nur circa 1,5 Meter hoch.

> Kreisstraße 44, Ahrenholzfeld in Richtung Idstedt, Parkmöglichkeiten an der Straße Idstedtwege

36 Wisentgehege

Im Kropper Wisentgehege können die urtümlichen Tiere fast wie in freier Wildbahn beobachtet werden.

> www.weidelandschaften.de

37 Freizeitpark für Groß und Klein

Der Freizeitpark Tolk-Schau bietet mit Bootsrutsche, Sommerrodelbahn, Familien-Achterbahn und vielen weiteren Fahrgeschäften Freizeitspaß insbesondere für Familien mit (kleinen) Kindern. Beliebt bei den Besuchern ist auch das „Tal der Dinosaurier".

> www.tolk-schau.de

38 Kleines Dorf ganz groß

So klein dieses Dorf auch ist, so beherbergt es doch gleich zwei sehenswerte Museen: Hollingstedt kann mit einem Schulhaus-Museum (Tel. 04627/212) aufwarten und außerdem mit dem „Hollinghuus", das die Geschichte des Ortes an der Treene thematisiert.

> www.schulhausmuseum.de, www.hollingstedt.de

39 Staunen und wandern am Danewerk

Wer von Ellingstedt Richtung Schleswig die erste Abzweigung nach rechts nimmt, stößt auf einen gut erhaltenen Teil des Danewerks, eines gigantischen Festungsbaus, der jetzt Weltkulturerbe ist.

40 Kulissenzauber im Marienbad

Einer der schönsten Plätze, um die Schlei und die Schleswiger Stadtkulisse auf sich wirken zu lassen, ist das traditionsreiche Strandrestaurant Marienbad in Busdorf.

> *www.strandrestaurant-marienbad.de*

41 Sonnenuntergang mit Scholle

Das „Alte Fährhaus" in Fahrdorf am südlichen Ufer der Schlei bietet sich an, um von dort den Sonnenuntergang zu genießen. Spezialität des Hauses: die ganze Scholle, aber ohne Gräten.

> *Dorfstraße 47, Tel. 04621/3929751, www.altes-faehrhaus-fahrdorf.de*

42 In Glücksburg in die Sterne schauen

Das Menke-Planetarium in Glücksburg bietet 50 Besuchern Platz und verfügt über eine Fulldome-Projektionsanlage. Regelmäßige Vorführungen und Vorträge.

> *Tel. 0461/8051273, www.planetarium-gluecksburg.de*

43 Wasserschloss mit Geschichte

Ein Besuch des Wasserschlosses in Glücksburg lohnt sich immer. Es gehört zu den wichtigsten Residenzschlössern Norddeutschlands und gilt als Wiege der europäischen Königshäuser.

> *www.schloss-gluecksburg.de*

44 Ins Innere von „Renata" blicken

Die Mühle „Renata" im Söruper Ortsteil Schwensby stammt aus dem Jahr 1883. Es handelt sich um eine mit Holzschindeln gedeckte Galerie-Holländer-Windmühle, die als eine der denkmalpflegerisch wichtigsten Windmühlen des Landes gilt.

> *Tel. 0160/90367412, www.windmuehle-schwensby.com*

45 Kolonistenstein in Friedrichsfeld
Im Weiler Friedrichsfeld nahe Hollingstedt wird der Kolonisten gedacht, die mühsam die Geest urbar gemacht haben – und auch der Kolonistenforscher.

46 Thorsberger Moor
Der unscheinbare Teich am nördlichen Stadtrand von Süderbrarup ist vom 1. Jahrhundert v. Chr. bis zum 5. Jahrhundert n. Chr. der zentrale kultische Opferplatz in Angeln gewesen. Eine unheimliche Stimmung hat er sich bewahrt. Gold und Silber – die Opfergaben gibt's in Schloss Gottorf zu sehen.

47 Langsee
In einem Tunneltal der Eiszeit entstanden, gilt der idyllische See bei Süderfahrenstedt als Angler-Paradies. Infos und Erlaubnisscheine gibt's unter anderem bei der HEM-Tankstelle in Tolk.

48 Wikinger-Friesen-Weg
Von St. Peter an der Nordsee bis Maasholm an der Schleimündung führt dieser Fahrradweg ca. 300 Kilometer mitten durch die abwechslungsreichsten Landschaften Schleswig-Holsteins. Für die Route gibt's Unterstützung durch GPS-Tracks, beim Sehenswerten hilft der Audioguide weiter.
> *www.wikinger-friesen-weg.de*

49 Sandesberg
Der Sandesberg ist eine der höchsten „Erhebungen“ westlich der Treene und war deswegen seit Urzeiten Thingplatz, was man an den Steinsetzungen erkennen kann. Heute ideal für ein Picknick mit weitem Blick in die Landschaft. Anfahrt über Hollingstedt Richtung Husum.
> *Beim Weiler Brendhörn rechts ab und dann immer den Berg hoch*

50 Brodersby
Die intimen Sommerkonzerte in der winzigen Kirche des Bilderbuchdorfes Brodersby oberhalb der Missunder Fährstelle sind Legende. Vorher vom Friedhof aus den Blick über das gewellte Land schweifen und danach sich im Missunder Fährhaus verwöhnen lassen.

51 Friedrichsberg/Schleswig
Ein Idyll, dieser Busdorfer Teich im Schleswiger Stadtteil Friedrichsberg. 1848, im Zuge der deutsch-dänischen Auseinandersetzungen, war das anders.

An die Gefechte an dieser Stelle erinnern gleich zwei martialische Denkmäler auf der Höhe (Zugang vom Kapaunenberg) über dem Teich. Und in der Busdorfer Straße sieht man noch die Kugeln in der Hauswand.

52 Spaziergang um die Geltinger Birk

Was bietet sich nach einem Spaziergang um die Geltinger Birk mehr an als eine Tasse Kaffee oder ein Stück Kuchen? Das „Café Lichthof" empfängt seine Gäste in unmittelbarer Nähe des Leuchtturms von Falshöft in einem alten Reetdachhaus mit leckerem selbst gebackenen Kuchen und Herzhaftem aus dem Backofen.

> *Falshöft 29, Nieby, Tel. 04643/1354, 12–18 Uhr (außer Montag), Gruppen nach Absprache länger*

53 Blick über Stadt und Schlei

Von hier öffnet sich der Blick über die Stadt und die Schlei mit der Möweninsel: Die Michaelisallee – gepflanzt im Jahr 1825 – gehört zu Schleswigs beliebtesten Spazier- und Flanierwegen. Ihr malerischer westlicher Teil ist von der Chemnitzstraße aus zu erreichen.

54 Ruhestätte eines Außenministers

Das Grab von Ulrich Graf von Brockdorff-Rantzau, dem ersten Außenminister der Weimarer Republik, liegt verwunschen und gut versteckt an einem Waldrand und ist durch einen Tunnelgang unter der B 76 zu erreichen, der an seinem einstigen Wohnsitz Schloss Annettenhöh beginnt. Das heutige Archäologische Landesamt liegt an der nach dem Politiker benannten Brockdorff-Rantzau-Straße.

55 Kurze Tour über das Wasser

Hier lässt sich eine Radwanderung oder ein Ausflug mit dem Auto ganz schnell mit einer kurzen Fahrt auf dem Wasser verbinden: Die Schleifähre Missunde verkehrt täglich zwischen 6 und 21.50 Uhr (1. Oktober bis 31. März: zwischen 6 und 20.50 Uhr)

> *www.schleifaehre-missunde.de*

44 Tipps für Kappeln und Umgebung

Eine kleine Stadt zehrt von der Vergangenheit und baut auf die Zukunft

Informationen für Urlaub und Ausflüge

Touristinformation Kappeln, Mühle „Amanda", Schleswiger Straße 1, Tel. 04642/4027, www.ostseefjordschlei.de; Touristikverein Kappeln, Mühlenstraße 24, Tel. 04642/920930, www.touristikverein-kappeln.de

1 Eine Stadt feiert den Hering
Sie sind so etwas wie Kappelns fünfte Jahreszeit: Die Heringstage sind das größte Volksfest der Schleistadt und werden in Kappeln seit 1979 gefeiert. Gleich zu Beginn des viertägigen Ausnahmezustands über Himmelfahrt wird das Heringskönigspaar gekürt, außerdem gehört ein großes Feuerwerk dazu.
> *www.heringstage-kappeln.de*

Wer an Kappeln denkt, denkt an Deekelsen. Lange waren diese beiden Bezeichnungen so etwas wie Synonyme, wenn es um die kleine Stadt an der Schlei geht. Seit 1986 praktizierte der ZDF-„Landarzt" in eben jenem Deekelsen, dessen Hauptmerkmale sich in Kappeln wiederfinden. Und bis heute ist der „Landarzt", obwohl er schon längst aus der Fernsehwelt verschwunden ist, stabiler Touristenmagnet für die ganze Region. Kappeln selbst zollt dem Phänomen mit dem „Deekelsenplatz" den verdienten Tribut.
Aber Kappeln hat noch mehr zu bieten. Es ist Fischereiort, war Garnisonsstadt, ist Anlaufpunkt für Sportsegler, Heringsliebhaber und solche, die einfach mal Idylle, Ruhe und gute Luft genießen wollen. Regelmäßig mit den Ostertagen wächst die knapp unter 9000 liegende Einwohnerzahl spürbar an, allein zu den Heringstagen über Himmelfahrt sind bis zu 40 000 Menschen in der Stadt. Und erst im Oktober oder November nimmt die Zahl der Gäste wieder ab. Mit dem Großprojekt Ostseeresort Olpenitz und der Entwicklung der früheren Marinewaffenschule zu den Schlei-Terrassen will sich die Stadt für die Zukunft rüsten.

Wussten Sie, dass ...

die Figurentheater-Tage im März schon seit 1987 Teil des kulturellen Lebens in Kappeln sind?

600 plus X gusseiserne Heringe die Kappelner Straßen pflastern? Mit der Aktion der Rotarier können sich Kappeln-Fans ein kleines Denkmal setzen.

Zitiert:

Ik heff al sopen in Kiel, harr in Leck lange wiel, de Probstei mookt mi jümmer ganz high. Ik heff sogor mol'n Pries afhoolt, ut Kappeln an 'ne Schlei.
Ina Müller, Musik-Kabarettistin

2 Paradies für Petri-Jünger

Die Schlei ist für Angler ein ideales Revier. Im Mündungsbereich um Schleimünde ist das Wasser fast reines Salzwasser, während das westliche Ende um Schleswig fast schon Süßwasser enthält. Entsprechend groß ist auch die Fischvielfalt: Neben Aalen, Barschen und Stinten können Plattfische wie der Butt gefangen werden. Und als Höhepunkt gilt die Heringssaison zwischen März und Mai.

3 Kunst auf der Insel

Auf zweieinhalb Hektar ist in Schwackendorf kurz vor den Toren Kappelns ein Barfuß-Park entstanden. Glatte und raue Flächen, Steine, Schlamm, Morast, Kneippbad, sogar Scherben – all das lässt sich mit den Füßen erleben. Und im Maßstab 1:9000 können sich Besucher Schleswig-Holstein erlaufen – auf Granit, Gras, Basalt, Sand und Holzschnitzeln.

> *www.barfusspark-schwackendorf.de*

4 Einmal „Kappeln rund"

Geboren wurde der Stadtlauf „Kappeln rund" zum 650. Geburtstag der Stadt im Jahre 2007. Inzwischen hat sich die Veranstaltung zum echten Lauf-Event gemausert. Einmal im Sommer wird die Hafenmeile zu Start und Ziel von mehr als 500 Läufern und Nordic Walkern. Und alle schwärmen vom zwar anstrengenden Streckenprofil, aber auch tollen Ausblick.

5 Kappelns schönste Ecken

Stadtführungen werden den ganzen Sommer über in Kappeln angeboten. Die Besucher können dabei aus drei thematischen Schwerpunkten wählen: Ob „Abendbummel mit Mühlengeist", „Kappeln klassisch" oder „Auf den Spuren des Landarztes" – jede Führung verspricht dabei etwas Besonderes.
> *www.ostseefjordschlei.de*

6 In die „Giftbude"

Diesen Ort kann man nicht zu Fuß erreichen, einzig die Fahrt mit dem Schiff von Kappeln oder Maasholm ermöglicht den Zutritt zur Lotseninsel. Lotsenhaus, Leuchtturm, Strand, das nachgebaute Wikingerschiff „Edda", die Gastronomie „Giftbude" – auf relativ kleinem Raum gibt es erstaunlich viel zu entdecken.
> *www.lotseninsel.de*

7 Flanieren beim Fischmarkt

Der letzte Sonntag eines jeden Monats von März bis Oktober gehört dem Kappelner Fischmarkt. Dann wird der Hafen von 9 bis 17 Uhr zur Flaniermeile, an der bis zu 50 Händler und Standbeschicker ihre Waren anbieten.

8 Figuren an Fäden

Die Figurentheater-Tage sind jedes Jahr im März das erste kulturelle Highlight an der Schlei. Diese spezielle Form des Theaters spricht Erwachsene und Kinder gleichermaßen an. Und wer sich darauf einlässt, vergisst schnell, dass dort eigentlich hölzerne Puppen auf der Bühne agieren.
> *www.stadt-kappeln.de*

9 Töpferwaren selbst gemacht

Ihre neuesten Kreationen präsentieren viele Töpfer aus Kappeln und dem teils fernen Umland am ersten August-Wochenende auf dem Kappelner Deekelsenplatz. In der Vergangenheit stand immer eine Töpferscheibe bereit, an der Jung und Alt selbst mit Hilfe eines Töpfermeisters einmal einen kreativen Versuch wagen konnten. Und nebenbei erklingt auch immer Live-Musik.

10 Stil-Mix in St. Nikolai

Seit mehr als 200 Jahren prägt sie das Kappelner Stadtbild, ist Wahrzeichen und Zentrum des Glaubens. Vor allem aber ist die St.-Nikolai-Kirche eines: der

jüngste bedeutende Kirchenbau des Landes in spätbarocker Tradition. Das Ungewöhnliche ist die Anordnung von Altar, Kanzel und Orgel direkt übereinander, außerdem der Stil-Mix im Inneren des Gebäudes.

11 Höchste Windmühle in Schleswig-Holstein

Die Mühle „Amanda" ist so etwas wie das Wahrzeichen Kappelns – neben der Schleibrücke. Sie steht in der Schleswiger Straße und gilt als die höchste Windmühle Schleswig-Holsteins. Außerdem ist sie die Heimat der Tourist-Information.
> *Tel. 04642/4027*

12 Arbeitsalltag der Fischer

Wer den Berufsfischern einmal bei der Arbeit zusehen will, der hat dazu gleich mehrere Möglichkeiten. Die Chance darauf bietet sich nämlich sowohl in Kappeln als auch in Maasholm. An beiden Fischereihäfen sind die Fischer immer gut beschäftigt.

13 Auf den Spuren des TV-„Landarztes"

In Kappeln und Umgebung war bis 2013 der ZDF-„Landarzt" zu Hause, und immer noch kommen Besucher an die Schlei, um auf „Landarzt"-Spuren zu wandeln. Möglich ist das im Gutshaus des ehemaligen Gutes Dänisch Lindau in Lindauhof bei Lindau an der Schlei, Gemeinde Boren. Dort steht die Kulisse für die Landarztpraxis. In Wagersrott diente der Holländerhof als TV-Heimat des Kräuterdoktors Hinnerksen, und am „Landarzt"-Stammtisch kann man im Restaurant „Aurora" auf dem Kappelner Rathausmarkt Platz nehmen.

14 Golfspielen in der Natur

Golfen in natürlicher Umgebung – damit lockt der Golfclub Stenerberg in Rabenkirchen-Faulück. Auch Urlauber können dort mal ausholen und den Golfschläger schwingen.
> *www.golfplatz-stenerberg.de*

15 Gassigeher für Vierbeiner

Im Tierheim Weidefeld, Weidefelder Weg 14 b in Kappeln, sind kleine und große Vierbeiner zu Hause. Wie sie freuen sich auch die Mitarbeiter über einen Besuch und über jemanden, der vielleicht mal eine Runde mit einem der Hunde dreht.
> *www.tierheim-weidefeld.de*

16 Technik der Holzaufbereitung

Nahe der Mühle „Amanda" steht das Historische Sägewerk, das Besuchern einen Einblick in die alte Technik der Holzaufbereitung offenbart. Geöffnet ist auch sonntags.
> *Tel. 04642/920102*

17 Einmal Segelluft schnuppern

Lust auf frischen Wind um die Nase? Dann ist vielleicht die Ostseesegelschule Hornich in Maasholm die richtige Adresse. Von Mai bis September beginnen wöchentlich Segel-Schnupperkurse.
> *www.ostsee-segelschule.de*

18 Kunst am Wasser

Die Schlei-Akademie ist das jüngste kreative Kind der Stadt. Drei Wochen lang bietet die Kunstakademie in Sundsacker (von Arnis aus einmal kurz über die Schlei) die Möglichkeit, von Profis zu lernen und sich von der Atmosphäre inspirieren zu lassen. Fotografie, Kalligrafie, Ölmalerei, Graffiti, Aquarell, Holzbildhauerei – die Auswahl ist groß. Das Besondere: Die Schlei-Akademie hat sich selbst den Auftrag gegeben, inklusiv zu arbeiten. Jeder, der teilnehmen möchte, egal ob mit oder ohne Einschränkung, soll auch teilnehmen können.
> *www.schlei-akademie.de*

19 Hochseeangeln für Frühaufsteher

Mit der MS „Antje" geht es raus zum Hochseeangeln auf der Ostsee. Start ist der Maasholmer Hafen, genauer: Restaurant Schunta in der Hauptstraße. Frühaufsteher können schon um 7.30 Uhr aufbrechen und den

Sonnenaufgang auf hoher See genießen.
> *Tel. 04642/96560*

20 „Tag der Seenotretter"

Die Deutsche Gesellschaft zur Rettung Schiffbrüchiger (DGzRS) ist so etwas wie die Lebensversicherung auf hoher See. Beim jährlichen „Tag der Seenotretter" im Maasholmer Hafen stellt sich das Team vor.
> *www.seenotretter.de*

21 Frisch vom Markt

Produkte aus der Region verspricht der Wochenmarkt, der jeden Donnerstag auf dem Kappelner Deekelsenplatz aufgebaut wird. Obst, Gemüse, Käse, Fisch und Fleisch kommen frisch und meistens verbunden mit einem kurzen Schnack in den Einkaufskorb.

22 Idyllischer Blick über die Schlei

In 15 Metern Höhe über dem Wasser hat man einen beeindruckenden, fast schon idyllischen Blick auf die Schlei, auf die Kappelner Innenstadt und auf das Schwansener Ufer mit dem Ortsteil Ellenberg. Dort oben steht der Brückenwärter der Kappelner Schleibrücke, die im Jahr 1992 errichtet wurde. Der Weg nach oben ist mit vielen Brückenfotos aus der Bauzeit geschmückt.

23 Unterhaltung pur

Comedy, Multimedia-Show, Musik, Lesung: Die Alte Maschinenhalle ist die Event-Location schlechthin in Kappeln. Vor langer Zeit mal ein Sägewerk hat sich die Halle ihren rustikalen Charme bewahrt, ist aber gleichzeitig mit modernster Technik in der Gegenwart angekommen. Übers Jahr verteilt, bietet sie beste Gelegenheit, sich von verschiedenen Veranstaltungen unterhalten zu lassen.
> *www.alte-maschinenhalle.de*

24 Zeuge der Vergangenheit

Wer nach Kappeln kommt, muss einen Blick auf den Heringszaun werfen. Er stammt aus dem 15. Jahrhundert und gilt als letzter Zeuge einer früher in Europa verbreiteten Fischfangmethode. Vom Hafen aus ist er leicht zu entdecken.

25 Eine ganze Stadt an einem Tag

Nach Einwohnerzahl (circa 300) und Fläche (0,45 Quadratkilometer) ist Arnis die kleinste Stadt Deutschlands. Ein Spaziergang lohnt sich in jedem Fall durch die Lange Straße, und einen Stopp sollte man an der im

17. Jahrhundert errichteten Schifferkirche einlegen.
> *www.stadt-arnis.de*

26 Verbunden dank Fähre
Die Schleifähre Arnis verbindet die Landschaften Angeln und Schwansen miteinander. Auf der Angelner Seite liegt Arnis, auf der Schwansener Seite befindet sich das Dorf Sundsacker. An dieser Stelle ist die Schlei etwa 200 Meter breit. Die Fähre verkehrt etwa im Fünf-Minuten-Takt.

27 Heimstätte echter Traditionssegler
Ganz im Süden der Kappelner Hafenmeile liegt der Museumshafen. Er ist Heimstätte echter Traditionssegler, deren Besitzer sie mit viel Liebe zum Detail hegen und pflegen. Ob Gaffelkutter, Ostseeyacht oder Heringsboot – ein Besuch lohnt sich in jedem Fall.
> *www.museumshafen-kappeln.de*

28 Die älteste Kirche von Angeln
Die Ulsnisser Kirche ist eine der größten romanischen Kirchen in der Region. Experten datieren zumindest ihr Portal auf 1150, auch wenn sie erst 1338 dem Heiligen Wilhadus geweiht wurde. Sie gilt damit als die älteste Kirche von Angeln.

29 Die Schlei erlebbar machen
Das Naturerlebniszentrum (NEZ) Maasholm ist ein Mix aus Ausstellung, Spielplatz und Mitmach-Aktionen. Und im Nu werden die Besucher zu echten Forschern, denn das NEZ will die Ostsee und die Schlei erlebbar machen.
> *www.nez-maasholm.de*

30 Ohne Bücher in den Urlaub
Wer will schon schwere Bücher ins Urlaubsgepäck stopfen? Dass das ohnehin nicht nötig ist, beweist die Kappelner Stadtbücherei, Schmiedestraße 13. Romane, Sachbücher, CDs, DVDs – die Auswahl ist üppig.

> *www.stadtbuecherei-kappeln.de*

31 Bahnfahren ohne Bahnhof
Beste Chancen zu entschleunigen, bietet eine Fahrt mit der Angelner Dampfeisenbahn. Die Museumsbahn pendelt zwischen Kappeln und Süderbrarup in äußerst gemächlichem Tempo und mit ordentlich viel Flair und eben Dampf – von Mai bis Oktober jeden Sonntag, in den Monaten Juli und August zusätzlich noch mittwochs.
> *www.angelner-dampfeisenbahn.de*

32 Konzerte im Torhaus
Kultur im Landhaus-Idyll – das versprechen die Torhauskonzerte auf Gut Frauenhof in Esgrus, nahe Kappeln. Erster Eindruck: die imposante, von mehr als 100 Linden gesäumte Allee, die zum Gut führt. Die Frauenhofer Torhauskonzerte locken regelmäßig mehr als 100 Zuhörer in das rustikale Torhaus. Von April bis September prägt die Reihe den Kultursommer der Region.
> *www.gut-frauenhof.de*

33 Unterwegs mit Naturschützern
Das Naturschutzgebiet Vogelfreistätte Oehe-Schleimünde befindet sich am äußersten Zipfel der Schlei. Von April bis Oktober sind Führungen möglich.
> *Tel. 04642/6117*

34 Der Hausstrand der Kappelner
Zu einem Urlaub in Kappeln gehört mindestens ein Besuch am Weidefelder Strand. Ausgerüstet mit Strandkorb, Badehose und Sonnencreme lässt es sich dort gut aushalten. Und die Pommes im Strandkiosk sind ohnehin der Knaller.

35 Eine Frage der Stärke
Im Sommer feiert Maasholm regelmäßig seine Hafentage. Jedes Jahr erwartet die Gäste Musik, Tanz, ein Hafengottesdienst und das beliebte Kuttertrecken.

36 Niederdeutsch im Fokus
In Kappeln spielt das Niederdeutsche eine bedeutende Rolle. Seit 1991 vergibt die Stadt den mit 3000 Euro dotierten Niederdeutschen Literaturpreis, unter anderem bereits an Entertainerin Ina Müller, die Schauspieler Jan Fedder und Peter Heinrich Brix und das plattdeutsche Multi-Talent Jan Graf.

37 Schaulaufen der Klassiker
Sie sind ein echter Hingucker – die klassischen GFK-Yachten, die regelmäßig im September in Maasholm einlaufen. „Modern Classics" nennt sich das dreitägige Spektakel mit Open Ship und Live-Musik.

38 Bootstouren auf der Schlei
Bootstouren auf der Schlei bietet von Kappeln aus der Reisedienst Gerda Müller mit dem Schleiraddampfer nach Schleimünde, Lindaunis und Sieseby an. Mit der MS „Stadt Kappeln" von Juliane Sebode geht es nach Schleimünde, Maasholm, Lindaunis und Schleswig.
> *www.schleiraddampfer.de; www.schlei-ausflugsfahrten.de*

39 Surfen in der Bucht
Die flache Schleibucht vor Maasholm hat sich als ideales Surfrevier für Anfänger und Fortgeschrittene einen Namen gemacht. Und die Surfschule Maasholm gibt dort seit über drei Jahrzehnten Unterricht im Wind- und Kitesurfen.
>*www.surfcenter-maasholm.de*

40 Einkaufen bei Kerzenschein
Das Candlelight-Shopping gehört fest zur Kappelner Vorweihnachtszeit. An den Straßenecken duftet es nach Punsch, wenige Meter daneben erklingen adventliche Melodien. Am Freitag vor dem ersten Advent öffnen die Geschäfte bis 20 Uhr und dekorieren zusätzlich die Innenstadt mit leuchtenden Kerzen.

41 Geheime Badestelle
Nördlich des Gunnebyer Noors befindet sich eine kleine, aber unbeaufsichtigte Badestelle an der Schlei. Der Weg dorthin ist dank der guten Ausschilderung leicht zu finden, und die Wasserqualität ist prima.

42 Aus dem letzten Loch pfeifen
2014 hat die Nikolai-Kirche ein neues Instrument erhalten. Die Reinalt-Klein-Orgel vereint altes Pfeifenmaterial aus dem 18. Jahrhundert mit moderner Klangvielfalt in jeder tonalen Schattierung. In den Sommermonaten dürfen Besucher auch mal einen Blick hinein in das besondere Instrument werfen – Orgelführungen machen dies möglich.

43 Zu Fuß von Maasholm nach Schleimünde
Wanderwillige können sich auf den knapp acht Kilometer langen Marsch von Maasholm über Schleimünde, Oehe, Exhöft und zurück machen. Unterwegs erlebt man das Wormshöfter Noor.

44 Räuchern nach Familientradition
„Sage Kappeln nie Adieu ohne einen Aal von Föh" – so heißt es seit einer gefühlten Ewigkeit an der Schlei. Seit 1911 wird in der Aalräucherei Föh, Dehnthof 26–28, der Räucherfisch nach alter Familientradition im Buchen- und Erlenholzrauch geräuchert.
> *www.foeh.de*

44 Tipps für Eckernförde und Umgebung

Eine Stadt im Arm der Ostsee – wie aus einer maritimen Lage ein kleines Juwel entsteht

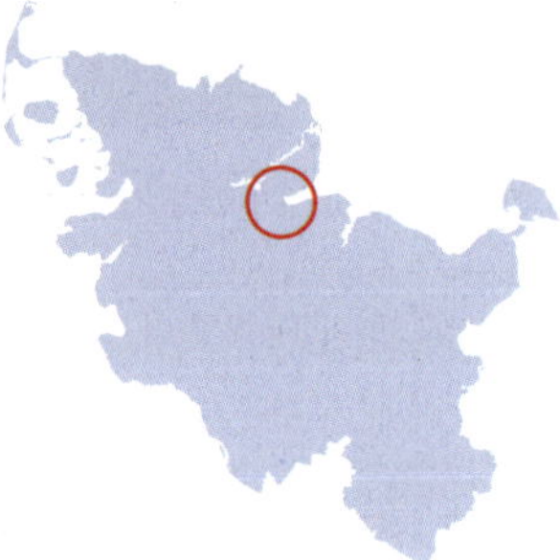

Informationen für Urlaub und Ausflüge

Eckernförde Touristik und Marketing GmbH, Am Exer 1,
Tel. 04351/71790, www.ostseebad-eckernfoerde.de;
Tourist-Info, Onlinebuchung, Veranstaltungsübersicht, Zimmervermittlung, Ausflugstipps, Pauschalangebote und vieles mehr

1 Eckernförde, die Stadt am Meer

Ganz klar, in Eckernförde führt der erste Weg ans Wasser. Und das ist gar nicht schwer: Eckernförde wird umflossen. Zum Baden und Spazierengehen geht's an den vier Kilometer langen, gebührenfreien Kurstrand. Wer große Traditionssegler und Fischkutter sehen oder zu einem Angeltörn aufbrechen möchte, wird am Hafen fündig. Am Strand und Hafen kann man segeln und surfen lernen und Segelboote chartern. Am Windebyer Noor warten grüne Wanderwege und an der Ostseeküste reizvolle Steilufer wie zum Beispiel in Altenhof und Hemmelmark.

Oft wird geschwärmt, wenn von Eckernförde die Rede ist. Warum gefällt diese kleine Stadt so vielen Menschen?
Na klar, sie liegt am Meer – und wie. Fast scheint es, als würde die Ostsee die Stadt in den Arm nehmen. Eckernförde besteht aus einer langen Küstenlinie mit einem feinen Sandstrand, der von der Altenhofer Steilküste und der Strömung verlässlich mit Nachschub versorgt wird. Die Altstadt, die zuletzt während der großen Sturmflut 1872 verwüstet wurde, ist auf einem Nehrungshaken erbaut. Strand, Hafen und die lebendige Innenstadt liegen nur einen Steinwurf voneinander entfernt – so wie in kaum einer anderen Stadt. Die Lage allein ist's nicht, man hat auch viel daraus gemacht. Durch sorgsame Stadtentwicklung und eine außerordentlich rege Bautätigkeit werden die Vorzüge noch stärker zur Geltung gebracht.
Groß geworden ist Eckernförde durch den Seehandel, den Fischfang und die vielen Fischräuchereien. Heute ist die Marine mit ihren U-Booten, spezialisierten Einsatzkräften und knapp 4000 Dienstposten der größte Arbeitgeber. Wirtschaftliche Bedeutung haben die Firmen Behn (Kleiner Feigling) Sauer & Sohn (Pistolen) und Punker (Ventilatorräder). Weitere Standbeine sind der Einzelhandel und der Tourismus.

Wussten Sie, dass ...

1302 das Datum der Stadtgründung Eckernfördes ist? In diesem Jahr wurde die Stadt das erste Mal urkundlich erwähnt. 2002 haben die Eckernförder das 700-jährige Bestehen ihrer Stadt gefeiert.

240 000 Mal Urlauber und Gäste 2018 in Eckernförde übernachtet haben?

Zitiert:

Obwohl es dämmert, bleibt der Himmel unglaublich rein. Mit Freude zeichnet sich die Silhouette der kleinen Hafenstadt in sein zartes Blau.
Wilhelm Lehmann, Eckernförder Schriftsteller (1882–1968), aus: „Bukolisches Tagebuch", Eintrag vom 14. Januar 1929

2 Waterkant und Innenstadt: alles dicht beieinander

Von der Waterkant sind die lebendige Innenstadt und die idyllische Altstadt nur einen Steinwurf entfernt – einer der ganz großen Vorzüge Eckernfördes. Man könnte im Sommer sogar in der Badehose einkaufen gehen – macht nur keiner. Die Fußgängerzone ist lang und abwechslungsreich, sie reicht von der Holzbrücke am Hafen bis zur Kieler Straße Süd. Im Stadtzentrum gibt es (fast) alles, was das Herz begehrt: Einzelhandel, Lokale, Cafés. Empfehlenswert: Ein Bummel über den Wochenmarkt (an jedem Mittwoch und Samstag).

3 Open Air am Südstrand

Joe Cocker war dort (2007), Rod Stewart (2009) auch, Die Fantastischen Vier, Culcha Candela und Stanfour (2010) ebenso. Der Eckernförder Südstrand ist die maritimste Open-Air-Bühne Europas und lockt im Sommer immer wieder Weltstars an die Bucht – und mit ihnen 10 000 Fans.

4 Fischreichtum im Ostsee-Info-Center

Wer wissen möchte, welche Fische in der Eckernförder Bucht leben, kann sich die gefangenen Exemplare in den Fischernetzen ansehen oder die lebenden Fische in den Aquarien und dem

großen Fühlbecken im Ostsee-Info-Center neben dem Seesteg an der Hafenspitze anschauen.
> Jungfernstieg 110, Tel. 04351/726266, ganzjährig geöffnet, www.ostseeinfocenter.de

5 Hot Spot: Schweiß, Salz, Schnee
So etwas gibt es in ganz Deutschland nicht: Eckernfördes Sauna „Hot Spot" im Meerwasserwellenbad glänzt mit vier großen Saunen, zum Teil mit Ostseeblick und Strandzugang, und der einzigartigen Kombination aus Salzgrotte und Schneekabine. Schwitzen, ruhen, Klimareise an die Nordsee, Schnee-Abreibung und hinterher ein Bad im Meerwasserwellenbad oder im Meer – alles ist möglich. Ein Masseur lockert die Muskulatur und im Bistro gibt's Salate und Cocktails.
> Sauna Hot Spot im Meerwasserwellenbad, Preußerstraße 1, Tel. 04351/905400, www.meerwasser-wellenbad.de

6 Süßes Vergnügen in der Bonbonkocherei
Ein süßes Vergnügen ist der Besuch der Bonbonkocherei, eine Attraktion für Touristen und Einheimische. Die Besucher erleben hautnah mit, wie aus heißer Rohmasse leckere Bonbons werden – ein Genuss für alle Sinne.
> Frau-Clara-Straße 22, Tel. 04351/889986, www.bonbonkocherei.de

7 Auf den Spuren Eckernfördes
Alles über die Geschichte Eckernfördes hat das Museum am Rathausmarkt zusammengetragen. Die Schlacht von Eckernförde, die Entwicklung des Badelebens, die große Zeit der Fayencen, das kleine Elektromuseum oder die Modelleisenbahnanlage von 1951 zeigen Eckernförder Wegmarken. Sehenswert sind auch die hochkarätigen Sonderaustellungen.
> Rathausmarkt 8, Tel. 04351/712547, www.eckernfoerde.net/museum

8 Ut Sülver ward Gold makt

„In Eckernför dor hebbt set rut, ut Sülver Gold to maken" – Erinnerung an die große Zeit der Fischräucherei im 19. und 20. Jahrhundert. Die echten Kieler Sprotten kommen aus Eckernförde, in der Fischräucherei von Berndt Kruse kommen sie noch jeden Tag frisch aus dem Rauch und dann in die kleinen Holzkisten: Schwanz ab, Kopf ab, Gräte raus – guten Appetit.

> *Jungfernstieg 19, Tel. 04351/2814*

9 Galerien und Künstlerhaus

Eckernförde ist eine Kunst- und Kulturstadt mit vielen kleinen Galerien. Zu den bedeutendsten zählen die Galerie Nemo mit angeschlossener Artothek und die Galerie 66. In der Altstadt liegt das Schleswig-Holsteinische Künstlerhaus, in dem Stipendiaten leben und arbeiten.

> *www.eckernfoerde.de; www.otte1.org*

10 Spaziergang auf der Seepromenade

Die Seepromenade reicht über viele Kilometer von „Kiek ut" im Süden bis zum Segelclub in Borby. Der Spaziergang lohnt sich: Im Osten lockt das Meer, landseitig viele Einkehrmöglichkeiten. Wer sich bewegen und gleichzeitig viel über Eckernförde erfahren möchte, ist bei den Stadtführungen genau richtig. Von Frühjahr bis Herbst fährt der beliebte „Sprotten-Express" durch die Stadt.

> *www.ostseebad-eckernfoerde.de*

11 Weihnachtsmarkt in der Gutsscheune

Nur wenige Kilometer südöstlich von Eckernförde liegt Gut Altenhof. Am 2., 3. und 4. Advent findet in der 300 Jahre alten Scheune jeweils Samstag und Sonntag ein besonderer Weihnachtsmarkt statt. Rund 60 Aussteller präsentieren ihr Kunsthandwerk. Im Scheunencafé können Sie Ihren Adventsbummel ausklingen lassen.

12 Figurentheater Carlshöhe

Auf Carlshöhe haben die Marionettenspieler und Puppenbauer Ralf und Sabine Rahier im Atelierhaus Nr. 60 ihre Werkstatt und Dauerausstellung eingerichtet (sonntags 14–17 Uhr).

> *Carlshöhe 60, Eckernförde*

13 Blumenmeer und Minigolf

Direkt am Strand und neben dem Wellenbad liegt der kleine, aber feine Kurpark mit Blumenmeer und Skulpturen. Gleich nebenan warten eine Minigolf-Anlage und eine Hüpfburg.

14 Bürgerpark Borby mit Hafenblick

Das Pendant auf der anderen Wasserseite ist der Borbyer Park direkt am Hafen. Eine kleine, grüne Oase mit nettem Reetdachkiosk und schönem Hafenblick.

15 Mit „Ecke 4“ auf Fangfahrt

Zu einem Eckernförde-Besuch gehört eine Fahrt mit Fischer Eckard Michelsen auf seiner „Ecke 4“. Er fährt mit kleinen Gruppen auf die Bucht, holt Netze ein und erklärt den Fang – urig.

16 Offener Marinestützpunkt

Wer das Glück hat, zur richtigen Zeit am richtigen Ort zu sein, kann die modernsten U-Boote der Welt besichtigen, zumindest von außen. Die Marine lädt in den Sommerferien zu einzelnen Tagen des offenen Stützpunktes ein – mit Bootshuttle.

17 Schöne Kirchen: St. Nicolai und Borby

Die Stadtkirche St. Nicolai zählt zu den interessantesten Kirchen des Landes. Die Heßler-Orgel und der Gudewerdt-Altar, beide frisch saniert, sind besondere Kostbarkeiten. Hoch über der Stadt thront die Borbyer Kirche. Ein schöner sakraler Bau und Zentrum einer lebendigen Kirchengemeinde.

18 Seefahrer-Romantik

Ihre Masten prägen das Stadtbild – Traditionssegler haben sich Eckernförde als Heimathafen ausgewählt. „Jachara“ oder „Platessa von Esbjerg“ bieten Törns an. Ein Skipper verkauft sogar Crêpes direkt an Bord. Im Innenhafen gibt es außerdem einen kleinen, schmucken Museumshafen mit hervorragend restaurierten Schiffen.

> *www.traditionsschiffe-eckernfoerde.de/schiffe*

19 Big Five: die großen Stadtfeste

Eckernförde lockt jedes Jahr viele zehntausend Besucher an: Aalregatta zur Eröffnung der Kieler Woche im Juni, Sprottentage im Juli, die Südstrand-Open-Air im Juli oder August, das Piratenspektakel im August und das Internationale Naturfilmfestival Green Screen im September.

20 Kopfnahrung in der Stadtbücherei

Deutlich ruhiger geht es in der Stadtbücherei zu. Ein Großangebot aller Medien steht dort zur Auswahl bereit. Dazu gibt's Lesungen für Erwachsene und Kinder und Ferienspaßaktionen.
> *Am Exer, Tel. 04351/5640, www.stadtbuecherei-eckernfoerde.de*

21 Restaurant Treib-Gut

Zunächst einmal besticht die Lage mit dem herrlichen Blick auf die Eckernförder Bucht. Dann laden die maritim gestalteten Gasträume zum Verweilen ein und schließlich lockt die Küche mit verführerischen Angeboten. Wie der Name schon verrät: Man soll sich hier treiben lassen – mit zum Beispiel „Heiß geräuchertem Lachsfilet auf Rahmspeckwirsing" oder – landestypisch – mit „Hausgemachtem Sauerfleisch".
> *Öffnungszeiten: Mi, Do ab 17 Uhr, Fr–So ab 11.30 Uhr, Kiekut 1, 24340 Altenhof, Tel. 04351/8895613 www.restaurant-treibgut.de*

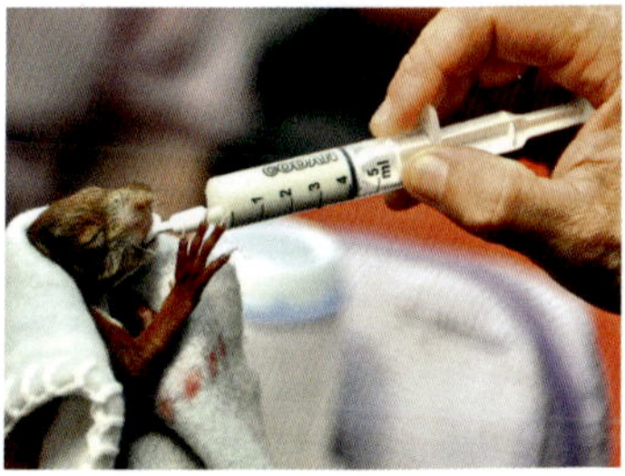

22 Pflege für das Wappentier

Eckernförde tut etwas für sein Wappentier: Neben dem Umwelt-Info-Zentrum (Tipp 24) am Noorwanderweg hat die Eichhörnchen-Schutzstation ihre Freigehege aufgebaut. Dort werden Findeltiere bis zur Auswilderung gepflegt. Gehandicapte Tiere, die in der Natur keine Überlebenschance hätten, kriegen dort ihre „Gnaden-Nüsse".
> *www.eichhoernchen-eck.de*

23 Schöne Wander- und Fahrradwege

Zu Fuß und auf dem Fahrrad erlebt man das Ostseebad und seine reizvolle Umgebung besonders intensiv. Empfehlenswert sind die ausgeschilderten Wander- und Radwege, Karten gibt's in der Tourist-Info.

24 Wissenswertes rund um die Natur

Wie Zäune aus Weidenruten oder frisch gepresster Apfelsaft hergestellt oder Kräutergärten angelegt werden, erfahren die Besucher des Umwelt-Info-Zentrums am Noorwanderweg.
> Tel. 04351/3027, www.utsev.de

25 Eimersee und alte Apfelbäume

Stadtnahe Naturräume gibt es einige in Eckernförde. Zu den schönsten zählt der Eimersee, der seine Existenz tatsächlich einem in das Entwässerungsrohr gestopften Eimer zu verdanken hat. Dort wurden auch viele alte Apfelbaumsorten gepflanzt – die Bürger dürfen ernten.

26 Geschäft aus dem 18. Jahrhundert

Einen Besuch und Einkauf wert ist Krafft Lorenzen, eines der ältesten Textilhäuser Deutschlands, das seit 1760 in achter Generation betrieben wird. Allein die historische Ausstattung kommt einer Zeitreise gleich.
> Langebrückstraße 11, Tel. 04351/2577

27 Ziel für die Fitten und Starken

So mancher braucht immer seine „Mucki-Bude“ in der Nähe. Auch davon hat Eckernförde viel zu bieten – mit und ohne Sauna, Tennis- oder Squashcourt – für klassische Bankdrücker und Fitness-Enthusiasten.

28 Stadthalle und Showpalast

Wo ist was los? Da gibt’s einiges: Stadthalle, der Showpalast Carls auf Carlshöhe, das „Haus“ mit dem kommunalen Kino, die kleine Kultstätte „Spieker“ am Innenhafen oder das Weinlokal „Römer“ in der Frau-Clara-Straße sowie die Destillerie „Clara-Hof“ in der Frau-Clara-Straße 26a, in der nicht nur edle Brände sondern auch Führungen angeboten werden (Tel. 04351/8808856). Und überall kleine Nischen wie Jazz im Mitbürgerhaus oder Folk in der Siegfried-Werft.

29 Strandvergnügen in jeder Variation

Sobald sich die Sonne blicken lässt, lockt es alle an den Strand: Strandkörbe, Beachvolleyball- und Beachbasketballfelder, einen Strandspielplatz, auch einen FKK- und einen Hundestrand hat das Ostseebad zu bieten.

30 Dorsch, Butt und Meerforelle

Große und kleine Fische fängt man am Seesteg oder entlang der Küste: Plattfisch und Dorsch, Hering und Makrele und auch die Meerforelle gehen an den Haken.

31 Tierische Vielfalt im Tierpark Gettorf

Auch das Eckernförder Umland ist sehr reizvoll: Wer im Dänischen Wohld zu Gast ist, sollte unbedingt den Tierpark Gettorf besuchen. 800 Tiere gibt es dort neben schönen Blumenanlagen und dem „Verrückten Haus" – ein auf dem Kopf stehendes Einfamilienhaus – zu sehen.

> Süderstraße 33, Gettorf, Tel. 04346/41600, www.tierparkgettorf.de

32 Kletterspaß zwischen Baumkronen

Über 100 Elemente bis zu 25 Meter über dem Waldboden bietet der Natur-Hochseilgarten in Altenhof. Kletterfreunde ab sieben Jahren und einer Mindestgröße von 1,10 Meter können sich durch die Wipfel hangeln.
Der Kletterpark teilt sich in 14 abwechslungsreiche Parcours mit unterschiedlichen Schwierigkeitsstufen und Höhen. So kann jeder Besucher sein eigenes Tempo finden und Spaß und Nervenkitzel in der Natur erleben.

> Am Bahnhof 14, Eckernförde, Tel. 04351/667333 oder 0177/8287574, E-Mail: info@hochseilgarten-eckernfoerde.de, www.hochseilgarten-eckernfoerde.de

33 Brauer's Aalkate

Direkt am Nord-Ostsee-Kanal liegt dieses Fischrestaurant und Café. Von der großen Gartenterrasse haben Sie einen tollen Blick auf das Treiben auf dem Kanal, die vorbeiziehenden Container und Kreuzfahrtschiffe und die Natur. Oder Sie schauen dem letzten Kanalfischer über die Schulter. Es wird hauptsächlich Fisch aus der eigenen Fischerei serviert. Ein ganz besonderer Genuss ist der geräucherte Fisch aus dem hauseigenen Räucherofen. Und die selbst gemachten Torten können sich nicht nur sehen lassen, sie schmecken auch hervorragend.

> Öffnungszeiten: täglich 11-21 Uhr, Schirnauer See 5, 24790 Rade, Tel. 04331/91561, www.brauers-aalkate.de

34 Der Kanal: dicke Pötte im Stundentakt

Kaiser Wilhelm II. ließ den Kanal 1887 bis 1895 erbauen, um Kriegsschiffe schnell in Nord- oder Ostsee zu bringen. Heute ist der Kanal die meistbefahrene Wasserstraße der Welt. Spaziergänge und Radtouren am Kanal lohnen sich immer. Eine Augenweide sind die Kreuzfahrtschiffe.

> *www.kielkanal.de*

35 Naturerlebnisraum Kolonistenhof

Der Kolonistenhof in Neu Duvenstedt bietet für die ganze Familie etwas – Schafe und Ziegen streicheln oder Kolkraben und Uhus im Gehege beobachten. Dazu gibt's eine Ausstellung über die Eiszeit.

> *www.kolonistenhof.de*

36 Wandern in den Hüttener Bergen

Der historische Ochsenweg, die Sorgwohlder Binnendünen, der Fresensee oder die Wege rund um den Aschberg – der Naturpark ist bekannt für seine Vielfalt und die herrlichen Wanderwege.

> *Tipps im „Redderhus" (Tipp 38), Tel. 04356/986107*

37 Mit dem Husky-Team über Stock und Stein

Wer die sibirischen Huskys hautnah erleben möchte, ist beim Husky-Team um Britta Dunker bestens aufgehoben. Mit dem Hundegespann geht es durch die Hüttener Berge.

> *Termine nur nach Absprache, www.husky-team.de*

38 Tourist-Info „Redderhus"

Die Tourist-Info „Redderhus" in Holzbunge mit angegliedertem „Redderhuskrog" bietet viele Ausflugstipps in der Region Hüttener Berge, im Obergeschoss gibt's eine Dauerausstellung über die Knicklandschaft (Eintritt frei).

> *Tel. 04356/986107, www.redderhus.de*

39 Damp: Wasserski und Wakeboard

Nördlich von Eckernförde lädt die Halbinsel Schwansen zwischen Ostsee und Schlei zum Erholen und Bewegen ein. Wer übers Wasser gleiten und über Hindernisse springen möchte, ist im Wasserski- und Wakeboardpark Damp genau richtig.

> *www.wasserski-damp.de*

40 Strand-Action und große Güter

Im Ostseeresort Damp finden Besucher das volle Strandleben: Beachvolleyball und Basketball, Surfen, Kinderanimation, Live-Musik und eine vielseitige Gastronomie. In Schwansen können Besucher zudem stille Winkel, schöne Herrenhäuser und Gutshöfe entdecken und dort den Hauch der Geschichte spüren.

41 Zeitreise ins historische Landleben

Auf eine Zeitreise können sich Besucher in der Mühle „Anna" und der „Alten Sägerei" in Rieseby machen. Dort lädt eine liebevoll und detailgetreu ausgestattete Holländer-Galeriemühle mit Heimatmuseum und Ausstellung historischer Handwerke zur Besichtigung ein.

> Sa.–So. 14–17 Uhr, www.muehle-anna.de

42 Swingolf auf Gut Sophienhof

Der Ball ist größer und alles ein wenig legerer: Auf Gut Sophienhof/Waabs wartet eine Swingolf-Anlage auf die Besucher.

> SwinGolf Sophienhof, Waabs, Tel. 04358/1025, www.swingolf-waabs.de

43 Flächendenkmal Sieseby an der Schlei

Den Charme von Reetdachhäusern im Fachwerkstil können Besucher im Schleidörfchen Sieseby erleben. Eigentümer der Häuser ist die herzogliche Familie Schleswig-Holstein-Sonderburg-Glücksburg. Reizvoller Wanderweg entlang der Schlei bis Gut Bienebek sowie kleiner Pilgerweg rund um die Siesebyer Kirche.

44 Mit dem Kanu über die Schlei

Über das Wasser der Schlei gleiten, das können Besucher bei Winnemark. Beim Kanuverleih gibt es die passenden Boote.

> Dorfstraße 20, Winnemark, Tel. 04644/1065, www.fahrradverleih-seemann.de; Kanuverleih: Event Nature GmbH, Mühlenberg 4, 24398 Sundsacker/Winnemark, Tel. 04644/9737170, E-Mail: info@eventnature.de, www.eventnature.de/kanuvermietung-schlei

49 Tipps für Rendsburg und Umgebung

Luxusliner hautnah und ein Spaziergang entlang der Königstafel

Informationen für Urlaub und Ausflüge

Tourist-Information Nord-Ostsee-Kanal, Altes Rathaus am Altstädter Markt, Rendsburg, Tel. 04331/21120, www.tinok.de. Hier können auch Stadtführungen, Kutschfahrten und Touren auf die Hochbrücke gebucht werden.

1 Das imposante Wahrzeichen der Region
2023 wird die Stahlkonstruktion 110 Jahre alt: Die Rendsburger Eisenbahnhochbrücke, von den Einheimischen liebevoll „Eiserne Lady" genannt, ist das Wahrzeichen der Region. Außerdem ist sie Ziel des SH-Netz-Cups, zu dem sich in jedem Jahr die besten Ruderachter der Welt treffen. Wer mit dem Zug von Hamburg nach Flensburg fährt, überquert auf ihr den Nord-Ostsee-Kanal.

Die Region liegt mitten im Land und wird vom Nord-Ostsee-Kanal in Nord und Süd geteilt: Der Kanal, die Eider und zahlreiche idyllische Seen machen das Gebiet in und um Rendsburg zu einem beliebten Urlaubsziel. So paradox es klingen mag – hier ist der Besucher den Ozeanriesen aus aller Welt näher als in den meisten Küstenorten. Schließlich ist der Kanal die meistbefahrene künstliche Wasserstraße der Welt – und im Sommer ziehen die Ozeanriesen vorbei, die einen Hauch von großer, weiter Welt verbreiten. Bei Radtouren oder Spaziergängen am Kanal sind sie ständige Begleiter und zum Greifen nah.

Aber es lohnen sich auch Ausflüge ins Umland und in die beiden Zentren der Rendsburger Innenstadt. Neben der mehr als 800 Jahre alten Altstadt empfiehlt sich ein Besuch im Stadtteil Neuwerk. Rund um den Paradeplatz sind die Straßen sternförmig angeordnet – und nach der Sitzordnung an der Tafel des dänischen Monarchen benannt – im Zentrum der König, daneben Königin, Prinzen, Prinzessin, Grafen – und die Elefantenstraße nach dem Träger des Elefantenordens. Rendsburg und Umgebung sind mehr als eine Reise wert.

Wussten Sie, dass ...

30 Sehenswürdigkeiten entlang der „Blauen Linie" liegen – einem „Leitfaden" für Touristen in Rendsburg?

die längste Bank der Welt bei Rendsburg am Kanal **575,75** Meter misst? 1990 wurde sie erstmals ins Guinness-Buch der Rekorde aufgenommen.

Zitiert:

Wiesen und sanfte Waldhöhenzüge ... die Aussicht ist unendlich weit. O, es ist auch schön in unserem Norden!
Theodor Storm, Dichter und Schriftsteller (1817–1888)

2 „Grüne Lunge" der Stadt Rendsburg

Ein Spaziergang an der Untereider ist nicht nur erholsam für Körper und Geist, sondern auch lehrreich: Zehn Tafeln vermitteln Wissen über die natürlichen Besonderheiten dieses Naherholungsgebiets. Die Eider, der längste Fluss des Landes, ist in den 1970er-Jahren durch eine Straßenkreuzung unterbrochen und in Ober- und Untereider geteilt worden. Dennoch bietet sich das idyllische Ufer der Untereider für einen ausgedehnten Spaziergang an.

3 NordArt in Carlshütte

Als Kunstwerk Carlshütte präsentieren sich ehemalige Industriehallen und ein herrlicher Park in Büdelsdorf. Hier zeigt die NordArt jedes Jahr zeitgenössische Kunst.

> Öffnungszeiten etc. unter www.kunstwerk-carlshuette.de

4 Wo Schiffe durch die Wiesen fahren

Viele Touristen glauben beim ersten Mal an eine Erscheinung: Sie fahren mit dem Auto durch das flache Land – und plötzlich scheint ein riesiges Schiff durch die Wiesen zu steuern. Der Nord-Ostsee-Kanal ist allgegenwärtig. Und darum darf man sich auch nicht über außergewöhnliche Verkehrsregeln wundern: So ist zwischen Rendsburg und Breiholz Fernlicht verboten – die Kapitäne der Schiffe könnten geblendet werden.

5 Über den Kanal, unter dem Kanal

Die historische Schwebefähre unter der Hochbrücke ist seit einem Unfall im Jahr 2016 außer Betrieb. Doch bereits im Sommer 2020, pünktlich zum 125. Jubi-

läum des Nord-Ostsee-Kanals, soll das Nachfolgemodell in Dienst gestellt werden. Optisch soll die Nachfolgerin an die ursprüngliche Fähre angelehnt sein und wohl bald UNESCO-Welterbe werden. Bis das neue Wahrzeichen wieder an seinem Platz unter der Rendsburger Eisenbahnhochbrücke hängt, kann man auf den Fußgängertunnel ausweichen, zu dem am Conventgarten eine Rolltreppe steil in die Tiefe führt.

6 Eine Hymne für jedes Schiff

An der Schiffsbegrüßungsanlage unter der Eisenbahnhochbrücke in Rendsburg werden dicke Pötte und kleine Boote mit der Hymne ihres Staates empfangen. Darüber hinaus dürfen sich die Seh-Leute über viele Informationen und etwas Seemannsgarn freuen.

7 Wechsel der Lotsen

Bei Schülp kommen neue Lotsen an Bord der großen Schiffe. Der Lotse wird von einem Spezialboot längsseits gebracht und klettert über eine Strickleiter. Das Manöver ist gegenüber der Lotsenstation von der Kanalsüdseite aus gut zu beobachten.

8 Hier kann man auf dem Strich gehen

Was soll man sich in Rendsburg ansehen? Einen Anhaltspunkt bietet die „Blaue Linie“. Sie führt an 30 Sehenswürdigkeiten vorbei durch die Innenstadt und auch über den Paradeplatz.

9 Schönster Stadt-Platz

Der historische Altstädter Markt ist eines der Schmuckstücke der Stadt. Es lohnt sich ein Besuch des Alten Rathauses, dessen Ursprünge auf das Jahr 1566 zurückgehen. Es verfügt über ein Glockenspiel, das alle zwei Stunden bekannte Volksweisen erklingen lässt.

10 Rendsburgs ältestes Gotteshaus

Im Jahr 1287 wurde der Grundstein für den Bau der Backsteinkirche St. Marien gelegt. Für Besucher ist die Marienkirche von Montag bis Samstag (10 bis 13 Uhr) geöffnet. Vom April bis Ok-

tober sind Interessierte sogar bis 17 Uhr willkommen. Darüber hinaus können weitere Kirchen- und Turmführungen auf Wunsch gebucht werden.
> *Tel. 04331/29494*

11 Erinnerungen an jüdisches Leben

Es ist das einzige Jüdische Museum nördlich von Berlin: In der Rendsburger Prinzessinstraße ist eine ehemalige Synagoge vollständig erhalten. Hier wird sowohl das jüdische Leben dargestellt, als auch Kunst unter jüdischen Aspekten in wechselnden Schauen gezeigt.

12 Die Geschichte der Schifffahrt

Die Schiffsmodell-Sammlung von Reeder Dr. Jens-Peter Schlüter legte den Grundstein für das Schifffahrtsmuseum in der Königstraße. Mitarbeiter Peter Carstensen weiß anschaulich über die Geschichte der Seefahrt am Kanal zu berichten.

13 Blechspielzeug und Druckvorführungen

450 Autos und Figuren aus Blech – eine einzigartige Sammlung – sind in den Museen im Kulturzentrum ausgestellt. Hier hat auch das Druckmuseum seinen Sitz, das die Entwicklung der Drucktechnik demonstriert, ebenso wie das historische Museum der Stadt Rendsburg.

14 Ein Museum für Hochprozentiges

Hier ist Schottland ganz nah: Im ehemaligen Redderhus in Holzbunge betreiben Thomas Krüger und Jens Nielsen ein Café mit angegliedertem Museum, in dem sich rundum alles um das flüssige Gold aus dem Fass dreht. Die Sammlung umfasst mehr als 7000 Whisky-Minis. Neben dem Besuch im eigenen Whisky-Store konnen Liebhaber auch an Tastings teilnehmen.
> *www.whiskykrueger.eu/de*

15 Mit der „Stutentrine" durch die Stadt

Historische Führungen starten von April bis September samstags um 11 Uhr ab Altstädter Markt. Die Hochbrücke lockt sonntags um 14 und 15.30 Uhr mit einen Aussichtserlebnis in luftiger Höhe, Treffpunkt: Südseite der Eisenbahnhochbrücke. Neu sind humorvolle Altstadtspaziergänge der Tourist-Information mit der „Stutentrine" (Rendsburger Symbolfigur) sowie Führungen auf den Spuren Rendsburger Juden.

16 Kreuzfahrten auf dem längsten Fluss

Die Eider ist Schleswig-Holsteins längster Fluss. Fahrten auf der Eider bis an die Nordsee (Tönning) oder auf dem Nord-Ostsee-Kanal in die Landeshauptstadt Kiel bietet die Adler-Reederei ab Rendsburg Obereiderhafen an – mit der „MS Princess" oder mit dem Raddampfer „Freya".
> *www.adler-schiffe.de*

17 Vogelbeobachtung im Moor

Der Blick von der Aussichtsplattform am Loher Weg in Fockbek auf das 379 Hektar große Naturschutzgebiet Fockbeker Moor lohnt sich. Hier brüten rund 60 Vogelarten. Das Moor beherbergt Wollgras, Sonnentau und Moosbeere, gibt 25 Torf- und Lebermoosen eine Heimstatt.
> *www.nabu-sh.de*

18 Beheiztes Wasser und Beachvolleyball

Klares, ungechlortes und beheiztes Badewasser (23 Grad) – das bietet das Naturerlebnisbad in Büdelsdorf (Hermann-Ehlers-Platz 13). Schwimmer- und Nichtschwimmerbereich mit Rutsche, Beachvolleyball, Basketball. Seit 2017 lädt außerdem ein Niedrigseilgarten zum Austesten der eigenen Balance ein.
> *www.freibad-buedelsdorf.de*

19 Auf dem Treidelweg

Mitte des 19. Jahrhunderts entstand am Büdelsdorfer Ufer der Obereider durch Aufforstung ein Waldstück, das „Hollersche Anlagen" genannt wird. Der neu gestaltete Treidelweg lädt zum Flanieren ein, Feuerstellen zum Grillen und das „Fährhaus" zum Verweilen. Parken kann man „An der Liebesbuche".

20 Schöner Ausblick mit Bismarck

Der knapp 100 Meter hohe Aschberg ist ein beliebtes Ausflugsziel in den Hüttener Bergen. Von dort hat man einen schönen Rundblick auf die Landschaft. Am höchsten Punkt steht eine sieben Meter hohe Statue des ehemaligen deutschen Reichskanzlers Otto von Bismarck.

21 Besuch bei Fjäll-Rind und Vorwerk-Huhn

Rinder, Pferde, Esel, Schafe, Ziegen, Schweine, Geflügel: 1200 Tiere aus 70 Rassen versammelt die „Arche Warder" auf einem 40

Hektar großen Gelände. Damit gilt der Zoo an der A 7 als Europas größter Park für seltene und vom Aussterben bedrohte Haus- und Nutztierrassen.
> *www.arche-warder.de*

22 Die Tortenschlacht am Tüteberg
20 bis 30 Minuten zu Fuß sind es bis zur höchsten Erhebung im Naturpark Westensee, dem 88 Meter hohen Tüteberg westlich von Kiel. Die Aussicht reicht von der Rader Hochbrücke bis zur Skyline von Kiel. Einkehr-Tipp: Café Zeit in der Dorfstraße in Westensee mit tollen Torten.
> *www.cafezeit-westensee.de*

23 Wo der alte Eider-Kanal verlief
Der Eider-Kanal verband von 1784 bis 1890 die Kieler Förde mit der unteren Eider bei Rendsburg. Heute existieren nur noch Teilstücke und Reste der Schleuse Kluvensiek bei Bovenau, deren sichtbare Teile jetzt instand gesetzt werden.

24 Baden, angeln und reiten
Die Landschaft bei der Forst- und Teichwirtschaft Waldhütten in Meezen erinnert ans Mittelgebirge. In den Teichen werden Karpfen, Zander und Forellen gezüchtet und können geangelt werden. Man kann baden oder reiten. Wer länger hier verweilen möchte: ehemalige Waldarbeiterhäuser laden zum Urlaub mit der ganzen Familie ein.
> *www.waldhuetten.de*

25 Ohne Höhenangst
Kletterspaß pur – und dann aus fast 20 Metern Höhe 160 Meter weit durch die Bäume gleiten, ist eine von vielen Attraktionen des Natur-Hochseilgartens in Hanerau-Hademarschen. An schönen Tagen kann man bis zu 35 Kilometer weit ins Land sehen.
> *www.feinklettern.de*

26 Segelrevier im Naturpark
Der Wittensee liegt im Zentrum des Naturparks Hüttener Berge und gehört mit rund zehn Quadratkilometern zu den größten Seen Norddeutschlands. Hier ist entspanntes Segeln, Surfen und Angeln möglich. Motorboote dürfen den See nicht befahren.
> *www.wscw.de*

27 Zwischen Wäldern, Feldern und Seen

Wer abseits der Städte entspannende Naherholung sucht, ist im Herzen des Naturparks Hüttener Berge genau richtig. Umgeben von Wittensee, Bistensee sowie zahlreichen Wäldern lädt die einzigartige Landschaft zum Wandern und Radfahren ein. Zahlreiche ausgearbeitete Routen – auch für Mountainbiker, Skater und Reiter – führen den entdeckungslustigen Besucher zu Fuß oder auf dem Rad in die entlegenen Ecken des Naturparks.

> www.naturpark-huettenerberge.de

28 Rund um Owschlag

Als eine touristische „Perle" gilt Owschlag, die größte Gemeinde des Amtes Hütten. Mit dem idyllischen Owschlager See samt Badestelle und dem Heideteich, den reizvollen Rad- und Wanderwegen rund um die Seen bis in die Moore bietet der Ort zahlreiche Ausflugsziele.

29 Museum mit Windmühlenflügeln

Sie sollte schon abgerissen werden – die Mühle „Anna" in Nübbel. Jetzt ist sie ein Museum. Gezeigt werden Exponate aus den Bereichen Haus-, Landwirtschaft und Holzschiffbau.

> Dorfstraße 2, Nübbel, Tel. 04331/61632

30 Fischotter Anton und Schorfi füttern

In der Eider-Treene-Sorge-Niederung lieg das Natur- und Umweltschutzzentrum Hohner See. Im „Alten Bahnhof" in Hohn wird in einer Ausstellung über die Landschaft informiert. Im Gehege am See können die Fischotter Anton und Schorfi vor allem zur Fütterungszeit (16 Uhr) beobachtet werden.

31 Die Kinderstube von „Hoier Boier"

Meister Adebar wird hier „Hoier Boier" genannt. Im Storchendorf Bergenhusen ziehen bis zu 16 Storchenpaare ihren Nachwuchs auf. Das Michael-Otto-Institut zeigt eine Ausstellung rund um den Weißstorch.

> www.bergenhusen.nabu.de

32 Eine Runde Sache im Mittelpunkt

Bei Nortorf liegt der Mittelpunkt Schleswig-Holsteins. Der Zentralort beherbergt in seinem Museum eine umfangreiche Schallplattensammlung, denn von 1948 bis Ende der 1980er-Jahre presste die Firma „Teldec" hier die schwarzen Scheiben.

33 Entlang der Knicks radeln oder wandern

Eider und Kanal, Knick- und Redderlandschaft – der Rundwanderweg von Büdelsdorf über Borgstedt und zurück erschließt ein abwechslungsreiches und naturnahes Gebiet für Radfahrer und Wanderer.

34 Per Rad über die Eider

An der Eider bei Friedrichsgraben heißt es: „Fährmann, hol über". Seit 1999 verbindet die Hohner Fähre wieder die Kreise Rendsburg-Eckernförde und Dithmarschen über die Eider hinweg – aber nur Radfahrer und Wanderer können im Sommer übergesetzt werden.

> *Tel. 04335/515 (Uwe Mehrens), Fährzeiten von Mai bis September: samstags 11–17 Uhr, sonn- und feiertags 10–17 Uhr, www.faehrverein-hohn.de*

35 Gute Sicht auf den Kanal

Bei Kilometer 31 (Beldorf) bietet die kombinierte Eisenbahn- und Straßenbrücke mehr als eine Querungshilfe über den Nord-Ostsee-Kanal. Die Fundamente der Grünentaler Hochbrücke wurden auf beiden Kanalseiten zu Aussichtsplattformen umgestaltet.

36 Seitensprung im Naturpark

Vom Ochsenweg in die anmutige Hügellandschaft des Naturparks Aukrug – der Ochsenschleichweg macht Lust auf einen Seitensprung. Zwischen Hohenwestedt, Meezen und Tannenfelde führt er auf einer Strecke von 28 Kilometern Radreisende durch beschauliche Auenwälder, Moor- und Waldlandschaften.

> *www.ochsenschleichweg.de*

37 Bäuerliche Wohnkultur

Bäuerliche Wohnkultur der Region aus dem 18. bis ins frühe 20. Jahrhundert präsentiert „Dat Ole Hus" in Aukrug in mehreren Gebäuden. Bekannt ist der Museumskroog für seine Waffeln mit heißen Kirschen.

> *Tel. 04873/603, geöffnet samstags und und sonntags sowie an Feiertagen 14–18 Uhr*

38 Energie tanken an der Museumsfähre

In der Gemeinde Steenfeld gibt es am Kanal eine Servicestation der NOK-Kanalroute. Hauptattraktion sind die Museumsfähre Fischerhütte, aber auch ihr modernes Gegenstück. Hier werden Kaffee und Eis sowie Kartenmaterial angeboten.

> *www.de-de.facebook.com/ServiceStationFischerhuette*

39 Ganz entspannt in die Luft gehen
Auf dem Flugplatz Aukrug ist an jedem Wochenende zwischen März und Oktober Betrieb. Oft werden Gästeflüge angeboten.
> *www.segelflug-aukrug.de*

40 Die Geschichte eines geteilten Dorfes
Sehestedt wurde durch den Kanalbau als einziger Ort in Nord- und Südseite geteilt, die Wasserstraße führt quasi direkt über die alte Ortsmitte. Daran erinnert das Dorfmuseum Sehestedt im Pastorat. Auf einem Spaziergang erzählen Infotafeln etwas zur Dorfgeschichte.

41 Pause mit Himbeertorte
Himbeeren satt – das bietet der Himbeerhof Steinwehr. Entweder selbst pflücken oder leckere Torten verspeisen.
> *Anfahrt: A 210, Ausfahrt Bredenbek, Bovenau, von dort ausgeschildert, www.himbeerhof-steinwehr.de*

42 Güter-Tour Kutschfahrten
Eine historische Reise im Planwagen, gezogen von zwei Kaltblutpferden: Die Güter-Tour führt nach Bovenau, Kluvensiek, Osterrade, Steinwehr oder Dengelsberg. Die Herrenhäuser liegen an

der Strecke zwischen Eider-Kanal und Nord-Ostsee-Kanal.
> *www.peper-kutschfahrten.de*

43 Liebeserklärung an Ostpreußen am Kanal
Kunst und Geschichte vereint der Masurenhof in Hamweddel. Die Geschichte Ostpreußens und Preußens, aber auch zeitgenössische- und Naturmotive sind vom Künstler Günter Lingner in Bildern und Porträts dargestellt. Die Galerie kann nach tel. Anmeldung besucht werden.
> *Tel. 04875/254, www.masurenhof-kollmoor.de*

44 „Dicke Pötte" zum Dessert
Nach Ausflügen Kraft tanken mit direktem Blick auf die „dicken Pötte" – das kann man unter anderem im Kanalcafé in Osterrönfeld, im Restaurant „Achterdeck" und auf der Kanalterrasse des Hotels Convent-Garten in Rendsburg (Hindenburgstraße 38–42) sowie in „Brauers Aalkate" in Rade

(Hering und Aal) oder bei einer Tasse Tee und Torte im Café „Alte Scheune“ (Hotel Fauna) in Breiholz.

45 Radeln am Kanal
Die Fahrrad-Erlebnistour am Nord-Ostsee-Kanal bietet auf insgesamt 325 Kilometern neben Frachtern und Traumschiffen 14 Fähren und zahlreiche Brücken. Acht Etappen von jeweils rund 40 Kilometern stehen zur Auswahl. Näheres beschreibt der Radwanderführer, der bei der Tourist-Information erhältlich ist.

46 Alltag im Burmesterhaus
Burmester hieß die Familie, die in diesem Haus eine Bäckerei und eine kleine Landwirtschaft betrieb. Nach ihnen ist das Gebäude in Hohenwestedt jetzt benannt – und beherbergt das Heimatmuseum. Die Ausstellung zeigt Leben und Arbeiten in einem mittelholsteinischen Kirchdorf.
> *Friedrichstraße 11, Hohenwestedt, Tel. 04871/2229, www.heimatmuseum-hohenwestedt.de*

47 Natur vom Wasser aus genießen
Immer wieder stößt man in der Mitte des Landes auf die Eider; an etlichen Stellen werden Kanus vermietet. Zum Beispiel in Achterwehr nahe Kiel – von hier aus lassen sich kurze und längere Strecken bewältigen. Von Rendsburg in Richtung Süderstapel lässt es sich auch gut paddeln.
> *www.kanuverleih-achterwehr.de; www.nordkanu.de*

48 Weichenstellung am Bahnhof
Direkt am Rendsburger Bahnhof steht ein ehemaliges Stellwerkgebäude. Hier ist das Museumsstellwerk untergebracht, in dem jeden ersten Sonntag im Monat erklärt wird, mithilfe welcher Technik einst die Weichen gestellt wurden.
> *www.museumsstellwerk-rendsburg.de*

49 Hochspannung im Museum
Seit 2009 ist das Elektromuseum Rendsburg ein Technik-Höhepunkt der „Deutschen Technikstraße“. Elektrogeräte von 1890 bis heute verdeutlichen die Entwicklung der Energienutzung.
> *Elektromuseum Schleswig-Holstein Netz AG, Stormstraße 1, Rendsburg, Tel. 04106/6292464, www.elektromuseum-rendsburg.de*

44 Tipps für Neumünster und Umgebung

Die aufstrebende Stadt in Holstein

Informationen für Urlaub und Ausflüge

Tourist-Information, Großflecken 34 a (Pavillon), Neumünster, Tel. 04321/43280, www.neumuenster-tourismus.de

1 Die historische Wiege der Stadt

1127 gründete der Slawenmissionar Vicelin eine Kirche und ein Kloster an einer Schleife des Flüsschens Schwale. Das „Novum Monasterium" gab Neumünster seinen Namen. Die heutige Vicelinkirche am Kleinflecken entstand 1829–1834 im klassizistischen Stil nach den Plänen des dänischen Baumeisters Christian Frederik Hansens.

Neumünster hat eigentlich nur zwei Probleme: keine Ostsee und (noch) keine Universität. Das sind die beiden Punkte, die den Neumünsteraner manchmal in die Defensive drängen, wenn er sich beispielsweise mit Menschen aus Kiel, Lübeck und Flensburg unterhält. Na klar, ein Ostseestrand und eine richtige Uni mit ihren positiven Effekten wie mehr Tourismus, mehr junge Menschen und damit mehr Kaufkraft für die Region wären wünschenswert.
Der Ostseestrand bleibt auch weiterhin in weiter Ferne, dafür ist Neumünster auf dem Weg zur Uni-Stadt ein gutes Stück vorangekommen. Die Stadt macht sich Hoffnungen auf eine Pflegehochschule und würde auch ihren Ruf als Logistikzentrum Schleswig-Holsteins am liebsten akademisch untermauern.
Und auch der wirtschaftliche Boom der Stadt lässt Neumünster wieder optimistisch in die Zukunft blicken: In der Innenstadt sorgt seit 2015 eine neue Einkaufspassage, die „Holsten-Galerie", für neuen Schwung, am Rande der Stadt lockt seit 2012 das größte Designer-Outlet-Center (DOC) Norddeutschlands Besucher aus dem ganzen Norden an. Das neue Gewerbegebiet an der Autobahn ist so gut wie „ausverkauft", die Einwohnerzahlen wachsen. Neumünster gilt als aufstrebende Stadt.

Wussten Sie, dass ...

125 Shops mit über 200 Modemarken im größten Designer-Outlet-Center Norddeutschlands die Besucher locken?

1 000 000 Besucher jedes Jahr zu 900 Veranstaltungen in die Holstenhallen kommen?

Zitiert:

Neumünster – die unterschätzte Stadt.
Wolfgang Herrndorf, Autor, Träger des Hans-Fallada-Preises 2012

2 Der Tierpark im Stadtwald

Nirgendwo in Schleswig-Holstein bekommt man Eisbären, Pinguine, Elche und Affen so hautnah zu sehen wie im Tierpark Neumünster. Auf 24 Hektar mitten im Stadtwald leben rund 660 Tiere aus über 90 Arten. Vom mächtigen Eisbären bis zur winzigen Maus in der Mäuse-WG gibt es das ganze Jahr hindurch viele interessante Dinge rund um diese Tiere zu erfahren – etwa bei den täglichen Fütterungen. Besonders beliebt bei Kindern ist auch der große Spielplatz mit der riesigen Kogge. Mehrmals im Jahr gibt es Feste und Aktionen.

> *www.tierparkneumuenster.de*

3 Ein buntes Thermometer

Eine strahlende Schönheit ist bei Dunkelheit der Wasserturm aus dem Jahr 1898 an der Christianstraße. Der Künstler Till Nowak erschuf dort mit Projektoren Farbspiele namens „Kelvin“, die sich mit der Temperatur verändern. Der Turm erstrahlt rot, wenn es kalt ist. Bei Wärme wird er bläulich – absolut sehenswert, dieses Riesen-Thermometer.

4 „Manchester Holsteins“
Rauchende Fabrikschlote, ratternde Maschinen: 150 Jahre lang hat die Industrie Neumünster geprägt. Die Stadt galt durch ihre Tuchfabriken als „Manchester Holsteins“. Das Museum Tuch + Technik am Kleinflecken greift diese Beziehung auf und zeigt die Industrieveteranen in Aktion.
> *www.tuch-und-technik.de*

5 Führungen durch das Dosenmoor
Das Dosenmoor ist mit 521 Hektar das größte Hochmoor im Lande. Auf Wanderwegen können Naturliebhaber Kranich, Moorfrosch oder Braunkehlchen nachspüren und die Fauna erkunden. Das Infozentrum Dosenmoor bietet ausführliche Hintergrundinfos und Schulprojekte.
> *www.dosenmoor.eu*

6 Holstenhallen
Neumünster ist Messestadt: Pferde- und Motorradfreunde kommen in den Holstenhallen ebenso auf ihre Kosten wie Bauunternehmer, Outdoor- oder Flohmarktfreunde. Zum Schleswig-Holstein Musik Festival verwandeln sich die Holstenhallen zudem alljährlich zur festlichen Konzerthalle.
> *www. holstenhallen.com*

7 Der Einfelder See
Neumünsters große Badewanne hat mehr als Sonne, Strand und Wasser zu bieten: 20 „Sehpunkte“ machen auf dem Rundwanderweg auf besondere Highlights am Seeufer aufmerksam, etwa den Skulpturenpark „Steine am See“. Wassersportler segeln, surfen und rudern hier, ohne der Natur dabei zu sehr „auf die Pelle“ zu rücken.
> *www.nms-einfeld.de*

8 Kunst und Natur im Gerisch-Park

Die „Kissing Birds" sind das Markenzeichen des überregional bekannten Gerisch-Parks an der Hauptstraße 1. Hochkarätige Ausstellungen in der Jugendstilvilla Wachholtz, internationale Skulpturen und die historische Harry-Maasz-Parkanlage bilden eine ganz besondere Symbiose.
> *www.gerisch-stiftung.de*

9 Kleingärten – die grüne Lunge der Stadt

Fast 100 Hektar groß sind die elf Kleingarten-Kolonien zusammen. Sie bieten Spaziergängern schöne Natur und Familien mit Kindern einen Erlebnisraum und eine gesunde Lebensweise.
> *www.kleingarten-sh.de*

10 Die Perlen im Stadtbild

Die Vicelinkirche als Prachtbau des Klassizismus, der Amtssitz des einstigen Zarendiplomaten Caspar von Saldern, die Anscharkirche mit ihren vergoldeten Engelchen – im Stadtbild lässt sich so manche architektonische Perle aufspüren. Wer keine verpassen will: Von Mai bis Oktober starten an jedem ersten Samstagmorgen Führungen durch die City.
> *www.neumuenster-tourismus.de*

11 Über den Wolken ... – der Flugplatz

Die Begeisterung fürs Fliegen lebt der Flugsport-Club mit den Sparten Motor-, Segel- und Modellflug sowie Ballonsport. Auf dem Flugplatz am Baumschulenweg ist Saison von März bis Oktober. Jährlich findet im August ein großes Flugplatzfest statt.
> *www.fscn.de*

12 Ein Blick in den Alten Ratssaal

Als „Zuckerbäckerstil" ächten Stil-Ästheten gern das Alte Rathaus am südlichen Ende des Großfleckens. Für alle anderen ist es mit seinen Ziertürmchen und bunten Schindeln durchaus ein Blickfang. Zur Eröffnung

1900 war es der ganze Stolz der Stadt. Wer Zeit hat, schaut in den Alten Ratssaal mit seinen Wandmalereien, Holzvertäfelungen und schweren Bleiglasfenstern.

13 Erinnerungsfoto mit der Gänseliesel

Die von der Künstlerin Frauke Wehberg geschaffene Bronzefigur der Gänseliesel am Gänsemarkt ist ein bei Touristen beliebtes Fotomotiv.

14 Ein Cappuccino in der ältesten Kneipe

Hier haben schon Generationen von Schülern ihre geschwänzten Stunden verbracht: Der Postkeller ist die älteste Kneipe der Stadt; es gibt sie seit 1877. Am Großflecken 29, Treppe runter. Ein bisschen dunkel, aber urgemütlich.

15 Von den Bahnhöfen aus das Land erkunden

Wer mit dem Zug durch Schleswig-Holstein fährt, kommt an Neumünster nicht vorbei. In alle Himmelsrichtungen erstrecken sich die Schienen, schnell ist man im Umland, in Hamburg oder auch an der Ostsee. Die Stadt hat mit Einfeld, dem Südbahnhof, dem Bahnhof Stadtwald und dem Hauptbahnhof gleich vier Zusteigemöglichkeiten. So verkehrsgünstig liegt sonst keine Stadt im Land.

16 Auf den Spielplätzen der Stadt toben

Der große Courier-Spielplatz-Test brachte es an den Tag: der Wasserspielplatz an der Karl-Gattermann-Straße bietet für Kinder die meiste Abwechslung. Doch auch sonst gibt es überall in Neumünster Kletter-, Schaukel- und Turnmöglichkeiten – insgesamt 18,3 Hektar der Stadtfläche.

> *www.neumuenster.de*

17 Auf der Automeile ein Auto finden

Die Kieler Straße ist nicht nur die längste Straße der Stadt, sondern auch die Automeile Neumünsters. Wer einen Neu-, Jahres- oder Gebrauchtwagen sucht, hat hier eine große Auswahl.

18 Lokschuppen

Einst war Neumünster die Eisenbahn(er)-Stadt Schleswig-Holsteins, nicht nur weil sich hier die großen Nord-Süd- und Ost-West-Trassen trafen, auch eines der wichtigsten Ausbesserungswerke der Bahn ist bis heute in der Stadt zu Hause. Eine Stiftung will jetzt an die große Eisenbahn-Zeit anknüpfen und dem historischen Lokschuppen neben dem Güterbahnhof mit historischen Loks und Bahnen, Kultur- und Musikveranstaltungen neues Leben einhauchen. Spätestens 2020 soll's losgehen!

19 Mahnung im Pflaster: die Stolpersteine

Neumünster steht zu seiner Geschichte – auch zu den dunklen Seiten: 2005 verlegte der Kölner Künstler Gunter Demnig die ersten von derzeit 33 „Stolpersteinen" in der Stadt. Kleine Messingtafeln im Pflaster erinnern dort an die Opfer des NS-Terrors, wo sie zuletzt wohnten. Ein Stadtrundgang der anderen Art.
> *www.stolpersteine-neumuenster.de*

20 Buntes Programm in der Stadthalle

Das Theater in der Stadthalle bietet ein abwechslungsreiches Kulturprogramm: Neben Schauspiel, Musical, Konzerten und Ballett umfasst es auch Kabarettveranstaltungen und Kinovorführungen. Informationen und Karten gibt es im Kulturbüro.
> *Kleinflecken 26, Tel. 04321/9423316, www.neumuenster.de*

21 Auf den Spuren der Böcklersiedlung

1950 war es die größte Wohnungsbaustelle Deutschlands: Auf dem ehemaligen Wehrmachtsflugplatz im Nordwesten stampfte die Stadt 1800 Wohnungen für rund 5000 Flüchtlinge aus dem Boden. Fast 70 Jahre später hat der Stadtteil seine Runderneuerung erfolgreich abgeschlossen – mit einem Extra-Lob vom Deutschen Städtebaupreis. Der Besuch ist ein Muss für Stadtplaner, lohnt aber auch für jedermann.

22 Reise zurück in das 9. Jahrhundert

Im Südwesten liegt der Stadtteil Wittorf. An seinem Rande, wo die Schwale in die Stör mündet, befinden sich die Reste der einstigen Wittorfer Burg. Von Wittorf aus erreicht man die sächsische Burg über die Burgstraße. Sie befindet sich direkt hinter der Eisenbahnlinie und ist vom Waldparkplatz zu Fuß zu erreichen.

23 Den Sternen über Neumünster ganz nah

In einer alten Flak-Stellung aus dem Zweiten Weltkrieg ist die größte Sternwarte von Schleswig-Holstein unterbracht. An jedem dritten Freitag im Monat kann man hier (ohne Anmeldung) in die Sterne gucken.

> *Hahnknüll 58 (am Rande der Stadt), www.sternwarte-nms.de*

24 Für die Familie: Spaß im Bad am Stadtwald

Spaß, Sport, Erholung und Entspannung für die ganze Familie: Im Bad am Stadtwald ist für große und kleine Wasserratten sowie für Freunde der Sauna alles im Angebot. Das Besondere: Seit dem Sommer 2017 kann man hier auch in der Halle die Sonne genießen. Das in Schleswig-Holstein einzigartige „Cabrio-Dach" des Spaßbads macht's möglich.

> *www.stadtwerke-neumuenster.de*

25 Top-Adresse für Feinschmecker

Natürlich kann man in Neumünster an fast jeder Ecke satt werden, nirgendwo allerdings so geschmackvoll wie im „Kamin". Das von Küchenmeister Karl Ress geführte Lokal gilt in der Stadt als erste Anlaufadresse für Gourmets.

> *Propstenstraße 13, Tel. 04321/ 42853, www.am-kamin.info*

26 Neumünster – die Pferdestadt

Die Welt der Pferdezucht und des Reitsports trifft sich in Neumünster – mindestens viermal jährlich. Zum Beispiel beim Trakehner-Hengstmarkt, den Holsteiner Pferdetagen oder dem internationalen Reitturnier (VR Classics).

> *www.pferdestadt.de*

27 Fallada und Courier-Haus

1928/1929 lebte der Schriftsteller Hans Fallada („Bauern, Bonzen und Bomben") in Neumünster und arbeitete als Anzeigen-Werber beim General-Anzeiger (heute Holsteinischer Courier).

Eine Bronzetafel im Haupteingang der Holsten-Galerie am Gänsemarkt (dort stand bis 2014 das „Courier-Haus") erinnert an den großen Schriftsteller.
> *www.fallada.de*

28 Ein Skatepark nur vom Feinsten

Skateparks gibt's viele, solche nur wenige: 180 000 Euro nahm die Stadt in die Hand, um für ihre Jugend eine feine Pistenlandschaft aus Rampen, Kurven und Schikanen zu bauen.
> *Zufahrt: Pastor-Rösner-Straße*

29 Ein kleines Stück auf dem Ochsenweg radeln

Einst war er die wichtigste Handelsroute zwischen Dänemark und Hamburg, heute ist der Ochsenweg der längste Fernradweg durch Schleswig-Holstein. Auf gut zehn Kilometern verläuft er über Neumünsters Stadtgebiet, streift Tierpark, Stadtwald, City und Wittorfer Burg. Nachradeln empfohlen!
> *www.sh-tourismus.de*

30 Im Stadtwald auftanken

Das wichtigste Naherholungsgebiet ist der 120 Hektar große Stadtwald an der Geerdtsstraße. Auf Spazierwegen kommt man zum Kulturdenkmal Friedenshain, kann auftanken, im Winter rodeln und Wissenswertes auf dem Infopfad „Geschichten aus dem Stadtwald" lernen.

31 Holstenköste: ein Stadtfest mit Tradition

Sie gilt als zweitgrößtes Stadtfest in Schleswig-Holstein: Die Holstenköste wird traditionell am ersten Juni-Wochenende gefeiert. Sie ist eine fröhliche Mischung aus Jahrmarkt, Kleinkunst, Musik, Sport und Kinderfest.
> *www.koeste.de*

32 Eine Moschee besuchen

Schuhe ausziehen und auf angemessene Kleidung auch im Sommer achten – dann steht einem Besuch der Merkez-Efendi- (Christianstraße 22), der Fatih- (Friedrichstraße 26) und der DITIB-Moschee (Kieler Straße 85) nichts im Wege.

33 Auslauf für Waldi, Bello & Co.

Im geschützten Landschaftsbereich Vierkamp gibt es in einem Hundeauslauf die Möglichkeit, den Vierbeiner ohne Leine laufen zu lassen. Zu erreichen ist er über die Kieler Straße oder den Graskamp.

34 Craft Beer made in Neumünster

31 Jahre nach dem Ende der Holsten-Brauerei in Neumünster wird in der Schwalestadt wieder Bier gebraut. Mit ihrer „Wittorfer Brauerei" im Gewerbehof H.G. Schmidt an der Wrangelstraße 12 haben sich Torsten Behrend und Henning Freese einen Traum erfüllt.

35 Mit der Kutsche die Stadt erkunden

Nicht nur für Pferdeliebhaber: Nach Anmeldung wird an bestimmten Terminen eine Stadtführung per Kutsche angeboten – Aktion mit Wiener Flair!
> *www.neumuenster-tourismus.de*

36 Reiten im Pony-Park

Reiten, spielen, Tiere streicheln, Ferien machen: Das alles kann man am Wochenende im Pony-Park Padenstedt, dem größten Haflingergestüt Deutschlands.
> *www.pony-park.de*

37 Golfen in Aukrug und Krogaspe

In Krogaspe gibt es einen öffentlichen Golfpark inklusive Golf für Behinderte. Der Mittelholsteinische Golf-Club Aukrug bietet Golfen im Naturpark Aukrug an.
> *www.golfpark-krogaspe.de; www.golfclub-aukrug.de*

38 Hoch hinaus in Großenaspe

73,2 Meter hoch ist der Berg Ketelvierth in Großenaspe. Dort kann man einen Aussichtsturm von 16,4 Metern Höhe erklimmen und bei guter Sicht bis zur Ostsee blicken.

39 Viel Musik unterm Roland

In Bad Bramstedt kann man die Auenlandschaft per Kanu, Rad oder zu Fuß genießen. Die Roland-Statue und das Geschichtsband sind einen Besuch wert. Alle drei Jahre findet im Juni ein Musikfest mit 1500 Musikern aus zehn Nationen statt, zuletzt 2012.

> *www.bad-bramstedt.de*

40 Ab in die Höhle der Fledermäuse!

In den Kalkberghöhlen von Bad Segeberg befindet sich das größte Fledermausquartier Mitteleuropas. Auf vier Etagen gibt es im Fledermauszentrum eine Erlebnisausstellung.

> *www.noctalis.de*

41 Von Rothäuten und Bleichgesichtern

Von Juni bis September finden seit 1952 jedes Jahr in Bad Segeberg die Karl-May-Spiele statt. Das Freilichttheater im Kalkbergstadion hat 7500 Plätze. Jeweils von donnerstags bis sonntags wird ein Stück aus der Feder von Karl May aufgeführt. Prominente Schauspieler sind immer dabei.

> *www.karl-may-spiele.de*

42 Die Wöhler-Torte in Wasbek probieren

Exquisite Torten kann man im Landhaus-Café in Wasbek kosten. Hier gibt es die Gustav-Peter-Wöhler-Torte, benannt nach dem Schauspieler und Musiker, der gern in Wasbek einkehrt.

> *Hauptstr. 32, Tel. 04321/62516, www.landhauscafe-wasbek.de*

43 Klosterinsel Bordesholm

Die Bordesholmer Klosterinsel am See, die Klosterkirche, der Gewölbekeller mit seiner Daueraustellung zur großen Vergangenheit Bordesholms in der Landesgeschichte sind allemal einen Besuch wert – auch ohne die über 700 Jahre alte Linde, die im Sommer 2018 auseinanderbrach.

>*www.bordesholm.de*

44 Per Draisine übers Land

Auf der stillgelegten Eisenbahnstrecke von Bokhorst nach Tasdorf und von Bokhorst nach Wankendorf kann man mit fünf Leuten pro Draisine fahren.

> *www.draisinedfm.de*

44 Tipps für Kiel und Umgebung

Das Herz des Landes mit dem Charme der weiten Welt

Informationen für Urlaub und Ausflüge

Informationen und Tickets zu den genannten Tipps gibt es bei der Tourist-Information, Andreas-Gayk-Straße 31, Tel. 0431/679100. Termine für die Hafenrundfahrt: Mai bis Oktober, täglich außer freitags. Abgelegt wird direkt an der „Bahnhofsbrücke“. Bus-Tour: Start an der Tourist-Info, Mai bis September, Samstag 14 Uhr

1 Landeshauptstadt vielseitig erleben

Wer Kiel einmal anders erleben möchte, kann das bei der geführten Tatort-Radtour: Ein Stadtführer berichtet auf der Tour über spannende Hintergründe zu den Kieler Tatort-Krimis mit TV-Hauptkommissar Klaus Borowski – vom Leichenfund auf dem Fördedampfer, Verhören am Tiessenkai bis zur Verfolgungsjagd auf der Holtenauer Hochbrücke.

> Infos zur Krimi-Radtour unter www.kiel-sailing-city.de

Kieler Woche, Studenten, Ort politischer Entscheidungen – damit verbinden Auswärtige die Landeshauptstadt als Erstes. Dass das Herzstück Schleswig-Holsteins mehr zu bieten hat, zeigen die 44 Ausflugstipps in diesem Kapitel. Kultur- und Sportliebhaber kommen in Kiel voll auf ihre Kosten, Natur und Strände sind nur wenige Minuten entfernt.

Wussten Sie, dass ...

20 Yachten am 23. Juli 1882 bei der ersten Kieler Woche zu einer Regatta vor Düsternbrook an den Start gingen? Zehn Jahre später lagen bereits 100 Anmeldungen vor.

248 792 Menschen in der Landeshauptstadt leben? Darunter sind rund 35 000 Studenten.

Zitiert:

Kiel ist eine internationale Stadt mit einer schönen Lage direkt am Wasser, ähnlich meiner isländischen Heimatstadt Akureyrarkaupstaður. Alfreð Gíslason, derzeitiger Trainer des Handballrekordmeisters THW Kiel (sein Nachfolger soll Filip Jicha werden).

2 Kiel zu Fuß
Treffpunkt für die Zwei-Stunden-Tour durch die Stadt ist die Tourist-Information Kiel (Mai bis Sept., jeden Mittwoch 14 Uhr).

3 Kiel revolutionär
1918 war die Geburtsstunde der deutschen Demokratie. Bei der Revolutionären Führung kann man sich auf die Spuren der meuternden Matrosen und Arbeiter begeben (März bis Oktober).

4 Kaum eine andere deutsche Küstenstadt verfügt in ihrer Region über ein breiteres Spektrum an Stränden als Kiel
Während sich auf dem Westufer in Falckenstein oder Schilksee eher Schüler und Studenten die Beachvolleybälle zubaggern oder sich mit dem Kite in die Fluten stürzen, bieten die Ostufer-Strände in Laboe oder Schönberg Ruhe und Entspannung für die älteren Semester und Familien.

5 Wenn kein Strandwetter ist
Bei schlechtem Wetter kann die Förde auf einer 2-stündigen Hafenrundfahrt erkundet werden.

6 Die Förde vom Land aus
Die Busrundfahrt entlang der Förde führt vorbei an dem imposanten HDW-Kran am Ostufer, über den Fähr- und Kreuzfahrthafen bis zum Nord-Ostsee-Kanal, wo der Blick auf Kiels „Tor zur Welt", die Holtenauer Schleuse, fällt. Von April bis Oktober sind markante rote Doppeldecker als Touristenbusse bei der Stadtrundfahrt im Einsatz (Tourist-Info).

7 Mediendom: Faszination Weltall
Mit neuartiger Projektionstechnik werden die unendlichen Weiten des Universums, seine Vielfalt und Schönheit für Besucher sichtbar. Die Shows „Faszination Sternenhimmel" und „Planeten – wunderbare Welten" entführen in die Welt der Sterne. Auch Reisen in den Regenwald und Musikshows von Queen oder Pink Floyd stehen auf dem Programm des Mediendoms.

8 Schleusen in Holtenau

Einen schönen Blick auf den Nord-Ostsee-Kanal erlaubt die Aussichtsplattform auf der Südseite in der Wik (Uferstraße). Gleich nebenan pendelt die kostenlose Fähre nach Holtenau. In den Räumen der ehemaligen Technischen Marineschule (Arkonastraße) ist heute die Schleusen-Ausstellung untergebracht. Der Gang durch das Maritime Viertel in der Wik ist lohnenswert.
> *www.maritimesviertel.de*

9 Leuchtturm Holtenau mit Drei-Kaiser-Halle

Der Leuchtturm gehört zu den Wahrzeichen des Stadtteils Kiel-Holtenau. Er zählt zu den schönsten Leuchtfeuern an der deutschen Küste. Die sogenannte Drei-Kaiser-Halle mit Gedenktafeln und Abbildungen der Kaiser Wilhelm I., Friedrich III. und Wilhelm II. befindet sich im Inneren des Leuchtturms. Heute finden hier häufig Trauungen statt.

10 Erholung und Kultur am Hafen – gratis

Von Juli bis August findet im Herzen der Innenstadt der Kieler Bootshafensommer statt. Auf einer schwimmenden Bühne erwartet die Besucher immer freitags und samstags ein facettenreiches und kostenfreies Kulturprogramm mit einer Mischung aus Information und Konzerten aller Stilrichtungen mit Künstlern aus der Region und der ganzen Welt. Kinder können sich im kostenlosen Schnuppersegeln versuchen. Außerhalb der Veranstaltung laden Cafés am Bootshafen zum Verweilen ein. Ende des Jahres 2019 wird der Holsten-Fleet freigegeben (ein großes zweigeteiltes Wasserbecken in der Innenstadt); er dürfte eine große Attraktion werden.

11 Badespaß bei Regen

Das neue Hörnbad am Ende der Kieler Förde bietet Unterhaltung auch an regnerischen Tagen. Neben einem Sportbereich, einem Freizeitbereich und einer Saunalandschaft auf dem Dach (tolle Aussicht auf die Förde!) lockt vor allem die lange Wasserrutsche.
> *Anni-Wadle-Weg 1, Tel. 0431/ 9011420*

12 Segway-Touren durch Kiel

Auf zwei Rädern mit bis zu 20 Stundenkilometern durch die Stadt und dabei wichtige Sehenswürdigkeiten erleben – die Tourist-Info und der Veranstalter SegTours4you verbinden Fahrspaß und sehenswerte Attraktionen in einer etwas anderen Stadttour. Vorkenntnisse nicht notwendig.

> Ganzjährig, auf Anfrage: Tel. 0431/679100

13 Fördefahrt nach Laboe

Der Ausflug startet mit der Fährfahrt nach Laboe. Vom 87 Meter hohen monumentalen Marine-Ehrenmal bekommt man neben dem faszinierenden Ausblick über die Küste auch einen Einblick in die Geschichte. Am Strand befindet sich das U-Boot U 995, das Leben und Arbeiten der Besatzung auf engstem Raum nachempfinden lässt.
> Die Fähre pendelt zwischen Kiel und Laboe. www.sfk-kiel.de

14 Kultur im Flandernbunker

Der in den Kriegsjahren 1942/43 erbaute Flandernbunker befindet sich am Nordende des Hindenburgufers im Kieler Stadtteil Wik unweit vom Tirpitzhafen. Im Flandernbunker war die Flugabwehr- und Notkommandozentrale Kiels untergebracht. Neben den militärischen Einrichtungen gab es auch Räume für die Zivilbevölkerung. Seit

2005 steht der Bunker unter Denkmalschutz. Das Gebäude wird zurzeit saniert. Regelmäßig gibt es Veranstaltungen zur Geschichte, Völkerverständigung und Friedenssicherung.
> Informationen unter www.mahnmalkilian.de

15 Stadtmuseum Warleberger Hof

Das Stadtmuseum befindet sich seit 1970 im ältesten noch erhaltenen Adelshaus aus dem frühen 17. Jahrhundert inmitten der Altstadt. Ein eindrucksvolles Mauerwerk mit originalem Sandsteinportal, historischen Räumen und einem Gewölbekeller. Zu sehen sind Wechselausstellungen zu stadt- und kulturgeschichtlichen Themen des 19. und 20. Jahrhunderts. Kritische Grafik und Kunstwerke ergänzen das Programm.
> Dänische Straße 19, Tel. 0431/9013425, Montag–Sonntag 10–18 Uhr, 15. Okt. bis 14. April: Dienstag–Sonntag 10–17 Uhr

16 Kiels bekannteste Kirche
St. Nikolai ist Kiels bekannteste Kirche. Ihr Ursprung reicht in die Zeit um 1242 zurück. Es sind nur wenige Reste der mittelalterlichen Bauart vorhanden, da die Kirche im Zweiten Weltkrieg fast komplett zerstört wurde. Jedoch konnten einige Ausstattungsstücke gerettet werden, wie zum Beispiel die Bronzetaufe (1344), der Flügelaltar (1460) und die Kanzel (1705). An der Kirche befindet sich auch der „Geistkämpfer" von Ernst Barlach. In der St.-Nikolai-Kirche finden Klassik-, Pop- und Orgelkonzerte statt, und der Motorradgottesdienst startet jährlich von hier aus.

17 Geschichte zum Anfassen
Das Maschinenmuseum befindet sich im Industriegebäude des ehemaligen Kieler Gaswerks und stellt ein Jahrhundert Maschinenbaugeschichte anschaulich und lebendig dar. Die Ausstellung richtet sich besonders auf den Wirtschaftsraum Kiel als ehemaligen und bedeutenden Werft- und Maschinenbaustandort. Alle Maschinen sind funktionstüchtig, und Museumsleiter Peter Horter zieht mit spannenden Entstehungsgeschichten nicht nur kleine Besucher in seinen Bann.

> Am Kielkanal 44, Tel. 0431/580309, www.maschinenmuseum-kiel-wik.de

18 Kiel von oben erleben – Rathausturmblick
Das Rathaus ist mit seinem imposanten Turm (107 Meter) das Wahrzeichen der Stadt. Im Rathausturm befindet sich das Stadtarchiv, wo unzählige Filme und Bücher die Geschichte Kiels dokumentieren. Besucher können bei einer Rathausturmfahrt Kiel aus einem anderen Blickwinkel erleben, denn von der 67 Meter hohen Plattform öffnet sich ein unvergleichbarer Panorama-Blick über die Fördestadt.
> Termine: Mai bis Sept. (Mittwoch/Samstag 12.30 Uhr), www.kiel-sailing-city.de

19 Kieler Kloster mit Brauerei

Das Kieler Kloster befindet sich im Zentrum der Stadt mit seiner historischen Klosterkirche, die das älteste Gebäude von Kiel ist. Heute wird das Kloster als Studienhaus genutzt. Um die Kirche haben sich ein Café und die Klosterbrauerei angesiedelt, in der Besucher nicht nur Einblick in die Braukunst erhalten, sondern nach dem Besuch sogar ein Bierdiplom mit nach Hause nehmen dürfen.

> *Infos und Buchung: Tel. 0431/ 6791013, www.kiel-marketing.de*

20 Zwei Botanische Gärten laden ein

Besucher Kiels können durch den Alten Botanischen Garten (Düsternbrooker Weg hinter der Kunsthalle) sowie den Neuen Botanischen Garten (Uni-Gelände) ganzjährig kostenlos spazieren. Im Alten Garten sind neben dem teilweise sehr alten Gehölzbestand aus über 280 Arten vielfältige krautige Flora, Teiche, Wiesenbereiche sowie einige Staudenbeete und ein herrlicher Ausblick auf die Förde zu bestaunen. Im Neuen Garten sind in Schaugewächshäusern und der Außenanlage Pflanzen aller Kontinente zu sehen.

> *www.uni-kiel.de*

21 Freilichtmuseum Molfsee – Leben damals

Das größte Freilichtmuseum Norddeutschlands zeigt Kulturgeschichte und Volkskunde des ländlichen Raums. Auf dem 60 Hektar großen Gelände mit Wiesen, Gärten, Feldern und Teichen sind über 70 historische Gebäude, Hofanlagen und Mühlen der verschiedenen Landschaften Schleswig-Holsteins mit Mobiliar, Hausrat und Arbeitsgeräten zu erleben. Auch Tiere werden hier wie früher gehalten. Besucher lernen das Leben vergangener Jahrhunderte kennen. Das Freilichtmuseum Molfsee nimmt demnächst im markanten Neubau die landesweite Volkskundesammlung auf (voraussichtlich 2020) und wird dann gleichzeitig zum ersehnten Ganzjahresmuseum.

> *www.freilichtmuseum-sh.de*

22 Industriemuseum zeigt Werftgeschichte

Die Alte Metallgießerei der „Kieler Schiffswerft" von Georg Howaldt (heute HDW) in Neumühlen-Dietrichsdorf, 1884 an der Schwentinemündung erbaut, ist das älteste erhaltene Belegstück für die gründerzeitliche Werftindustrie am Ostufer der Förde. Sie ist zugleich das älteste authentische Industriegebäude im Raum

Kiel. In der Metallgießerei wurden Gegenstände wie etwa Rahmen von Bullaugen, Schalttafeln, Armaturen, Hebel sowie Teile der Technik und Ausstattung hergestellt, die aus Messing, Kupfer oder Bronze waren.
> *Grenzstraße 1, Kiel*
www.alte-giesserei-kiel.de

23 Hochseilgarten – sportlich in der Natur

Ein besonderes Erlebnis ist ein Besuch im Hochseilgarten. Unter fachkundiger Anleitung geht es in atemberaubende Höhen. Über Plattformen in Baumkronen schwingen Sie auf Seilen zur nächsten Station und überwinden auf Hängebrücken große Distanzen. Eine Herausforderung, die in verschiedenen Schwierigkeitsgraden zu meistern ist. Der faszinierende Blick aus 25 Metern Höhe auf die Förde belohnt die Mutigen.
> *Falckensteiner Strand 15,*
Tel. 0431/ 3104947,
www.highspirits-kiel.de

24 Kiels erster Indoor-Trampolinpark

Das Anfang 2019 neu eröffnete „Sprungraum Kiel“ ist nach eigenen Angaben mit 4000 Quadratmetern Fläche die größte Trampolinhalle in Schleswig-Holstein. Das Angebot soll für die ganze Familie gelten und bietet neben klassischen Trampolinen auch einen „Ninja Parkour“ und eine fröhlich anmutende „Schnitzelgrube“.
> *Schleiweg 10, 24106 Kiel-Wik,*
Tel. 0431/88822210,
www.sprungraumde/kiel

25 Fahrt auf der Schwentine

Kiel hat mehr Gewässer als nur die Förde zu bieten: Die abwechslungsreiche Fahrt auf der Schwentine gewährt einen Einblick in die Pflanzen- und Tierwelt unweit der Stadt. Auf der Schwentine kann man ab Mai auch Kanus leihen.
> *Tel. 0431/722428,*
www.schwentinetalfahrt.de

26 Kiellinie – Sport und Entspannung am Wasser

Die Kiellinie ist die Flaniermeile am Wasser. Hier kann man die großen Fähren vorbeiziehen sehen, die mitten in der Stadt festmachen. Außerdem gibt es genügend Raum für sportliche Aktivitäten oder Spaziergänge –

stets mit Meerblick. Entlang der Kiellinie befinden sich auch Aquarium und Kieler Yacht Club (Restaurant). Das Segelcamp bietet erste Bekanntschaft mit dem Segelsport.
> *Tel. 0431/2400070*

27 Dänische Straße – shoppen und Geschichte
In der Dänischen Straße bieten exklusive Geschäfte ihre hochwertigen Waren an. Auch Kieler Geschichte ist erlebbar – etwa im Kieler Kloster oder im Stadtmuseum Warleberger Hof.

28 Holtenauer – Kiels heimliche Hauptstraße
Vom Dreiecksplatz über die überdachten Holtenauer Arkaden und die gesamte Holtenauer Straße wartet ein attraktives und exklusives Angebot. Wenn die Füße müde werden, laden zahlreiche Cafés und Restaurants zum Verweilen ein.

29 Deutschlands erste Fußgängerzone
Vom Sophienhof gelangt man direkt in die Holstenstraße, Deutschlands erste Fußgängerzone, in der schon seit 1953 Kieler und Gäste flanieren.

30 Hafen und Mondkrater
Der Blick in die sternenklare Nacht ist ein Naturerlebnis der besonderen Art. Die weiße Kuppel der Sternwarte befindet sich auf dem Hochhaus der Fachhochschule Kiel. Von hier kann man die Hafenatmosphäre genießen und gleichzeitig Mondkrater bestaunen.
> *www.fh-kiel.de*

31 Selbst segeln lernen – im Segelcamp
Nachwuchssegler können beim bundesweit einmaligen Segelcamp „Camp 24|sieben" erste Erfahrungen sammeln. Über 30 Angebote wie After-Work-Segeln, Kinderkurse und gesegelte Stadtrundfahrten stehen auf dem Programm.
> *Tel. 0431/9012573, www.camp24-7.de*

32 Golf spielen direkt an der Förde
Schleswig-Holstein ist Golfland – auch an der Kieler Förde. Zwei 18-Loch-Golfplätze warten bei Havighorst (www.gc-kiel.de) und auf dem Ostufer beim Golf-Club Kitzeberg (www.golf-kiel.de).

33 Schlossgarten aus dem 15. Jahrhundert
Kiels ältester Garten entstand im 15. Jahrhundert. Mitte des 17. Jahrhunderts ist er als Renaissance-„Lustgarten" überliefert. Als Hofgarten ist der Zutritt bis 1864 Privileg der Schlossbewohner, erst danach ist der Garten allen Kieler Bürgern zugänglich. Der heutige Schlossgarten ist ein gepflegter Park mit bemerkenswerten Kunstwerken.

34 Aquarium – Seehunde füttern an der Förde
Das öffentliche Aquarium vermittelt einen Eindruck von der Vielfalt der Bewohner unserer Meere, Seen und Flüsse. Die mehr als 30 Schaubecken mit einem Inhalt von bis zu 11 000 Litern sind an verschiedene Kreislaufsysteme für die Wasseraufbereitung angeschlossen.
> Tipp: Seehundfütterung täglich (außer freitags) um 10 und 14.30 Uhr, www.aquarium-geomar.de.
Zu der beliebten jährlichen „Kieler Museumsnacht" (Ende August) ist das Aquarium bis Mitternacht geöffnet.

35 Landeshaus – hier wird Politik gemacht
1888 errichten die Architekten Kraft und Lübbert ein monumentales, dreistöckiges Backsteingebäude als Militärakademie für die Kaiserliche Marine. 1949 erfolgte der Umbau zur Landesverwaltung. Seit dem 3. Mai 1950 wird das Gebäude als Parlament genutzt – der einzige deutsche Regierungssitz am Meer. Vor der nördlich vom Landeshaus gelegenen Staatskanzlei ist dem berühmtesten Holsteiner Springpferd Meteor (1943–66) ein Denkmal gesetzt.

36 Kunsthalle
Die Kunsthalle zu Kiel (1907–09, Architekt Georg Lohr) ist das einzige deutsche Museum in Meereslage. Bis zu zehn thematische Wechselausstellungen im Jahr,

die wissenschaftliche Begleitung und der Aufbau einer Sammlung zeitgenössischer Kunst gehören ebenso zur Philosophie des Hauses wie der kreative Umgang mit dem gewachsenen Bestand von 1000 Gemälden aus sechs Jahrhunderten, 200 Skulpturen, 40 000 grafischen Werken und der Antikensammlung.
> *www.kunsthalle-kiel.de*

37 Zoologisches Museum – ein Unikat

Das Zoologische Museum war im 19. Jahrhundert eines der ersten in Deutschland, die naturwissenschaftliche Forschungsgeschichte mit einem pädagogischen Konzept verbanden. Grundlage waren die Ideen von Karl Möbius, der bereits das Gebäude nach pädagogischen Gesichtspunkten konzipierte. Das Haus besitzt einmalige Sammlungen historischer Expeditionen aus drei Jahrhunderten, die bis heute von großer wissenschaftlicher Bedeutung sind. Mit zwölf Originalskeletten zeigt das Museum die artenreichste Wal-Ausstellung in Deutschland. Das größte Exemplar ist das 14 Meter lange und 1,5 Tonnen schwere Skelett eines Pottwalbullen.
> *www.zoologisches-museum.uni-kiel.de*

38 Künstlermuseum Heikendorf

Das Museum öffnete im September 2000 im sorgfältig restaurierten und umgebauten Wohnhaus des Künstlers Heinrich Blunck. Hier können Besucher die Geschichte der Malerei vom norddeutschen Impressionismus bis zum späten Expressionismus an Werken der Heikendorfer Künstler nachvollziehen. Es werden regelmäßig Wechselausstellungen gezeigt.
> *Teichtor 9, www.kuenstler-museumheikendorf.de*

39 Seebad und Seebar Düsternbrook

Im historischen Seebad Düsternbrook ist das ganze Jahr über Saison. Während in den kalten Monaten die Winterschwimmer ihre Bahnen ziehen, locken im Sommer coole Cocktails und heiße Beats in die in der Mitte des Holzstegs gelegene Seebar. Auf den Liegen mit bestem Fördeblick entspannen Bade- und Bargäste gleichermaßen.
> *www.seebad-duesternbrook.com*

40 Zebras siegen sehen

Kiel ist nicht nur deutschlandweit das Handball-Mekka, auch in Europa gibt es kaum einen Verein, der nicht vor dem THW zittert. Mehr als 10 000 Fans sorgen in der Ostseehalle für Stimmung, wenn der Rekordmeister mit dem Zebra im Wappen (derzeit 17 deutsche Meistertitel) die Halle stürmt. Besonders hitzig ist die Atmosphäre bei Champions-League-Spielen gegen die großen spanischen Rivalen BM Ciudad Real und FC Barcelona.

> thw-handball.de;
mit aktuell 20 deutschen Meistertiteln Deutscher Rekordmeister

41 Mit den großen Pötten über die sieben Meere

Das Tor zum Norden – so kann Kiel durchaus bezeichnet werden. Über Fährlinien gibt es direkte Schiffsverbindungen nach Norwegen, Schweden, Litauen und Russland. Das Flair der weiten Welt verbreiten zusätzlich rund 150 Kreuzfahrtschiffe, die jedes Jahr in Kiel vor Anker gehen. Das Ein- und Auslaufen der großen Pötte lässt sich am besten auf der Dachterrasse des Restaurants „Längengrad“ auf Deck 4 des Schwedenkais beobachten.

> Tägliche Fährverbindungen nach Norwegen, Schweden und Litauen (Russland-Fähre ist aktuell eingestellt)

42 Das älteste U-Boot der Welt im Schifffahrtsmuseum

In der ehemaligen Fischhalle von 1909 (Architekt Georg Pauli) zeigt das Schifffahrtsmuseum Objekte aus der langen Geschichte der Seestadt Kiel und ihren maritimen Verbindungen: Marineausstellung, Seestücke, Galionsfiguren, Schiffbaudetails sowie nautisch-technische Instrumente „made in Kiel“ (darunter ein Original-Behm-Echolot und ein Anschütz-Kreiselkompass). Unter den Schiffsmodellen ist der in Kiel gebaute „Brandtaucher“, das älteste Unterseeboot der Welt.

43 Kieler Woche – größtes Segelfest der Welt

Rund 300 Konzerte auf mehr als 15 Bühnen und über drei Millionen Besucher aus der ganzen Welt: Die Kieler Woche ist nicht nur ein Volksfest der Superlative, mit rund 5000 Seglern aus mehr als 50 Nationen ist sie die größte Segelveranstaltung weltweit – jedes Jahr in der letzten Juni-Woche. Beliebt sind vor allem der internationale Markt mit Köstlichkeiten aus aller Herren Länder und die Windjammerparade am letzten Samstag der Kieler Woche mit mehr als 100 Groß- und Traditionsseglern, historischen Dampfschiffen und unzähligen Segelyachten. Die Kieler Woche findet immer in der letzten vollen Juniwoche statt.

44 Opernhaus – Eröffnungen mit „Fidelio"

Mit „Fidelio" wurde am 1. Oktober 1907 das von Heinrich Seeling erbaute Kieler Opernhaus eingeweiht. Ab 1944 war es geschlossen, 1952 begann der Wiederaufbau des durch Bomben des Zweiten Weltkrieges stark getroffenen Gebäudes. Werner Kallmorgen und Adolf Zotzmann gestalteten den Innenausbau modern, licht und funktional – ein Bruch mit Opernhaustraditionen. Äußerlich weitgehend dem Seeling'schen Bau entspricht der Besuchereingang mit Freitreppe und drei Portalen zum Kleinen Kiel, einem ehemaligen Seitenarm der Kieler Förde. Wiederum mit „Fidelio" eröffnete das Haus zur Kieler Woche 1953. Zur Segel-Olympiade 1972 wurde ein schwarzer Kubus als Betriebsgebäude angefügt. Kiels Opernhaus ist Spielstätte für Oper, Operette, Ballett und Musical.

> *www.theater-kiel.de*

48 Tipps für die Holsteinische Schweiz

Eine Landschaft zum Verlieben: die Region zwischen Ostsee und Bad Segeberg

Informationen für Urlaub und Ausflüge

Das offizielle Tourismusportal für die ganze Region im Internet: www.holsteinischeschweiz.de
Auskünfte auch über die Telefon-Hotlines der Tourist-Informationen:
Plön: Tel. 04522/50950; Bosau: Tel. 04527/97044;
Eutin: Tel. 04521/70970; Malente: 04523/9842730;
Dersau: Tel. 04526/680

1 Die Residenz der Großherzöge

Die Keimzelle der Residenzstadt Eutin: das Schloss. Die ältesten Teile stammen aus dem 12. Jahrhundert, 1727 erhielt es seine heutige Form. Die spätere Sommerresidenz der Großherzöge zu Oldenburg wurde von 1986 an über 20 Jahre lang aufwendig restauriert, seitdem ist es Museum. Besichtigungen mit Führung oder Audio-Guides.

> Winterpause, in der Hauptsaison täglich (außer Montag) geöffnet; Tel. 04521/70950, www.schloss-eutin.de

Ins Schwärmen geriet schon Johann Heinrich Voß vor gut 200 Jahren: Lieblich zum Auge und gewinnend zum Herzen sei die Region, schrieb der Dichter, Übersetzer und Lehrer über die Landschaft rund um Eutin. Voß, den man heute Bestseller-Autor nennen würde, lebte 20 Jahre am Ufer des Großen Eutiner Sees.
Wälder und Seen, Hügel, fruchtbare Äcker, Knicks, mildes Klima, zur Zeit der Rapsblüte eine gelbe wogende Landschaft, die Ostsee in unmittelbarer Nähe: Viel schöner kann Lebensraum kaum sein. Deshalb kommen auch viele Urlauber.
Am 20. Mai 1885 eröffnete Johannes Janus am Kellersee in Krummsee das Hotel „Holsteinische Schweiz“. Ein Name für eine Region war geboren, die 1986 zum Naturpark wurde. Die Residenzstädte Eutin und Plön liegen im Herzen des Naturparks, der sich bis zur Karl-May-Stadt Bad Segeberg erstreckt. Es gibt malerische Dörfer und Güter, über 200 Seen und viele Aussichtstürme. Ein eng geknüpftes Netz von Rad- und Wanderwegen steht für die Erkundung bereit. Ein reiches Kulturangebot, von Klassik-Konzerten über Freiluft-Oper bis zum großen Blues-Festival, erhöht die Lebensqualität.

Wussten Sie, dass …

28 Quadratkilometer den Großen Plöner See zum größten Binnensee Schleswig-Holsteins machen? Bundesweit belegt er Rang neun.

75 000 Hektar in den Grenzen des Naturparks Holsteinische Schweiz liegen? Er ist der größte von fünf Naturparks in Schleswig-Holstein.

Zitiert:

Es gibt sicherlich keine Landschaft, die lieblicher zum Auge und gewinnender zum Herzen spricht.
Johann Heinrich Voß (1751–1826), Lehrer, Übersetzer und Dichter, Eutin

2 Weiter Blick in die Natur

Der 20 Meter hohe Parnaß-Turm in Plön bietet einen weiten Blick über die Hügel und Seen der Holsteinischen Schweiz. Der Stahlfachwerkturm auf einem Steinsockel wurde 1888 vom Plöner Verschönerungsverein errichtet.

> *Ostern bis Ende Okt., täglich 9–19 Uhr, kostenfrei*

3 Ein von Gott gesegneter Ort

Bischof Vicelin kam im Jahr 1149, die heidnischen Slawen in Ost-Holstein zu bekehren. Als Basis wählte er ein von Gott gesegnetes Plätzchen am Bischofssee in Bosau. Die Bosauer St.-Petri-Kirche ist vermutlich die älteste der Vicelinkirchen, alles Wehrkirchen aus dicken Feldsteinen. Ähnliche Gotteshäuser stehen in Neukirchen bei Malente, Süsel, Gleschendorf, Ratekau, Pronstorf und Warder.

4 Baum mit Postfach

Kein Scherz: Der Briefträger fährt regelmäßig bei der Försterei Dodau in den Wald. Die Bräutigamseiche war der erste deutsche Baum mit einer Postadresse. Aus der ganzen Welt schreiben Heiratswillige oder Brieffreund-Sucher. Jeder, der vorbeikommt, darf sich Post aus dem Astloch nehmen. Antworten ist Pflicht.

> *Bräutigamseiche, Dodauer Forst, 23701 Eutin*

5 Opernbühne im Schlossgarten

Zum 125. Todestag des in Eutin geborenen Carl Maria von Weber, 1951, wurde dessen Oper „Der Freischütz" im Schlossgarten aufgeführt. Daraus wurden die Eutiner Festspiele mit 1900 Tribünen-Sitzen und Naturbühne am Seeufer. Über 30 Vorstellungen, Opern, Musicals, Operetten, Galas und Konzerte, gibt es jeden Sommer.

> Tel. 04521/80010, www.eutinerfestspiele.de

6 Gartendesign der Aufklärung

Erst war's ein Barockgarten mit strengen Linien, von 1787 an ließ Herzog Peter Friedrich Ludwig das Eutiner Schloss mit einem englischen Landschaftsgarten umgeben. Es war die Zeit der Aufklärung und der Französischen Revolution. Im Zug der Landesgartenschau 2016 wurde der Küchengarten als neues Kleinod wiederbelebt.

> Eutin, ganzjährig geöffnet, von Sonnenauf- bis Sonnenuntergang

7 Moderne Kunst und alte Sachen

Das Haus am Eutiner Schlossplatz war einmal der Pferdestall des Hofes: Seit 1989 ist es das Ostholstein-Museum. Auf zwei Ebenen werden Sonderausstellungen gezeigt, ein Stockwerk präsentiert Eutin in der Zeit, als es „Weimar des Nordens" hieß.

*> Schlossplatz 1, Eutin
Tel. 04521/788520,
museum.kreis-oh.de*

8 Erlebnis in der Höhenluft

Am höchsten Punkt des Landes, 168 Meter über dem Meer, hat sich viel getan: Auf dem Bungsberg bei Schönwalde gibt es ein Natur-Bildungszentrum mit öffentlichen Kunstausstellungen, eine Gaststätte, einen Waldspielplatz und ein 20 Meter hoher Aussichtsturm aus dem Jahr 1863 ist restauriert und wieder geöffnet. Einen noch besseren Blick ins Land und bis zur Ostsee bietet eine Aussichtsplattform am Sendeturm in 42 Metern Höhe. Sollte es mal wieder einen richtigen Winter geben, besteht auch die Chance, dass Schleswig-Holsteins einziger Skilift in Betrieb geht.

> www.erlebnis-bungsberg.de

9 Kultur in einer alten Schwimmhalle
Im Kulturforum Schwimmhalle Schloss Plön werden Ausstellungen, Konzerte, Lesungen, niederdeutsche Abende sowie wissenschaftliche Vorträge angeboten. 1909 wurde das Jugendstil-Gebäude am Fuß des Schlossbergs als Schwimmhalle für preußische Kadetten gebaut.
> *www.kulturforum-ploen.de*

10 Fischbrötchen mit Aussicht
Die Aussicht ist spektakulär, die Fischbrötchen sind eine Wucht: Zur Seehütte am Kellersee in Malente führt eine unbefestigte Straße. Aber wer „Das Fischbrötchen-Café" erreicht hat, mag nicht mehr weg. „So fühlt sich Freizeit an", verspricht Fischer Heiko Schwarten. Die Hütte am Bootsanleger ist leicht zu finden, wenn man der Beschilderung zur Jugendherberge folgt.
> *www.fischbroetchen-cafe.de*

11 65 000 Bücher aus 500 Jahren
65 000 Bände aus dem 16. bis 20. Jahrhundert, 10 000 Bücher Forschungsliteratur, Sondersammlungen (alte Handschriften, Kupferstiche, Porträts, Atlanten, Musiknoten): Die Eutiner Landesbibliothek ist eine lebendige Bibliothek und Forschungsstelle für Reisekultur.
> *Schlossplatz, 4 Eutin, Tel. 04521/788770, www.lb-eutin.de*

12 Erste Adresse für Radwanderer
Die Tourist-Info Großer Plöner See ist ins Plöner Bahnhofsgebäude eingezogen. Neben Informationen für den Besuch können Radwanderer ihre beladenen Drahtesel sicher abstellen. Im Gebäude gibt es ein Bistro und einen Veranstaltungsraum.
> *Tourist-Info Plön, Bahnhofstraße 5, Tel. 04522/50950*

13 Die Kirche der Eutiner Bischöfe
Schlicht und trotzdem erhaben: Die Michaeliskirche (Baubeginn etwa 1180) war lange Bischofskirche. 1977 endete die Geschichte der Landeskirche Eutin. Das größte Eutiner Gotteshaus, eine dreischiffige Basilika, ist frisch renoviert und kann besichtigt werden.

14 Freude über die eigene Leistung
Es geht nicht nur um die unmittelbare Erfahrung von Höhe: Der Hochseilgarten auf dem Hof Radlandsichten bei Neversfelde vermittelt wechselnde Gefühle. Am Ende soll Freude über die eigene Leistung stehen.
> *Ferienhof Radlandsichten, Tel. 04523/984705*

15 Ein Tal voller Naturschutz
Schmelzwasser der letzten Eiszeit schuf das Tal, in dem die Schwartau fließt. Über viele Kilometer am Barkauer See (Gemeinde Süsel) erstrecken sich Naturschutzflächen. Kraniche brüten am See, Seeadler kommen zum Jagen.
> Wanderwege ins Schutzgebiet von Fassensdorf und Middelburg aus

16 Wilder Westen im Freilichttheater
In einem stillgelegten Kalksteinbruch in Bad Segeberg wurde 1935 ein Freilichttheater gebaut, 1952 erstmals ein Karl-May-Stück aufgeführt. Über zwölf Millionen Menschen haben seither Wild-West-Theater am Kalkberg gesehen. Jedes Jahr sind es mehr, 2018 waren es fast 390 000 Zuschauer.
> Tickets unter Tel. 01805/952111 und www.karl-may-spiele.de

17 Moderner Stadtpark am See
Zu den Errungenschaften der Landesgartenschau 2016 in Eutin gehört ein vollkommen neu gestalteter Seepark auf einer Halbinsel im Großen Eutiner See. Es gibt zahlreiche Spielmöglichkeiten, einen kleinen Strand und lauschige Plätzchen zum Schauen und Verweilen, und der sehr intensiv gepflegten Städtepartnerschaft mit Lawrence in Kansas ist ein deutsch-amerikanischer Freundschaftsgarten gewidmet.

18 Schwimmen vor historischer Kulisse
Gleichberechtigung sah hier früher so aus: die Damen nach links, die Herren nach rechts. 1910 bekam Eutin seine Freibadeanstalt mit getrennten Umkleiden und Stegen. Die denkmalgeschützte Anstalt an der Fissauer Bucht ist noch in Betrieb (ohne Eintritt). An die Trennung hält sich niemand mehr.

19 Sandstrand am Binnensee
Es muss nicht unbedingt Meer sein: Der Bosauer Strand erinnert mit seinem feinen Sand an die Ostsee. Doch statt Meerwasser „lächelt" der Große Plöner See und „ladet zum Bade" – um es mit Schiller zu sagen.

20 Der Schatz der Plöner Schützen
Norddeutschlands größte Glassammlung befindet sich im Museum des Kreises Plön. In der „Alten Apotheke" sind auch Stücke aus der Vor- und Frühgeschichte sowie der Silberschatz der Plöner Schützengilde von 1621 ausgestellt.

> Johannisstraße 1, Plön, Tel. 04522/744391, www.kreismuseum-ploen.de

21 Am höchsten Punkt der Stadt

Neben der Michaeliskirche ragt der 1909 am höchsten Punkt der Stadt gebaute Wasserturm am weitesten in den Himmel über Eutin. Der 38 Meter hohe Klinkerturm wird nicht mehr für die Wasserversorgung genutzt. Als Aussichtsturm steht er im Sommerhalbjahr offen.

> Ecke Bismarckstr./Wilhelmstr.

22 Lustschloss und Konzertsaal

Mit Blick auf Ukleisee und Kellersee feierten adelige Gesellschaften im „Lusthaus zu Sielbeck“, 1776 nach Plänen des Hofbaumeisters Georg Greggenhofer errichtet. Die Sicht auf den Kellersee ist heute verbaut. Dafür darf das „gemeine Volk“ das restaurierte Jagdschlösschen besuchen und für Feiern mieten.

> Informationen zu Öffnungszeiten und Veranstaltungen (z. B. dem Eutiner Konzertsommer) unter Tel. 04521/70970 (Tourist-Info)

23 Wochenmarkt mit Superlativen

Ein sehr breites, ausgewogenes Sortiment bietet der Eutiner Wochenmarkt. Kunden schwören, dass es bei der Schlachterei Draheim den besten Kochschinken der Welt gibt und die Fisch-Feinkostwaren von Caroline Massa von konkurrenzloser Qualität sind.

> Eutiner Markt, mittwochs und samstags 7–13 Uhr

24 Aug' in Aug' mit wilden Tieren

In der freien Wildbahn ist die Begegnung mit Rotwild, Schwarzwild und Damwild selten. Im 20 Hektar großen Wildgehege Malente ist der Blick auf die Bewohner der Wälder garantiert. Im angrenzenden Arboretum kann man über 100 Baumarten aus aller Welt bewundern.

> Sebastian-Kneipp-Straße, www.bad-malente.de

25 Windmüller lädt zur Einkehr

„Graue Mama“, „Moder Grau“ nennen die Eutiner die letzte von einst drei Windmühlen. Der mächtige fünfstöckige, reetgedeckte Galerie-Holländer auf dem Mühlenberg wurde 1850 erbaut, seit 1979 beherbergt er ein uriges Kneipenrestaurant.

> Kneipen-Restaurant Alte Mühle, Tel. 04521/5042, www.alte-muehle-eutin.de

26 Gotteshaus und Konzerthalle

Die größte Kirche Plöns mit einem 60 Meter hohen Turm ist sehr jung: Der 1691 vom Plöner Herzog Hans-Adolf in Auftrag gegebene Vorgängerbau, eine repräsentative Backsteinkirche mit kreuzförmigen Grundriss, war 1864 wegen Blitzschlags niedergebrannt. Vier Jahre später war das Gotteshaus wieder aufgebaut, seine außergewöhnliche gute Akustik macht es zum beliebten Konzertort.

27 Mit dem Lift über'n Baggersee

Sportlichen Spaß auf drei Bahnen bietet der Wasserski- und Wakeboardpark am Süseler Moor: Ein Lift zieht die Wassersportler über die Baggerseen, eine Bahn ist eigens für Anfänger. Direkt am See: Campingplatz, Wohnmobil-Stellplatz und Ferienwohnungen in Mobilheimen.

> Süseler Moor 2, Süsel, Tel. 04524/1777, Frühjahr bis Herbst, www.camping-suesel.de, www.wasserski-suesel.de

28 Ein Turm, der Schiffen den Weg wies

Ein Baum auf dem 94 Meter hohen Gömnitzer Berg diente den Seefahrern in der Neustädter Bucht zur Orientierung, bis ihn 1815 ein Blitz fällte. Zehn Jahre später wurde ein acht Meter hoher Turm gebaut. Er ist Wahrzeichen der Gemeinde Süsel.

> Ganzjährig kostenfrei zu besteigen

29 Das Prachtschloss der Plöner Herzöge

Das Schloss Plön zählt zu den beeindruckendsten Schlössern im Land. Die im 17. Jahrhundert gebaute Residenz einer ausgestorbenen Herzogslinie diente lange zur Soldaten-Ausbildung und als Internat. Heute ist sie Sitz der Fielmann-Akademie.

> Kostenfreie Führungen: Tel. 04522/8010, Anmeldeformular unter www.fielmann-akademie.com

30 Herausforderung im Gelände

In einer Kieskuhle am Süseler Baum eröffnete 1987 der Reiterpark Max Habel, der Reitern mit ihren Pferden eine vielseitige Ausbildung im Gelände ermöglichen will. Neben vielen Naturhindernissen und Wasserstellen gibt es eine 1500 Meter lange Galopprennbahn.

> Tel. 04383/883, www.reiterpark-maxhabel.de

31 Reise in eine längst vergangene Zeit

Klein, aber mit viel Liebe gestaltet: Das Dorfmuseum Schönwalde gestattet Zeitreisen. Es gibt ein komplettes Klassenzimmer und unzählig viele Utensilien aus dem Leben und Arbeiten vergangener Zeiten sowie museumspädagogische Angebote.

> 15. Mai bis 30. September, für Gruppen ganzjährig, Tel. 0173/3614327, www.dorfmuseum-schoenwalde.de

32 Symbiose aus Garten und Architektur

Hamburgs „Planten un Blomen" sind sein berühmtestes Werk. In Malente schuf Karl Plomin 1966 den Kurpark als Symbiose zwischen naturnahem Garten und moderner Architektur auf 56 000 Quadratmetern. Besonderen Stellenwert haben Rhododendren.

> Im Sommer Führungen, Tel. 04523/9842730 (Tourismus-Service), www.kurpark-malente.de

33 Älteste Räucherkate in der Region
Aus dem 17. Jahrhundert stammt die Tews-Kate in Malente. Sie ist die älteste erhaltene Räucherkate der Region und dient als kleines Museum mit Landwirtschaftsgeräten, Werkzeugen und Möbeln.
> Zur Besichtigung beim Heimat- und Verschönerungsverein melden, Tel. 04523/2852

34 Wo sich Ritter zum Turnier treffen
Das Mittelalter wird im Nienthal bei Lütjenburg lebendig. Die Turmhügelburg wurde nach archäologischen Befunden rekonstruiert. Ein Trägerverein gestaltet ein interaktives Museum mit großen Veranstaltungen wie Wikingerlager und Ritterfeste mit Reitturnieren und Märkten.
> Mai bis September täglich außer montags 11 bis 17 Uhr, Führungen/Veranstaltungen: Tel. 04381/918847 oder 0162/4238167 www.turmhuegelburg.de

35 Vorbildlich restaurierte Kate
Einen guten Eindruck von den Lebensbedingungen der Landbevölkerung früher vermittelt die liebevoll restaurierte Dunker-

sche Kate in Bosau. Sie wird fast das ganze Jahr für Ausstellungen genutzt, ein Blick lohnt auch in ihren Bauerngarten.

36 Plöner Kirchlein in restauriertem Kleid
Die 1685 erbaute Johanniskirche ist eine von fünf Kirchen in Plön. Die kleine Fachwerk-Saalkirche unterhalb des Schlosses wurde aufwendig und mit vielen Spenden restauriert.
> Hamburger Straße 25, www.johanniskirche-ploen.de

37 Baden und Genuss auf der Prinzeninsel
Die Plöner Prinzeninsel, eigentlich eine zwei Kilometer lange Halbinsel im Großen Plöner See, ist Eigentum des preußischen Königshauses. Nach einem Spaziergang erreicht man ein beliebtes Lokal in einem Bauernhaus aus dem 17. Jahrhundert.
> „Niedersächsisches Bauernhaus“, Tel. 04522/508700

38 Eine moderne nordische Küche

Klein aber fein: Das Restaurant von Robert Stolz genießt einen guten Ruf bei Gourmets. Nach einem Intermezzo als Küchenchef in einem Grandhotel in Hamburg ist der Sterne-Koch zurück in Plön. Nahe der Nikolaikirche pflegt er eine moderne nordische Küche, regelmäßig ergänzt mit Musik, und er lädt zur Kochschule.

> Restaurant Stolz, Markt 24, Tel. 04522/7895295, www.robertstolz.de

39 Herausragendes Barock-Denkmal

Das Prinzenhaus im Plöner Schlossgebiet, einst herzogliches Gartenhaus und Unterkunft der letzten deutschen Prinzen, ist ein herausragendes Barock-Bauwerk. Es beherbergt herzogliche Gemälde und eine Ausstellung über die Geschichte des Hauses.

> Regelmäßige Führungen, Auskünfte unter Tel. 04522/502730, www.prinzenhausploen.de

40 Wunder des Lebensraumes Wasser

Die „WunderWeltWasser" in Malente verspricht Naturerlebnisse rund um das nasse Element. Von Plattformen und Wegen aus öffnen sich Einblicke in Tier- und Pflanzenwelt und den Lebensraum Wasser.

> Janusallee, ganzjährig, 8–16 Uhr

41 Zu Fuß durchs Sonnensystem

Die Sonne steht am Anleger unterhalb des Plöner Marktes. Entlang des Wanderwegs am Großen Plöner See warten in Schaukästen die Planeten unseres Sonnensystems im Maßstab 1:2 Milliarden. In wenigen Minuten, als hätte er zehnfache Lichtgeschwindigkeit, erreicht der Spaziergänger Merkur, Venus, Erde und den Mars. Bis zum Neptun, dem äußersten Planeten, sind es 2,5 Kilometer, vorbei an Jupiter, Saturn und Uranus. Am Südende der Prinzeninsel ist das Ende des Planetenpfades – oder der Beginn, je nach Perspektive.

42 Wo Fledermäuse über Winter bleiben

Eine Höhle im Segeberger Kalkberg ist das größte deutsche Winterquartier für Fledermäuse. Die Unterwelt kann im Sommer

besichtigt werden. Einen Blick in die Welt der Fledermäuse bietet daneben das Erlebniszentrum Noctalis das ganze Jahr über.
> *Kalkberghöhlen: April bis Sept.; Noctalis: Montag–Freitag 9–17 Uhr, Samstag und Sonntag 10–18 Uhr, www.noctalis.de*

43 Im duftenden Heu übernachten

Ausgelassenes Toben für Kinder, schmackhafte Kaffee- und Kuchen-Rast für Reisende bietet die Naturpark-Heuherbege Gut Friedrichshof. Möglich ist auch Übernachten in duftendem Heu.
> *Dodau, Tel. 04521/72749, www.naturpark-heuherberge.de*

44 Lehrpfad öffnet Blick in die Natur

Das Schwentine-Infozentrum der Kreisjägerschaft mit Lehrpfad liegt an der Schwentine in Plön. Von Juni bis August sind Kanu-Touren mit Picknick und Chance auf Eisvogel- und Fischbeobachtung im Angebot.
> *Tel. 04522/9011, www.kjs-ploen.de*

45 Wassertreten in den Spiegelteichen

Sie sind Relikte eines misslungenen Versuches: 1864 ließ ein Großherzog die Spiegelteiche am Malenter Holm, 600 Meter von der Diekseepromenade entfernt, als Teil einer Fischzuchtanlage ausheben. Die Zucht rentierte sich nicht. Die Teiche blieben, im Auslauf gibt es seit 1955 eine Wassertretstelle für Kneipp'sche Anwendungen.

46 Katenschinken aus Ottendorf

Unzählige Goldmedaillen der Deutschen Landgesellschaft sagen alles: In dem Dörfchen Ottendorf (Gemeinde Süsel) wird seit 1958 Holsteiner Katenschinken geräuchert, daneben gibt es über zehn verschiedene Wurstsorten. Ein Ladenbesuch lohnt sich, es gibt aber auch einen Internetversand.
> *Holmkamp 9, Ottendorf, Tel. 04524/363, www.schinken-langer-ostholstein.de*

47 Quelle der gebrochenen Herzen

Das Wasser ist rötlich. Für die Färbung sorgt eisenhaltiges Gestein. Irgendwann gab jemand diesem Bächlein den Namen „Quelle der gebrochenen Herzen“. Sie liegt am Wanderweg, der in Bad Malente-Gremsmühlen in der Nähe der Bahnlinie am Dieksee entlangführt.

48 Zu Gast bei Müller und Winzer

Die schmucke Windmühle „Wagria“, Wahrzeichen des Dorfes Grebin, lohnt aus mehreren Gründen einen Abstecher: Sie beherbergt ein Dorfmuseum und ein Café „To’n Windbüdel“. Der Hügel bietet einen Blick auf das nördlichste, zusammenhängende Weinanbaugebiet Deutschlands: Auf dem Weingut Hof Altmühlen von Steffen Montigny werden erstklassige Rot- und Weißweine produziert und verkauft.

> *To’n Windbüdel, Mai bis September, Buchungen für Gruppen Tel. 0174/6794745, www.windbuedel.de; Hof Altmühlen, www.weingut-montigny.de/weingut*

45 Tipps für Fehmarn und das Festland

Eine Insel mit Eigenheiten – und Furcht vor einem Tunnel

Informationen für Urlaub und Ausflüge

Tourist-Information und Zimmervermittlung:
Zur Strandpromenade 4 in Burgtiefe,
Buchungshotline: Tel. 04371/506333,
Tourist-Information: Tel. 04371/506300,
www.fehmarn.de

1 Die große Brücke auf den „6. Kontinent“

„Kleiderbügel“ heißt sie im Volksmund, seit 1963 verbindet sie „Europa mit dem 6. Kontinent“, wie die Fehmaraner sagen. Eine 963 Meter lange Straßen- und Eisenbahnbrücke quert den 1300 Meter breiten Fehmarnsund. Die Stahlbrücke mit einem 268 Meter langen Bogen steht unter Denkmalschutz.

Sie sei „reiches Bauernland und voll von Seeräubern, die keinen Vorüberfahrenden schonen“, schrieb 1076 der Chronist Adam von Bremen über die Insel „Fembre“. Und er war empört, dass die Bewohner sich trotz der Seeräuberei als Christen bezeichneten.
Fast 1000 Jahre später hat sich das Eiland, das den nördlichen Teil des Kreises Ostholstein bildet, viele Eigenheiten bewahrt. Noch immer sagen die etwa 6000 Fehmaraner, dass sie „nach Europa fahren“, wenn sie gen Festland aufbrechen.
Die Landwirtschaft ist mit besten Äckern und viel Wind gesegnet, aber Tourismus spielt die größte Rolle auf der Insel, die zu den sonnenreichsten Regionen der Republik zählt. Mit einer freiwilligen Kommunalreform – am 1. Januar 2003 schlossen sich nach einer Bürgerbefragung alle Kommunen zur Stadt Burg auf Fehmarn zusammen – haben die Insulaner bewiesen, dass sie alles andere als rückständig sind. Verständlich ist ihre Furcht, dass ein geplanter Tunnel von Fehmarn nach Lolland aus der Insel den „Brenner des Nordens“ machen könnte. Aber die Insel wird, wie diese Seiten beweisen, ein attraktives Ferienziel bleiben.

Wussten Sie, dass ...

2200 Stunden Sonnenschein jährlich im Durchschnitt die drittgrößte deutsche Insel zu einer der sonnigsten Regionen Deutschlands machen?

3 000 000 Vögel im Frühjahr und im Herbst täglich über die Vogelfluglinie ziehen (so der NABU)? Das sind bis zu 500 Millionen Vögel je Zugsaison.

Zitiert:

Fehmarn – irdisches Paradies mit wundervoller Küstenbildung ...
Ernst Ludwig Kirchner, expressionistischer Maler und Grafiker (1880–1938)

2 Geschichte im ältesten Haus Fehmarns

Baujahr 1581: Es ist das älteste Haus und das älteste Museum der Insel. In 23 Ausstellungsräumen des Peter-Wiepert-Heimatmuseums gibt es Wissenswertes über Erdgeschichte und Geologie, Inselgeschichte, Schiffsmodelle, Mitbringsel der fehmarnschen Seeleute und Fischereiutensilien.

> Breite Straße 49, Burg, Juni bis Okt., Tel. 04371/6257, www.museum-fehmarn.de

3 Riesige Steine für die Ewigkeit

Von wegen primitive Steinzeit: Vor mehr als 5000 Jahren setzten die Menschen mit tonnenschweren Steinen ihren Verstorbenen Denkmäler, die bis heute erhalten sind. Am Wulfener Berg liegt ein steinzeitlicher Friedhof der Megalithkultur mit Gräbern aus der Zeit von 3600 bis 3200 v. Chr. Ein nachgebautes „Langbett" (60 x 7 Meter) darf nach Herzenslust erkundet werden.

4 Ein Denkmal für eine Legende

Wetter und Organisation waren eine Katastrophe, als etwa 25 000 Menschen vom 4. bis 6. September 1970 zu einem Love-and-Peace-Festival nach

Fehmarn kamen. Keiner ahnte da, dass sich Woodstock nicht einfach wiederholen ließ und Jimi Hendrix zum letzten Mal auftreten würde. Ein Gedenkstein nahe dem Campingplatz Flügger Strand erinnert an den legendären Gitarristen.

5 Altstadtflair und Shoppingmeile

Die Burger Altstadt hat Flair und bietet einen bunten Mix an Geschäften sowie Restaurants und Cafés. Deren Sonnenterrassen laden zum Verweilen mit Blick auf das Treiben in der Lebensader der „Inselhauptstadt" ein. In der Saison gibt es auf dem Marktplatz ein buntes Veranstaltungsprogramm.

6 Idyllischer Platz, tödliche Havarie

Das idyllische Fleckchen Erde lässt die Dramatik nicht erahnen: Das Niobe-Denkmal am Gammendorfer Strand erinnert an eine Havarie, bei der 69 von 109 Seeleuten ertranken. In einem Sommergewitter sank am 26. Juli 1932 das Segelschulschiff „Niobe" vor Fehmarn.

7 Burgruine: Relikt einer kurzen Ära

Die Dänen herrschten nicht lange über Fehmarn. Ein Relikt: die 1210 auf Anordnung des Königs Waldemar II. gebaute Backsteinfestung Glambeck in Burgtiefe. Sie wurde 1628 zerstört und abgetragen. Eine Sturmflut 1872 spülte die Reste frei.

8 Reges Treiben im Fährbahnhof

Im 30-Minuten-Takt legen die Fähren an und auch wieder ab: Der Fährhafen in Puttgarden ist ein emsiges „Tor zum Norden". Jedes Jahr queren etwa 1,6 Millionen Pkw und knapp 400 000 Lkw den Fehmarnbelt. Die Passagierzahl beträgt etwa sechs Millionen pro Jahr.

9 „Jachen Flünk": alles noch original

Die 1787 erbaute Graupenmühle „Jachen Flünk" in Lemkenhafen ist voll funktionstüchtig. Die einzige in Europa noch existierende Segelwindmühle wurde erst 1953 stillgelegt und dient heute als Museum mit komplettem Inventar.

> Mühlenweg 45, Lemkenhafen, Juni bis Okt., Tel. 04372/1894, www.museum-fehmarn.de

10 Fisch direkt aus dem Ofen

Für Liebhaber von geräuchertem Fisch – Aal, Makrele, Lachs oder Hering – ist die „Aalkate" in Lemkenhafen die erste Adresse, die Ware kommt direkt aus dem Rauch. Ein uriges Ambiente lädt zum Verweilen ein, im Garten ist es mit Blick auf den Fischerhafen und die häufig von Surfern und Kite-Surfern belebte Bucht gemütlich.

11 Im Zick-Zack übers Meer

Die 2011 erbaute Seebrücke in Heiligenhafen führt 435 Meter auf das Meer hinaus und bietet bei gutem Wetter einen fantastischen Blick auf Fehmarn. Besonders der Sonnenuntergang an Sommerabenden ist ein unvergessliches Erlebnis. Auch für Kinder ist die Erlebnisbrücke spannend, denn ein Spielplatz und ein Wasserspielbereich sind direkt angrenzend.

12 Der berühmte Maler und die Insel

Ernst Ludwig Kirchner, bedeutender Expressionist, verbrachte die Sommer 1908 sowie 1912 bis 1914 auf Fehmarn. „Irdisches Paradies mit wundervoller Küstenbildung, manchmal von Südseereichtum ..." – so beschrieb er die Insel. Der E. L. Kirchner Verein widmet ihm eine Ausstellung.

> Ganzjährig, Bahnhofstraße 47, Burg, Tel. 04371/1222

13 Gott zur Ehr – und Seeleuten zur Peilung

Die St.-Johannis-Kirche in Petersdorf, eine von fünf Inselkirchen, hat einen 64 Meter hohen Turm, der bis zu 20 Seemeilen weit zu sehen ist und den Seeleuten als wichtige Orientierung diente. Der Dreiflügelaltar aus dem 14. Jahrhundert gilt als ein Hauptwerk gotischer Schnitz- und Fasskunst.

> An der Kirche 1, Petersdorf, Tel. 04372/209

14 Windbeutel in gemütlicher Atmosphäre

Das „Allee-Café" in Katharinenhof bietet nicht nur Kaffee und Kuchen in einem urigen Garten, sondern ist berühmt für eine regionale Spezialität: Windbeutel. Auch die Art des Servierens bleibt den Besuchern im Gedächtnis: Zu Windbeuteln wird ein großer „Schlabberlatz" gereicht, um die Kleidung vor Flecken zu schützen.

> Katharinenhof 3, Vitzdorf, Tel. 04371/503838, April–Okt., Nov.: freitags–sonntags, www.alleecafe-katharinenhof.de

15 Rekord-Aquarium mit Schauder-Garantie

Das Meereszentrum Fehmarn in Burg ist das größte tropische Aquarium Deutschlands. Tau-

sende von Meerestieren aus der ganzen Welt sind im Korallengarten oder Rifftunnel zu entdecken, und mit leichtem Schaudern lassen sich zwölf Arten Haie ganz nah beobachten.

> Gertrudenthaler Straße 12, Tel. 04371/4416

16 Sehen und gesehen werden

Fünf Leuchttürme weisen Seeleuten den Weg: Flügge (Baujahr 1914/15), Marienleuchte (1832), Strukkamphuk (1872), Staberhuk (1903) und Westermarkelsdorf (1881/82). Der Flügger Turm ist mit 37 Metern der höchste und darf als einziger bestiegen werden: 162 Stufen (siehe Tipp 26 und 42).

17 Abschlag mit Blick auf das Wasser

Es ist nicht das kalifornische Pebble Beach, aber der Blick auf Ostsee und Burger Binnensee machen das Spiel auf dem Fehmarnschen Golfplatz zum besonderen Erlebnis. Es gibt einen 18-Loch-Platz, eine Driving Range und einen 9-Loch-Kurzloch-Platz.

> *www.golfclub-fehmarn.de*

18 Museum zum Anfassen

Gleich drei spannende Themenbereiche können in der „Galileo Wissenswelt" interaktiv erkundet werden. Drei Museen an einem Platz beschäftigen sich mit Naturkunde, Technik und Übersee. Ein Besuch verspricht unter anderem eine Reise durch den „Tunnel des Lebens", eine Ausstellung über „Optische Spielereien von 100 Jahren" und Exponate aus den verschiedensten Kulturen.

> *Naturkunde & Technik, Mummendorfer Weg 11b, Burg; Übersee, Hafenstraße 69, April–Okt., www.galileo-fehmarn.de*

19 Auf der Mole den Tag genießen

Schiffe gucken und den Tag genießen kann man im „Café Sorgenfrei" auf der Westmole am Südstrand am Hafen von Burgtiefe. Das Lokal hat ein besonderes Flair, fordert einen kleinen Spaziergang – und oft Geduld, bis man einen Platz bekommt.

> *Café Sorgenfrei, Dünenweg 43b, 23769 Burgtiefe, Winterpause, variable Öffnungszeiten, www.cafe-sorgenfrei.de*

20 Wie lebt es sich als blinde Person?

Das Dunkel-Experiment bietet die Möglichkeit, eine Wohnung, einen Einkauf und viele andere Aktivitäten zu erleben, ohne etwas zu sehen. Es werden auch Führungen von Personen angeboten, die von Geburt an blind sind. Im interaktiven Bereich des Museums können Blindenschrift, Mundmalerei und viele weitere spannende Dinge kennengelernt oder ausprobiert werden.

> *Hafenstraße 69, Burgstaaken, Tel .04371/879247, April–Okt., www.dunkelexperiment.de*

21 Tropen auf der Ostseeinsel

Auf 1000 Quadratmetern lassen sich über 50 verschiedene Schmetterlingsarten bestaunen. Im „Schmetterlingspark Fehmarn" sind aber auch Koi-Karpfen und andere interessante Fische sowie exotische Pflanzenarten zu entdecken.

> *Mummendorfer Weg 11b, Burg, Tel. 04371/8893363, März–Okt., www.schmetterlingspark-fehmarn.de*

22 Mit der „U 11" auf Tauchgang

Das U-Boot „U 11" der Bundesmarine wurde zum Wahrzeichen Burgstaakens. In dem in Kiel gebauten Schiff kann man hautnah spüren, was U-Boot-Fahrern bis heute bei ihrem Dienst abverlangt wird: Alles ist verdammt eng.

> Burgstaaken 89, März bis Okt. täglich, sonst nur am Wochenende, Tel. 04371/8891055, www.ostsee-u-boot.de

23 Hoch hinaus am Hafensilo

Fehmarn ist die Wiege eines Trendsports: „Silo Climbing". An einem Getreidesilo in Burgstaaken können 14 verschiedene Strecken unterschiedlicher Schwierigkeitsgrade in die Höhe genommen werden.

> Burgstaaken 50, April bis Okt., Tel. 04371/503102, www.siloclimbing.com

24 Mit dem Kutter auf die Ostsee

Die Möglichkeit, Meerluft zu schnuppern und einen Blick auf die Insel zu gewinnen, bieten Kutterfahrten. Oder man darf dem Fischer beim Einholen der Netze helfen. Kutterfahrten starten in Burgstaaken im Hafen.

> April bis Oktober

25 Golfspielen in der Bootshalle

Nicht nur bei schlechtem Wetter unterhaltsam: „Funtasia Adventure Minigolf" befindet sich in einer 1400 Quadratmeter großen Bootshalle. Fast ein „echter" Golfplatz mit zwölf großen Bahnen.

> Hafenstraße 69, Burgstaaken, Mai bis Sept., Tel. 0174/4277950, www.funtasia-golf.de

26 Jawort im Turm oder auf dem Wasser

Soll die Hochzeit ein kleines Abenteuer werden? Trauungen sind im Flügger Leuchtturm möglich (maximal zwölf Personen). Oder: Kapitän Gunnar Gerth-Hansen lädt zur Trauung auf seinem Fischkutter „Tümmler" im Hafen von Burgstaaken (bis 30 Personen).

> Tourismus-Service Fehmarn, Tel. 04371/506300

27 Entdeckungen im alten Horchposten

In dem Turm hat die NATO früher den Feind im Osten belauscht. Seit 2011 lädt in dem Klaustorfer Turm bei Heiligenhafen die „Ostsee Erlebniswelt", ein Fischerei- und Meeresmuseum, zu einer Entdeckungsreise auf rund 2000 Quadratmetern ein.

> Bäderstraße 6 a–f, Klaustorf, www.OstseeErlebniswelt.de

28 Vögel beobachten und nicht stören

Viele Millionen Vögel legen auf Fehmarn beim Vogelzug eine Pause ein oder brüten hier. Im Wasservogelreservat Wallnau können Besucher aus versteckten Unterständen heraus bis zu 270 unterschiedliche Vogelarten beobachten, ohne die Tiere zu stören.

> Wallnau 4, Tel. 04372/1002, www.nabu-wallnau.de, Gelände für Rollstuhlfahrer geeignet

29 Verrückter Golfspaß für die ganze Familie

„Minigolf war gestern“, wirbt Adventure Golf in Meeschendorf: Bei diesem Spaß für die ganze Familie werden 18 außergewöhnlich gestaltete Bahnen gespielt. Ein schwimmendes Boot, ein Deich oder Fontänen gehören dazu.

> Tel. 04371/8888574, www.adventure-golf-fehmarn.de

30 Über Burgs Kirche wacht Nikolaus

Der heilige Nikolaus ist Schutzpatron der Seefahrer und Getreidehändler. Ihm widmeten die Burger ihre Kirche, einen gotischen Backsteinbau (gebaut 1230 bis 1250). Besonders sehenswert: spätgotischer Flügelschrein, Blasiusaltar mit Baldachin, eine

Schnitzerei im Stil des holländischen Barocks und eine auf drei Löwen ruhende Bronzetaufe.

31 Spaziergang zwischen zwei Ufern

Natur und Meer unmittelbar: Ein Spaziergang auf dem Graswarder, einer schmalen Halbinsel in Heiligenhafen, führt in eine besondere Welt, die seit 1968 unter Naturschutz steht. Und neidisch kann man werden auf die Besitzer der schmucken Häuser.

32 Ausflug ins Mittelalter

Die Bedeutung des riesigen Hügels mitten in der Stadt Oldenburg in Holstein, 220 mal 100 Meter groß und fast 20 Meter hoch, wurde erst langsam klar: Der Oldenburger Wall war im Mittelalter eine riesige Burg. Starigard (altslawisch „alte Burg") bildete einen Außenposten der Slawen und als Handelsmetropole einen Gegenpol zu dem Haithabu der Wikinger (bei Schleswig) und dem Hammaburg der Sachsen (Hamburg).

> Wallmuseum, April bis Okt., täglich 10–17 Uhr außer montags, Juli und August 10–17 Uhr, samstags und sonntags 10-18 Uhr, www.oldenburger-wallmuseum.de

33 Jacobsens Erbe am Südstrand

Ein Muss für Architekturliebhaber: Das IFA-Ferienzentrum an Fehmarns Südstrand (Burgtiefe) geht auf Pläne von Arne Jacobsen (1902–1971) zurück. Er gilt als bedeutendster Architekt Dänemarks im 20. Jahrhundert.

34 Kleine Kreuzfahrt ins Nachbarland

Kleine Kreuzfahrt gefällig? Die Fähren zwischen Puttgarden und Rödby nehmen auch Fußgänger mit: Hin- und Rückfahrt dauern je 45 Minuten, auf dem Schiff gibt es Restaurants und eine Flaniermeile, und Rödby lädt zu einem Spaziergang ein.

> zwischen 4 Euro (Kinder 5 bis 13 Jahre) und 18 Euro, Preise differieren saisonal, www.scandlines.de

35 Erkundung auf dem Pferderücken

Der Pony- und Reiterhof Wallnau ist ein Dorado für Pferde-Fans. Ob klein oder groß, ob fortgeschritten oder Anfänger. An das Naturschutzgebiet Wallnau angrenzend, leben Haflinger und Fjord-Pferde, auf denen Kurse oder Ausritte angeboten werden. Neben dem Reiten besteht die Möglichkeit, in das hofeigene Restaurant einzukehren und Speisen aus regionaler Küche zu genießen.

> *Wallnau 2, Tel. 01525/398511, www.reiten-auf-fehmarn.eu*

36 Fanggründe und Angelscheine

Fisch lässt sich überall fangen. Die Tipps der Experten: Am Fehmarnsund gibt es Plattfisch und Dorsch. Westermarkelsdorf und die Ostküste lohnen für Meerforellen. Die besten Plätze für Brandungsangeln: Westermarkelsdorf sowie Nord- und Ostküste.

> *Urlauberfischereischeine im Bürgerbüro in Burg, Tel. 04371/506641*

37 Schwimmen mit Blick über die See

Mit dem Slogan „Schwimmen Sie dem Alltag davon“ wirbt das „FehMare“. Die Badewelt am Südstrand hat 4500 Quadratmeter auf drei Ebenen. Schwimmen auch im Winter mit Blick über die Ostsee.

38 Mit dem Drachen aufs Surfbrett

Der Sport fordert ein Höchstmaß an Konzentration und entlohnt mit riesigem Spaß: Kitesurfen, eine Kombination aus Lenkdrachenfliegen und Surfen. Wind und Wasser an Fehmarns Küste bieten optimale Reviere. Es gibt elf Kitesurf-Schulen auf der Insel.

> *www.fehmarn.de*

39 Parade der 1000 Yachten

Da gibt's reichlich Augenfutter für Liebhaber von Segelschiffen und Yachten: 1000 Liegeplätze hat die Marina Heiligenhafen, in fast allen Preisklassen. Einige Schritte weiter: der Kommunalhafen mit Fischkuttern.

40 Piratennest: Konkurs kein Thema

Ein bekannter Fernseh-Schuldnerberater hat das „Piratennest“ bundesweit bekannt gemacht. Die Hilfsaktion für den Betrieb in Orth war nachhaltig erfolgreich: Das Restaurant ist auch Jahre danach noch eine beliebte Anlaufstelle.

> *Am Hafen 1, Orth, Tel. 04372/806590*

41 Feiner Sandstrand vor ganz viel Natur

Für Kinder ist der Strand mit seinem feinen Sand und den flachen Uferzonen ideal, Naturliebhaber finden 134 Hektar vor, die seit 1938 unter Naturschutz stehen: Der „Grüne Brink", drei Kilometer westlich von Puttgarden, ist seit Jahrhunderten durch Überflutungen geprägt.

42 Nur vom Leuchtturm aus zu betrachten

Das Naturschutzgebiet Krummsteert-Sulsdorfer Wiek liegt an der Südwestspitze Fehmarns und darf nicht betreten werden. Von der Plattform des 37 Meter hohen Flügger Leuchtturms aus kann man aber einen Blick auf dieses ungewöhnliche Ökosystem werfen.

> *10–17 Uhr, außer Montag*

43 Bewegen und boulen im Stadtpark

Der Burger Stadtpark eignet sich nicht nur zum Schlendern oder Joggen: Auf dem Bewegungsplatz stehen diverse Geräte. Außerdem gibt es eine Boulebahn. Auf der werden samstags um 14 Uhr kleine Turniere ausgetragen.

44 Landwirtschaft in Miniatur

Es müssen nicht immer Eisenbahnen sein: Landwirtschaft aus einer ganz neuen Perspektive bietet die Farmworld Fehmarn. Düngen, pflügen, eggen und säen in einer Miniaturwelt. Traktoren tuckern über landwirtschaftliche Wege, es gibt Tiere und der Blick hinter die Hofkulissen und Scheunentore. Auf fast 100 Quadratmetern Fläche entsteht eine kleine Welt der modernen Landwirtschaft im Maßstab von 1:32 und 1:87.

> *Farmworld Fehmarn, Gertrudenthaler Str. 10, 23769 Burg, Tel. 04371/8897960, über das Jahr hinweg unterschiedliche Öfnungszeiten, www.farmworld-fehmarn.de*

45 Spaziergang und Fossiliensuche

Die einen genießen die Landschaft, andere sind auf Fossilien aus. Ungeübte finden wenigstens ganz leicht sogenannte Donnerkeile am Fuß der Steilküste bei Heiligenhafen. Die Fahrtroute: Kurz hinter dem

Ortseingang von Heiligenhafen links, Richtung Johannistal, am Ortsausgang rechts abbiegen und die Straße „Am hohen Ufer" bis zum Ende fahren.

Wenn die Sonne vor Fehmarn im Meer versinkt ... sowohl der Sonnenaufgang an der Ostküste als auch der Sonnenuntergang an der Westküste sind ein besonderes Naturschauspiel, das schon die Expressionisten um Ernst Ludwig Kirchner begeistert hat.

47 Tipps für die Lübecker Bucht

Die Qualitätsoffensive im Rennen mit Mecklenburg-Vorpommern zeigt Wirkung

Informationen für Urlaub und Ausflüge

Ostsee-Holstein-Tourismus, Scharbeutz,
Info-Telefon: 04503/888525,
www.ostsee-schleswig-holstein.de

1 Die große Badewanne
Die Ostsee ist das größte Brackwasser-Meer der Welt. Es entstand erst vor rund 12 000 Jahren aus Schmelzwasser der letzten Eiszeit. An seiner westlichen Seite liegt die Lübecker Bucht: 50 Kilometer Sandstrand, gelegentlich auch Steilküsten dahinter. Ebbe und Flut spielen bei 30 Zentimetern Tidenhub keine Rolle. Und jeder findet den Strand, den er liebt: belebt oder auch einsam.

Schon der berühmte Schriftsteller Thomas Mann, der mit den „Buddenbrooks“ einen Weltbestseller geschrieben und dafür den Literatur-Nobelpreis erhalten hat, war hier. Für ihn, der in Lübeck geboren und aufgewachsen ist, war Travemünde „das“ Seebad. Aber auch andere berühmte Persönlichkeiten verbrachten in der Lübecker Bucht die Sommerfrische.

Neben vorhandenen Pfunden wie feinsten Sandstränden und guter Infrastruktur ist in den jüngst vergangenen Jahren ein Kunststück gelungen: den Hochwasserschutz zu verbessern und im gleichen Atemzug in den Ostseebädern neue Promenaden zu gestalten. Ob Grömitz, Timmendorfer Strand oder Scharbeutz, die drei Bäder mit den höchsten Gästezahlen, oder auch die kleineren Orte wie Neustadt-Pelzerhaken, Sierksdorf oder Dahme: Überall wurden moderne, sehr geschmackvolle Strandpromenaden geschaffen. Es sind nicht nur die gepflegten Strände. Es sind auch Gastronomie, Kultur und das reizvolle Hinterland, die einen Urlaub an der Lübecker Bucht empfehlen – und das nicht nur um Sommer.

Wussten Sie, dass ...

35 Meter unter dem Spiegel des Hemmelsdorfer Sees der tiefste Festlandpunkt Deutschlands liegt? Er ist mit einer Boje markiert.

7 200 000 Übernachtungen Ostholstein zu einer der zehn tourismusintensivsten Regionen Deutschlands machen? Es gibt 50 000 Betten für Urlauber.

Zitiert:

Das Meer ist keine Landschaft, es ist das Erlebnis der Ewigkeit.
Thomas Mann (1875–1955), Literaturnobelpreisträger aus Lübeck

2 Erlebnispark am Meer

Der Hansa-Park in Sierksdorf ist Deutschlands einziger Erlebnispark am Meer, und er ist mehrfach als der familienfreundlichste ausgezeichnet worden. Atemberaubende Fahrgeschäfte wie die „Schlange von Midgard", Themenwelten, Shows, Gastronomie – die Besucher tauchen in die Welt des Vergnügens ein.

> Am Fahrenkrog 1, Tel. 04563/ 4740, www.hansapark.de

3 Wissenswertes rund um Fisch

Aus der Fischräucherei Schierbaum ist ein Fischereihof entstanden, das Eiscafé, Fischkate, Räucherei und ein auf Stelzen über dem Wasser erbautes Spezialitätenrestaurant beherbergt. Der Clou ist ein Rundsteg über dem Wasser des Hemmelsdorfer Sees.

> Seestraße 15, ganzjährig geöffnet

4 Frischer Fisch direkt am Kai

Er gehört zu den letzten Refugien echter Ostseefischer: der Niendorfer Hafen.

Die Fischer verkaufen ihre Fänge direkt am Kai. Gastronomische Betriebe laden zum Verweilen ein. Oder man startet im Hafen zu Ausflugsfahrten auf die Ostsee. Mehrfach werden Hafentage veranstaltet.

5 Aktionsstrand mit Tribüne

Viele Möglichkeiten bietet das Scharbeutzer Zentrum rund um die Seebrücke: Die neue Promenade mit Aussichtsplätzen lädt zum Bummel, eine „Ostsee-Lounge“ zum „Chillen“ ein, es gibt Dünengolf und nicht zuletzt den Aktionsstrand mit Tribüne. Von der kann man zum Beispiel das jährliche Ostseederby beobachten.

> www.scharbeutz.de

6 Von der Burg zur Gutsanlage

Über den Kreuzgewölben einer spätmittelalterlichen Wasserburg entstand ab 1710 das Herrenhaus Hasselburg, barockes Herz einer der schönsten Gutsanlagen in Holstein. Aus dem Jahr 1761 stammt die größte reetgedeckte Scheune Deutschlands. Im Herrenhaus und in der Scheune gibt es viele Konzerte.

> www.gut-hasselburg.de

7 Minigolf am Ostseestrand

Einlochen mit Seeblick: Entlang der Lübecker Bucht gibt es zahlreiche Möglichkeiten für Jung und Alt, Minigolf zu spielen – beispielsweise beim „Dünengold“ in Timmendorfer Strand, Pelzerhaken oder Scharbeutz. Gespielt wird zwischen Strandhafer, über Bunker, Wassergräben und Hindernissen hinweg.

> Scharbeutz: Strandallee/Pönitzer Chaussee, Tel 0172/4298182; Timmendorfer Strand: Strandallee 135–137, Tel. 0172/6420080; Pelzerhaken: Dünenweg 7, Tel. 0163/1710499

8 Erlebniswelt rund ums Wasser

Am Strand zwischen Scharbeutz und Timmendorf steht die Ostsee-Therme: Bade-, Sauna- und Freizeitangebot mit über 14 000 Quadratmetern. Erlebniswelt mit Superrutschen, Fontänen, Wasserkanonen, Whirlpools, Vital-Salzwasserbecken und Saunalandschaft, dazu Massage- und Kosmetikbereich.

> Strandallee 143, Scharbeutz, Tel. 04503/352616, www.ostsee-therme.de

9 Das harte Leben der Seeleute

Seefahrer-Romantik pur, aber auch die Härte und Gefahren des Lebens an Bord werden auf dem Museumsschiff „Passat" in Travemünde deutlich: Von 1911 bis 1959 war die Viermastbark als Segelfrachter auf allen Meeren unterwegs.

> April bis Okt., www.ss-passat.com

10 Der älteste deutsche Leuchtturm

Baujahr 1539, der älteste deutsche Leuchtturm: An der Promenade von Travemünde dient er heute als Aussichtsturm, maritimes Museum, Tourist-Info und Schiffsauskunft. Ein Leuchtfeuer sitzt seit 1974 auf dem 114 Meter hohen Maritim-Hotel.

> Ganzjährig, Tel. 04502/889180, www.leuchtturm-travemuende.de

11 Was schwimmt da im Meer?

Was schwimmt da eigentlich so alles unter der Wasseroberfläche? Einen informativen Spaziergang bringt der Fischereilehrpfad an der Haffkruger Promenade mit 15 Schautafeln. In der Saison gibt es Führungen.

> www.scharbeutz.de

12 Ehrenfriedhof für 7000 Todesopfer

Eine kaum fassbare Tragödie geschah am 3. Mai 1945 in der Lübecker Bucht: Alliierte Flieger versenkten Schiffe, auf denen sie deutsche Soldaten vermuteten. Die Nationalsozialisten hatten aber 10 000 KZ-Häftlinge auf vier der Schiffe gepfercht, darunter die „Cap Arcona". 7000 starben. In Haffkrug gibt es einen Cap-Arcona-Ehrenfriedhof.

> An der A-1-Auffahrt Haffkrug/ Eutin Richtung Norden

13 Weite Wege bis zum Lieblingseis

Viele Kunden sprechen vom leckersten Speiseeis überhaupt. Es gibt Liebhaber, die weite Wege zu Marios Eisdiele an der Scharbeutzer Strandallee hinnehmen.

Die riesige Auswahl enthält immer einzigartige, von Mario exklusiv erfundene Sorten.
> Strandallee 140, Tel. 04503/72704

14 Schön und trotzdem praktisch

Kann ein Kuhstall schön sein? Bauhaus-Architekt Hugo Häring gab eine Antwort. 1924 bis 1926 entstanden Kuhstall, Scheune und Geräteschuppen des Gutes Garkau am Pönitzer See. Der Hof wird bewirtschaftet, das Ensemble kann nur bei besonderen Terminen besichtigt werden.

15 Museum mit Bezug zur Region

Weit zurück bis in die mittlere Steinzeit (5000 v. Chr.) reichen die Ausstellungsstücke im „Museum für Regionalgeschichte" in Pönitz. Daneben gibt es geschichtliche und volkskundliche Fundstücke aus der Region.
> Lindenstraße, Tel. 04503/73273, www.museum-scharbeutz.de

16 Vier Kilometer Steilküste

Über vier Kilometer erstreckt sich das Brodtener Ufer, eine bis zu 20 Meter hohe Steilküste zwischen Travemünde und Niendorf. Am Fuß kann man baden oder Versteinerungen finden. Oberhalb gibt es einen Rad- und Wanderweg sowie die „Hermannshöhe", ein beliebtes Ausflugslokal.

17 Die eisige Heimat der „Beach Boys"

Im Winterhalbjahr ist die Eissporthalle in Timmendorfer Strand das Refugium der Schlittschuhläufer und Eishockeyfans (Heimat der „Beach Boys" vom Timmendorfer Eishockeyclub). Im Sommer wird die große Halle für Veranstaltungen genutzt oder auch als Kartbahn verwendet.
> ETC, Am Kurpark, Tel. 04503/5020, www.etc-timmendorf.de

18 Nicht nur auf Sylt: Gosch an der Ostsee

Wahre Freunde lassen nichts auf Gosch kommen: Zu den mehr als 30 Filialen zählen die auf den Promenaden in Scharbeutz, Timmendorfer Strand und Travemünde. Gäste loben Qualität des Fisches, gemütliches Ambiente und nettes Personal.
> www.gosch.de

19 2500 Meerestiere in 33 riesigen Aquarien

Im Sea Life Center in Timmendorfer Strand schwimmen Haifische über die Menschen hinweg und zahme Rochen werden mit der Hand gefüttert. Über

2500 Tiere leben in 33 naturgetreu gestalteten Becken. Es gibt Sonderausstellungen und viele Aktionen, besonders für Kinder.
> *Kurpromenade 5, www.visitsealife.com*

20 Als die Menschen sesshaft wurden

Ein Fenster in die Zeit, als Jäger und Sammler zu Bauern wurden, öffneten Archäologen auf dem Meeresgrund vor Neustadt: 6500 Jahre alte Siedlungsreste. Neben städtischer Historie ist die steinzeitliche Sammlung im Museum „Zeittor" die bedeutendste im östlichen Holstein.
> *Vor dem Kremper Tor, www.zeittor-neustadt.de*

21 Kleine Arche Noah der Vogelarten

Auf einer Fläche von 70 000 Quadratmetern und einem Netz von zwei Kilometer Wegen werden über 1000 Vögel aus mehr als 250 Arten gezeigt. Der Vogelpark Niendorf ist eine kleine Arche Noah in Sachen gefiederte Freunde.
> *Ganzjährig, Tel. 04503/4740*

22 Blick auf die Türme der Hansestadt

Einen guten Blick auf die Küste, auf die sieben Türme von Lübeck, aber auch auf die Wiesen, Felder und Wälder Ostholsteins und Mecklenburgs bietet sich vom Pariner Berg aus. Bismarck zu Ehren wurde die Säule gebaut, die als Aussichtsturm einen guten Blick in die Landschaft eröffnet. Wer nicht die Treppe der Bismarck-Säule erklimmen möchte, kann auch entlang des Höhenrückens in Richtung Klein Parin wandern – Weitblick inklusive.

23 Hafenleben mitten in der Stadt

Quasi mitten in Neustadt liegt ein beschaulicher Seehafen. Hier kann man Angelboote chartern oder zu organisierten Angelfahrten auf die Ostsee starten, auf der Promenade spazieren und das Hafenleben selbst sowie die Umgebung genießen.

24 Backsteingotik und Kunstausstellungen

Es waren angeblich strafversetzte Benediktinermönche aus Lübeck, die 1238 in Cismar den Bau eines Klosters begannen. In der Klosterkirche, Beispiel norddeutscher Backsteingotik, steht der vielleicht älteste Flügelaltar der Welt. Die Anlage zählt zu den Landesmuseen, es gibt wechselnde Kunstausstellungen.

> April bis Okt., Tel. 04366/1080, www.kloster-cismar.sh

25 „Lebendiges" Gartendenkmal

Es war der Küchengarten, der die Bewohner des Gutes Sierhagen (seit 1809 Sitz der Familie von Plessen) versorgte. Die landesweit einzigartige Gärtnerei steht seit 2000 unter Denkmalschutz, ist aber ein „lebendiges Denkmal", das sich als „Alte Gutsgärtnerei" mit „Palmenhaus-Café" für einen Besuch empfiehlt. Ein Förderverein organisiert Kurse.

> März bis Nov.,
Tel. 04561/ 513430,
www.gutsgaertnerei-sierhagen.de

26 Ein Güterbahnhof voller Kultur

Es war ein Schuppen des Güterbahnhofs, in dem sich das „Kulturwerkstatt Forum" in Neustadt mit einer breiten Palette an Veranstaltungen etabliert hat. Das Angebot reicht von Punk und Rock bis zu Kindertheater oder Trommelunterricht. Außerdem gibt es Lesungen.

> Wieksbergstraße, Tel. 04561/ 3065 (nur Montag, 20–21 Uhr), www.forumneustadt.de

27 Tierisches Vergnügen in Grömitz

Auf über zehn Hektar Fläche wird im Zoo-Park „Arche Noah“ in Grömitz ein tierisches Vergnügen versprochen. Höhepunkt sind die Fütterungen von Seehunden, Nasenbären, Kängurus und Co. Für Kinder gibt es einen Streichelzoo.

> *Ganzjährig, Mühlenstraße 32, Tel. 04562/5660, www.zoo-arche-noah.de*

28 Treffpunkt der Prominenten

Sehen und gesehen werden: Seit 1951 gibt es das deutschlandweit bekannte „Café Wichtig“ in Timmendorfer Strand. Zu den Gästen zählten Udo Lindenberg, Otto Waalkes, Franz Beckenbauer, Uwe Seeler, die Klitschko-Brüder, Roberto Blanco und Mike Krüger.

> *Timmendorfer Platz 3, Tel. 04503/2058*

29 Früchte direkt auf dem Feld pflücken

Auf „Karls Erlebnis-Dorf“ in Warnsdorf wird Spaß, Spannung und Unterhaltung für die ganze Familie versprochen, ob Bauernmarkt, Erlebnis-Bauernhof für Kinder, eine gemütliche Gutsküche oder Wintergarten. Je nach Saison können Früchte geerntet werden – vor allem Erdbeeren.

> *Ganzjährig, Tel. 038202/4050*

30 Mit der Fähre auf den Priwall

Diese von Mecklenburg in die Lübecker Bucht reichende Landzunge bietet ideale Bademöglichkeiten für Kinder. Vor dem Badevergnügen ist eine kleine Seereise angesagt. Der Priwall ist durch eine Autofähre mit Travemünde verbunden.

31 Abtauchen in die Ostsee

Eine große Tauchgondel reist in Grömitz in die Unterwasserwelt der Ostsee. Während des Tauchganges wird den Gästen Interessantes über die Lebewesen in der Ostsee erzählt.

> *www.tauchgondel.de*

32 Bildung im Sinne der Umwelt

„Umweltbildung am Ostseestrand“ hat sich das Umwelthaus Neustädter Bucht auf die Fahnen geschrieben. Die vom Bund für Umwelt und Naturschutz in Neustadt getragene Einrichtung bietet lehrreiche wie unterhaltsame Veranstaltungen für Jung und Alt, aber auch Unterkunft an.

> *Am Strande 9, Tel. 04561/50565*

33 Spitzenkoch in gläserner Küche

Sehr gute Köche gibt es viele an der Lübecker Bucht. Zu den „Veteranen“ der Sterneköche zählt Lutz Niemann in der „Orangerie“. Das Restaurant im Timmendorfer Maritim Seehotel hat 60 Plätze, durch eine gläserne Wand lassen sich Chef und Personal beim Arbeiten zuschauen.

> *Strandallee 73, Tel. 04503/6050*

34 Spektakuläre Golf-Bahnen

Aus der dichten Kette von Golfplätzen in Ostholstein ragt ein Platz heraus: Die Bahnen mit den spektakulärsten Gefällen hat der 18-Loch-Platz um die (leider abgebrannte) Brodauer Mühle herum. Es gibt einen 9-Loch-Kurzplatz und eine Driving Range.

> *Beusloe, Tel. 04561/8140, www.gc-brodauermuehle.de*

35 Kirche für 25 Dörfer

Große Kirche für ein kleines Dorf: Die Basilika in Altenkrempe wurde im 13. Jahrhundert an einem mittlerweile verlandeten Hafen gebaut. Der Einsatz unterschiedlich gefärbter Klinker ist ähnlich wie im Ratzeburger Dom. Zur Kirchengemeinde gehören 25 Dörfer.

> *Kirchenbüro, Tel. 04561/4417*

36 Wanderweg durch die Uferlandschaft

Der 4,5 Quadratkilometer große Hemmelsdorfer See war vor langer Zeit ein Ostsee-Arm. Napoleon wollte das Gewässer zum Kriegshafen machen, die Nationalsozialisten zum U-Boot-Hafen. Heute regiert die Natur. Es gibt einen Ufer-Wanderweg mit Holzstegen und Aussichtsturm.

37 Ein Paradies für Schnitzel-Liebhaber

Träume von Schnitzel-Liebhabern gehen im „Kum-Luk“ am Dahmer Nordstrand in Erfüllung. Riesengroße Schnitzel werden in der Pfanne gebraten, es gibt 75 Zubereitungsarten, serviert wird mit Bratkartoffeln oder Pommes.

> *An der Strandpromenade 41, Tel. 04364/479841*

38 Blickfang am Neustädter Hafen

Er ähnelt einem asiatischen Tempel, der 1830 am Neustädter Binnenwasser gebaute Kornspeicher. Im Volksmund heißt er „Pagodenspeicher“. In dem Backsteingebäude mit dem abgetreppten Walmdach sind einige Geschäfte und ein Café untergebracht.

39 Ein Strand ohne Kurtaxe und Service

Hinter Rettin, auf der Straße gen Norden, liegt der Campingplatz Elfenschlucht. Wer dahinter den Fußweg zur Ostsee sucht, findet einen naturnahen Strand. Allerdings lässt dort keine Kurverwaltung das Treibgut oder Algen wegräumen. Es wird aber auch keine Kurtaxe kassiert.

40 Ein Raum für Kunst auf dem Klinikareal

Beim Ameos-Klinikum in Neustadt, in dem Patienten mit psychischen Erkrankungen behandelt werden, stehen im Hans-Ralfs-Haus 700 Quadratmeter für Atelierräume und 170 für Ausstellungen, Konzerte, Theatervorführungen und Projekte zur Verfügung. Ein Tipp für Kunstinteressierte.

> *Auskünfte: Anke Kessenich, Tel. 04561/6114425*

41 Der Yachthafen der Superlative

Mit 1400 Liegeplätzen ist die „Ancora Marina" in Neustadt der größte private Yachthafen an der Ostsee. In einem Gewirr von Stegen und Pieranlagen sind Schiffe zwischen sechs und 35 Metern Länge zu bestaunen.

42 Mini-Kreuzfahrten auf der Ostsee

Einen Blick vom Meer auf die Küste bietet ein Ausflug mit einem der Fahrgastschiffe an der Lübecker Bucht. Von Travemünde oder Niendorf aus starten die ehemaligen „Butterdampfer" zu Mini-Kreuzfahrten durch die Lübecker Bucht und sogar entlang der Küste – sei es nach Boltenhagen oder nach Grömitz.

> *www.ostsee-rundfahrten.de oder www.marittima-travemuende.de*

43 Ein Stück USA mitten in Ostholstein

Ein Stück USA in Lensahn: Der „Chrome Diner" wurde in Florida gebaut. Alles in dem Lokal ist echt Amerika, vom Geschirr über das Besteck bis zum Salzspender – und natürlich die Speisekarte. Kleiner Tipp: Die Fahne im Burger lassen, sonst fällt er auseinander.

> *Tel. 04363/901486, www.chrome-diner.de*

44 Landwirtschaft wie früher

„Erleben, wie es früher war" lautet das Motto: Landwirtschaft und Handwerk aus vergangenen Zeiten werden im Museumshof Lensahn lebendig. Es gibt viele Aktionen, die immer für alle Generationen geeignet sind.

> *Prienfeldhof, April bis Sept., Tel. 04363/91122, www.museumshof-lensahn.de*

45 Ein Forum für Künstler der Region

Strandkirche – der Name verrät den Standort der Evangelischen Kirche in Scharbeutz. Das Gemeindehaus dient seit Jahren auch als Galerie: Es finden das ganze Jahr über Ausstellungen mit Arbeiten regionaler Künstler statt. Mehr als einmal wurden Kunstwerke auch Thema in Gottesdiensten.

> *Strandallee 111, Galerie im Gemeindehaus, Montag–Freitag 9–12 Uhr*

46 Meerwasser und Windstärke 7

Ein Bad im Meerwasser ist in Grömitz das ganze Jahr über möglich, auch bei Minustemperaturen: Die „Grömitzer Welle", ein Erlebnis-Meerwasser-Brandungsbad, bietet mit 1000 Quadratmetern Wasserfläche Badespaß für Familien. Neben Wellen wie bei Windstärke 7 gibt es Strömungsbecken, Wasserrutsche, Kinderplanschbecken, Whirlpool, Bräunungswiese und Freiluftbalkon.

> *www.groemitz.de*

47 Mit dem Paddel aufs Surfbrett

Ein Südsee-Sport ist an der Ostsee angekommen: Die Experten nennen es SUP, das steht für Stand-Up-Paddel-Surfing. Das Surfbrett wird stehend mit einem Paddel bewegt. In Pelzerhaken gab es bereits SUP-Festivals. Sieht lustig aus, ist aber schwer und ein perfektes Ganzkörpermuskel- und Koordinationstraining an windlosen Tagen auf dem Wasser.

Im Travemünder Hafen liegt die Viermastbark „Passat" als Museumsschiff. Sie wurde 1911 bei Blohm + Voss in Hamburg gebaut, als Frachtsegler zwischen Europa und Südamerika eingesetzt und 1957 außer Dienst gestellt. Sie gilt heute als Wahrzeichen von Travemünde.

44 Tipps für Lübeck

Eine Reise in die Geschichte der Hanse und in eine der schönsten Städte Deutschlands

Informationen für Urlaub und Ausflüge

Einen kleinen Reiseführer für einen Besuch in der Stadt haben Sie nun zur Hand. Viele weitere Details, historische Hintergründe und einiges mehr gibt es auf der Internetseite der Stadt unter www.luebeck.de.
Informationen vor Ort bietet das Touristbüro der Lübeck und Travemünde Marketing GmbH, Holstentorplatz 1, Tel. 0451/8899700, www.luebeck-tourismus.de.

1 Das Tor zur Hansestadt
Hanse, Handel, Macht und Reichtum – wie kein anderes Bauwerk symbolisiert das im 15. Jahrhundert erbaute Holstentor die stolze Geschichte Lübecks. Das rote Backsteingemäuer unter den beiden Turmhauben zählt zu den populärsten Gebäuden weltweit. „Concordia domi, foris pax", Eintracht innen, draußen Friede, heißt es in goldener Inschrift auf der stadtauswärts gewandten Seite. Das Tor, einst mittleres Teil einer gewaltigen Wehranlage, hat den städtebaulichen Wandlungen getrotzt. Übrigens: Geschossen wurde nie aus ihm. Und dass er so schief dasteht, ist ein altes, längst ungefährliches Leiden.
> *www.museum-holstentor.de*

Lübeck ist ... Holstentor und Marzipan. Jedenfalls sind es der im 15. Jahrhundert entstandene Wehrbau und die Mandel-Leckerei, mit denen die Hansestadt auf der ganzen Welt bekannt ist. Und tatsächlich ist für einen Touristen der Besuch des Niederegger-Cafés sicherlich genauso ein Muss wie ein Erinnerungsfoto vor dem Wahrzeichen Holstentor. Doch darüber hinaus gibt es – übrigens nicht nur für Touristen! – viel mehr zu entdecken. Die besondere Atmosphäre verdankt die Stadt ihrer Vergangenheit: Der Charme der Hansezeit ist auf der Altstadtinsel überall zu spüren. Der einstige Reichtum spiegelt sich in der Baukunst wider. Jahrhundertelang war Lübeck eine führende Kraft in Europa. 1987 wurde der mittelalterliche Stadtkern als Welterbe anerkannt. Es gibt viel zu entdecken, gehen Sie auf die Suche!

Wussten Sie, dass ...

1143 das Jahr der Stadtgründung ist? Große Bedeutung erlangte Lübeck als Zentrum der mittelalterlichen Hanse.

220 629 Menschen in Lübeck leben? Damit liegt die Stadt auf Rang zwei in Schleswig-Holstein. Nur Kiel zählt mehr Einwohner.

Zitiert:

... Ich rechne es sogar zu den besseren Herkünften.
Thomas Mann (1875–1955), Schriftsteller aus Lübeck über seine Heimat

2 Entspannen an der Obertrave

Lübeck hat viel zu bieten. Wer alles erkunden möchte, sollte aber auch Pausen einplanen. Möglichkeiten hierzu gibt es unter anderem an der Obertrave. Dort reihen sich Restaurants und Cafés aneinander, auf den Bänken direkt am Wasser lassen sich nicht nur Touristen ihr Eis schmecken. Und nicht vergessen: den Passagieren auf den vorbeifahrenden Schiffen zuwinken.

3 Bummeln in der Hüxstraße

121 Läden, Bars und Restaurants reihen sich in den schmalen Altstadthäusern der Hüxstraße aneinander. 08/15? Fehlanzeige. Originelle und traditionelle Geschäfte – zum Beispiel Goldschmied, Schuhmacher, Teppichhändler – verleihen der Meile ein besonderes Ambiente. Auch das gastronomische Angebot lässt kaum Wünsche offen. Und gleich nebenan hat sich auch die Fleischhauerstraße auf den Weg zu einer attraktiven Erlebnis- und Einkaufsmeile gemacht.

4 Historischen Spuren folgen

Ab in die Vergangenheit: Einige Stadtführer verwandeln sich mit traditionellem Gewand in historische Figuren, um ihre Gäste auf eine Zeitreise durch die Stadt mitzunehmen – auch in der Dämmerung. Kaufmann, Dienstmagd, Mönch und sogar die „Buddenbrooks“ werden zum Leben erweckt.

> Tel. 0451/596220, www.gaesteservice-luebeck.de

5 Hinter den Kulissen im Stadttheater
1908 wurde das Stadttheater im Jugendstil neu errichtet. Es ist eine Erkundung wert: Regelmäßig werden bei Führungen Blicke hinter die Kulissen gewährt.
> Beckergrube 16, Tel. 0451/399600, www.theaterluebeck.de

6 Ein Haus für die Hanse
Einmal in die Zeit der Hanse, bitte: Im Europäischen Hansemuseum wird die Geschichte des alten Bundes inszeniert. Zum Museumsareal mit Restaurant, Café und einer Dachterrasse mit traumhaftem Blick gehört das Burgkloster aus dem 13. Jahrhundert.
> An der Untertrave 1, Tel. 0451/8090990; täglich (außer 24. Dezember) 10 bis 18 Uhr, www.hansemuseum.eu

7 Die älteste Bierstube der Stadt
In Buthmanns Bierstuben wird seit 1697 Gerstensaft ausgeschenkt. In der ältesten Bierstube Lübecks genießen die Gäste Bier vom Fass. Der Schankraum ist seit fast 100 Jahren unverändert. Und: Bei Buthmanns darf geraucht werden.
> Glockengießerstraße 3–5, Tel. 0451/98987814, www.buthmanns-bierstuben.de

8 Gänge und Höfe entdecken
Kopf einziehen heißt es beim Betreten der vielen Gänge, die von den Hauptstraßen in der Altstadt zu idyllischen Höfen führen. Darin verbergen sich kleine und verwinkelte Häuserzeilen. Die Höfe sind für jedermann zugänglich. Der Rosengang sei nur als einer von vielen wunderschönen Rückzugsorten genannt.

9 Aussicht vom Petri-Turm genießen
Orientierungslos und auf der Suche? Dann ab in diese Kirche, in der keine Gottesdienste stattfinden, und sich einen Überblick verschaffen: Auf dem St.-Petri-Turm wartet in 50 Metern Höhe ein grandioser Ausblick auf die Altstadt.

> Januar und Februar 10–18 Uhr, März bis September 9–20 Uhr, Oktober bis Dezember 10–19 Uhr (am 25., 26. Und 31. Dezember 11–17 Uhr), am 24. Dezember geschlossen. Letzte Auffahrt jeweils 30 Minuten vor Schließung, Petrikirchhof 1, Tel. 0451/397730, www.st-petri-luebeck.de

10 Edvard Munch und Klassizismus

Werke von Caspar David Friedrich und Edvard Munch können im Museum Behnhaus Drägerhaus bestaunt werden. Außerdem imposant: die klassizistischen Inneneinrichtungen.

> 1. Januar bis 31. März 11–17 Uhr, 1. April bis 1. Dezember 10–17 Uhr, montags geschlossen, Königstraße 9–11, Tel. 0451/1224148, www.museum-behnhaus-draegerhaus.de

11 Per Schiff auf Erkundungstour

Schifffahrten um die Altstadtinsel und auf der Wakenitz sind nicht nur bequem, sondern auch äußerst informativ: Die Kapitäne sind nicht nur erfahrene „Seemänner", sondern wissen auch so einiges über die Bauten und die Geschichte der Stadt sowie über die Landschaft zu berichten.

> Informationen zu Linien und Ablegestationen: www.luebeck.de/tourismus/ausfluege/schifffahrten

12 Niederegger: mehr als nur Marzipan

Im zweiten Obergeschoss des Niederegger-Cafés kann die Marzipan-Geschichte zurückverfolgt werden. Ein Hingucker sind auch die zwölf Persönlichkeiten aus Marzipan.

> Täglich geöffnet, Breite Straße 89, Tel. 0451/5301126, www.niederegger.de

13 Lernen und entspannen

Nahe der Wakenitz gelegen, ist der Schulgarten an der Falkenwiese nicht nur ein Ort der Bildung. Der Botanische Garten lädt mit Bänken am Teichrosenbecken zum Entspannen in der Natur ein.

> 1. April bis 31. Oktober montags bis freitags 7 bis 19 Uhr, samstags und sonntags 10 bis 19 Uhr, www.luebecker-schulgarten.de

14 Schnitzaltäre und Idylle im Innenhof

Das St. Annen-Museum ist nicht nur wegen seiner Sammlung mittelalterlicher Schnitzaltäre und seiner Ausstellungen sehenswert. Auch der Innenhof ist bezaubernd.

> Montags geschlossen, Jan. bis März 11–17 Uhr, April bis Dez. 10–17 Uhr, St.-Annen-Straße 15, Tel. 0451/1224137, www.st-annen-museum.de

15 Feiern und chillen auf 1300 Tonnen Sand

Der Strandsalon auf der Wallhalbinsel lädt zum Entspannen wie auch zum Feiern ein – Musik und 1300 Tonnen Sand inklusive. Liegen und eine Strandbar sorgen für Urlaubsstimmung in dem historischen Hafenambiente.

> Im Sommer täglich ab 12 Uhr, Willy-Brandt-Allee 25 a, Tel. 0451/3970888, www.strandsalon.de

16 Spaziergang im Aegidienviertel

Der Weg ist das Ziel: Der Besuch des kleinsten Gotteshauses in der Innenstadt, der Aegidienkirche, ist zu empfehlen, aber das ganze Viertel strahlt so viel Charme aus, dass allein schon der Spaziergang durch die anliegenden Straßen zum Highlight wird.

17 Viel Tradition im Museumshafen

Traditionsschiffe, Hafenschlepper und das Feuerschiff „Fehmarnbelt" schmücken den Museumshafen entlang der Unter-

trave. Im Maritimen Kontor im Peter-Rehder-Haus gibt es dazu passende Informationen und Ausstellungen.

> Willy-Brandt-Allee 35, Tel. 0451/4008399, www.museumshafen-luebeck.org

18 Einmaliger Blick

Wer mehrere Künstler auf einem Fleck sieht, die das Stadtbild einzufangen versuchen, hat das Ziel erreicht: Der Malerwinkel bietet den vielleicht schönsten Blick auf die Altstadt. Zu Fuß über die Dankwartsbrücke zu erreichen.

19 Ab zur Familie Buddenbrook

„Buddenbrooks" sind ohne Zweifel die berühmteste Familie der Stadt. Wie das Personal des Thomas-Mann-Romans gelebt hat, ist im ebenso berühmten Buddenbrookhaus zu besichtigen. Wenn das Literaturmuseum vom Januar 2020 an für umfangreiche Um- und Erweiterungsbauten schließt, ist eine Interimsschau zu den Schriftsteller-

brüdern Heinrich und Thomas Mann im Museum Behnhaus/ Drägerhaus zu sehen.

> *April bis Dez. täglich 10–18 Uhr, Jan. bis März 11–17 Uhr, Mengstraße 4, Tel. 0451/1224190, www.buddenbrookhaus.de*

20 Fußball auf der Lohmühle

Der VfB Lübeck ist das sportliche Aushängeschild der Hansestadt. Auf der „Lohmühle", wie dessen Fußball-Kultstätte genannt wird, reichen Verkäufer bei Spielen auf der Sitztribüne Bier, Limo und Brezeln.

> *Bei der Lohmühle 13, Tel. 0451/484720, www.vfb-luebeck.de*

21 Asiatisch: unterwegs mit der Rikscha

Wer sich einmal auf ganz besondere Art durch die Altstadt Lübecks fahren lassen möchte, kann auf einer Rikscha Platz nehmen. Hans-Heinrich Mangels ist Fahrer und Stadtführer zugleich.

> *Tel. 0170/2142277, E-Mail: luebeck-rikscha-tours@web.de*

22 Zum Brauen in den Keller

Urig und ehrwürdig – das „Brauberger" zu Lübeck blickt auf eine jahrhundertealte Tradition zurück: Der Bierkeller stammt aus dem Jahr 1225. Und gebraut wird praktisch noch immer vor den Augen der Gäste.

> *Täglich ab 17 Uhr, Alfstraße 36, Tel. 0451/71444, www.brauberger.de*

23 Der lächelnde Teufel am Gotteshaus

St. Marien ist die drittgrößte Kirche Deutschlands. Eindrucksvoll ist nicht nur das Innere: Wer um die Kirche herumgeht, entdeckt auf der Südseite am Marienkirchhof einen kleinen lächelnden Teufel aus Bronze. Was dieser beim Gotteshaus zu suchen hat und viele weitere Geschichten erfahren Besucher bei Kirchen-, Themen- sowie Turm- und Gewölbeführungen.

> *Marienkirchhof 1, Tel. 0451/77391, www.st-marien-luebeck.de*

24 Kuchen, Kuchen und Kuchen

Lust auf was Süßes? Wer sich an den Tresen der Engelsbäckerei begibt, ist der Qual der Wahl aus-

gesetzt. Tartelettes au citron, oder After Eight Brownies gefällig?
> *Dienstag–Samstag 10–18 Uhr, Große Petersgrube 8 a, Tel. 0451/792999, www.engelsbaeckerei.de*

25 Glühwein auf dem Koberg
Alles ist erleuchtet: Mit einer Vielzahl einzelner Märkte putzt sich Lübeck im Advent zur „Weihnachtsstadt des Nordens" heraus. Vom Weihnachtsmarkt rund ums Rathaus geht es, vorbei am Mittelaltermarkt und dem Märchenwald zu Füßen St. Mariens, die Breite Straße hinauf zum Koberg, wo maritim (und mit Riesenrad) gefeiert wird. Besondere Attraktionen sind die Kunsthandwerkermärkte beispielsweise im Heiligen-Geist-Hospital und in St. Marien.
> *www.luebecker-weihnachtsmarkt.de*

26 Gedenken an vier Märtyrer
Im Treppenabgang zur Krypta der Herz-Jesu-Kirche erinnern eine Sandsteintafel und Fotos an die vier Lübecker Märtyrer – drei Kaplane der Kirche sowie ein Pastor –, die 1943 auf Befehl des NS-Regimes hingerichtet wurden. Die Geistlichen hatten sich gegen das Dritte Reich gestellt. Die Krypta dient als Märtyrer-Gedenkstätte.
> *Parade 4, Tel. 0451/7098765, www.katholische-pfarrei-luebeck.de*

27 Badevergnügen mit tollem Ausblick
In Lübeck bieten gleich mehrere Naturbäder nicht nur ein nasses Vergnügen, sondern gleichzeitig einen tollen Blick auf die Altstadt. Ganz vorne mit dabei: die Bäder Krähenteich, Marli und Falkenwiese.
> *Tel. 0451/31772200, www.altstadtbad-kraehenteich.de, www.gemeinnuetziger-verein-naturbaeder-luebeck.de*

28 Den Heiligen Geist spüren
Im 13. Jahrhundert erbaut und teils noch immer seinem ursprünglichen Zweck dienend, bot das Heiligen-Geist-Hospital früher Platz für 170 kranke, bedürftige und alte Menschen, die in kleinen hölzernen Kammern unterkamen. Heute ist besonders der jährliche Kunsthandwerkermarkt zu empfehlen, der hier in der Weihnachtszeit statt-

findet – stöbern in mittelalterlicher Atmosphäre.
> *www.heiligen-geist-hospital.de*

29 Labskaus in der Schiffergesellschaft

Ein Muss für jeden Lübeck-Besuch ist die Schiffergesellschaft. 1535 erwarben Kapitäne das Backsteingebäude. Wer an den „Gelagen“ an Tischen aus dicken Eichenplanken in der historischen Halle Platz nimmt, fühlt sich in die Zeit der Seefahrer zurückversetzt. Labskaus und Co. versprechen eine leckere Auszeit.
> *Täglich ab 10 Uhr, Breite Straße 2, Tel. 0451/76776, www.schiffergesellschaft.de*

30 Zu Besuch bei den Fischern

Wie aus einer anderen Zeit erscheint die kleine Fischersiedlung Gothmund an der Trave im Stadtteil St. Gertrud. Verwilderte Gärten, kleine Fischerboote und reetgedeckte Häuschen bilden eine romantische Kulisse, hinter der viel Leben steckt.

31 Mehr als nur einkaufen

Gewürze, Käse, Obst, Gemüse – der Wochenmarkt Am Brink hat Kult-Charakter. Traditionelle Markt-Atmosphäre ist garantiert.
> *Dienstags, donnerstags und samstags 8–13 Uhr, Weitere Wochenmärkte: www.luebeck.de/aktuelles/termine/wochenmarkt/index.html*

32 Historischer Fußmarsch

Deutschlands ältester Kreuzweg: Ein eineinhalb Kilometer langer Fußmarsch auf dem etwa 500 Jahre alten Kreuzweg beginnt an der St.-Jakobi-Kirche und endet auf dem Jerusalemsberg.

33 Kino, Konzerte und die Sterne

Kino und Konzerte zwischen Wasser und Grünanlagen mit Blick auf den Dom: Die Freilichtbühne Wallanlagen bietet in den Sommermonaten Spaß für Jung und Alt.
> *Tel. 04194/7564, www.freilichtbuehne-luebeck.de*

34 Gott und die Seefahrer
St. Jakobi ist die Kirche der Seefahrer. Eindrucksvoller Beleg ist das Wrack des Rettungsbootes des 1957 gesunkenen Großseglers „Pamir".
> Jan.–März: Di.–Sa. 10–15 Uhr, So. 10–13 Uhr; April: Di.–Sa. 10–16 Uhr, So. 10–13 Uhr; Mai: Mo.–So. 10–17 Uhr; Juni–14. Okt.: Mo.–So. 10–18 Uhr; 15. Okt.–31. Okt: Mo.–So. 10–17 Uhr; Nov.: Mo.–So. 10–16 Uhr; Dez.–4. Advent: Mo.–So. 10–21 Uhr, Jakobikirchhof 3, www.st-jakobi-luebeck.de

35 Süße Schokoladen-Sünden
Vollmilch, Edelbitter, Trüffelsalz – in der Manufaktur Evers und Tochter entsteht, wovon Naschkatzen träumen. Und das nicht nur aus Kakao: Die kandierten Blumen sind Augen- wie Gaumenschmaus. Nach Anmeldung führt Angela Evers durch ihre Manufaktur in der Breiten Straße und bietet Verkostungen an.
> Tel. 0451/3968538, www.eversundtochter.com

36 Nordische Filmtage
Einmal im Jahr, immer um den 1. November herum, verwandeln die Nordischen Filmtage Lübeck (NFL) die Hansestadt in ein Mekka für Cineasten. 1956 zum ersten Mal ausgerichtet, sind die NFL eines der traditionsreichsten Filmfestivals weltweit und locken inzwischen mehr als 30 000 Besucher.
> www.filmtage.luebeck.de

37 Pfad: Hanse trifft Humboldt
Seit der Ernennung Lübecks zur Stadt der Wissenschaft im Jahr 2012 lautet ein Motto der Stadt „Hanse trifft Humboldt". Ein Wissenschaftspfad bringt naturwissenschaftliche Phänomene auf die Altstadtinsel – für jedermann.
> www.hanse-trifft-humboldt.de

38 Zurück auf die Leinwand
Film-Klassiker finden den Weg zurück auf die Leinwand: Das Volkstheater Geisler lädt immer am ersten Sonntag eines Monats um 15 Uhr zum Kino-Café ein. In der Pause gibt es Kaffee und Kuchen.
> Dr.-Julius-Leber-Straße 25, Tel. 0451/7078281, www.volkstheater-geisler.de

39 Zu Gast bei einem Spitzenkoch
Bereits mehrfach ist das Restaurant Wullenwever für seine Küche ausgezeichnet worden, unter anderem mit einem Michelin-Stern. Beherbergt ist es in einem Kaufmannshaus aus dem Jahre 1585.

> *Dienstag–Samstag ab 19 Uhr, Beckergrube 71, Tel. 0451/704333, www.wullenwever.de*

40 Für Glücksritter
Black Jack, Poker, Roulette? Im Casino Lübeck kann man sein Glück versuchen. Untergebracht ist es in stilvoll umgebauten Räumen des Park Inn Hotels direkt am Holstentor. Gepflegte Kleidung wird vorausgesetzt.
> *Willy-Brandt-Allee 1–5, Tel. 0451/4905050. Automatenspiel täglich ab 12 Uhr, Bar täglich ab 17 Uhr, Tischspiele täglich ab 18 Uhr, www.luebeck.casino-sh.de*

41 Wie früher: Apotheke mal anders
Da muss man nicht mal krank sein: Die Löwenapotheke erinnert mit ihren Deckengemälden, restaurierten Apothekerschränken und traditionellen Produkten an vergangene Jahrhunderte.
> *Mo.–Fr. 8–18.30 Uhr; Sa. 9.30–15 Uhr Dr.-Julius-Leber-Straße 13, Tel. 0451/75470, www.loewen-apotheke-luebeck.de*

42 Lübecker Rotspon probieren
Wein aus Lübeck? Na, klar! Lübecker Rotspon ist französischer Rotwein, der in Fässern nach Lübeck gebracht und abgefüllt wird. Probieren kann man ihn unter anderem in den traditionellen Weinhandlungen Carl Testorpf (Mengstraße 64) und bei H. F. von Melle (Beckergrube 86).
> *www.testopf.de, www.von-melle.de*

43 Nach dem Feiern zum Kohlmarkt
Der Kultimbiss „Wurst-Maxe" auf dem Kohlmarkt ist nicht mehr aus dem Stadtbild wegzudenken. Nachtschwärmer werden hier mit leckeren Würstchen versorgt.

44 Biblische Geschichten
Durchs Fegefeuer ins Paradies, aber aufgepasst: Wer falsch abbiegt, landet in der Hölle. Fegefeuer und Hölle finden sich als Straßennamen im Domviertel. „Paradies" heißt das Domportal, in dem Menschen, die einst vor städtischer Gerichtsbarkeit entkamen, Zuflucht fanden. Gleich nebenan steht übrigens eine stattliche Buche – ein Sprössling und einziger Nachkomme der berühmten thüringischen Lutherbuche.

50 Tipps für Lauenburg und Umgebung

Der Südosten Schleswig-Holsteins bietet Seen, Wälder und viel faszinierende Technik

Informationen für Urlaub und Ausflüge

erlebnisreich Tourismus- und Naturzentrum, Hauptstraße 150, Mölln, Tel. 04542/856860, www.hlms. de, E-Mail: erlebnisreich@hlms.de; www.ratzeburg.de

1 Mit Volldampf über die Elbe
Vor mehr als 40 Jahren haben Schifffahrtsfreunde aus Lauenburg den Raddampfer „Kaiser Wilhelm" an der Weser vor dem Verschrotten bewahrt. Seitdem fährt das 1899/1900 gebaute, über 57 Meter lange Schiff auf der Elbe von Lauenburg aus unter anderem nach Hitzacker und Bleckede. Der „Kaiser" gilt als letzter mit Kohle befeuerter Raddampfer im Originalzustand. Bei einer Fahrt an Bord kann man in längst vergangene Zeiten eintauchen.

> *www.raddampfer-kaiser-wilhelm.de*

Die Elbe im Süden, die Hansestädte Hamburg im Westen und Lübeck im Norden, der Elbe-Lübeck-Kanal im Osten und mittendrin 300 Hektar Wald: Das ist der Kreis Herzogtum Lauenburg. Der Namenszusatz „Herzogtum" ist in ganz Deutschland einzigartig und ein ungewöhnliches Symbol für die geschichtliche Verbundenheit der Einwohner mit der Region.
Mit seinen üppigen Waldflächen, die ein Viertel des Kreisgebiets ausmachen, und zahlreichen Seen sowie der Elbe ist das Herzogtum ein beliebtes Naherholungs- und Urlaubsgebiet, mittendrin der Naturpark Lauenburgische Seen mit seinen 40 Seen, darunter der Schaalsee und der Ratzeburger See. Die Landschaft ist abwechslungsreich, viele Tiere und Pflanzen finden hier einen idealen Lebensraum.
Im Gegensatz dazu steht jede Menge Technik. An der Elbe die Schleusenanlage samt Stauwehr bei Geesthacht, in Lauenburg die moderne Schleuse als Einfahrt in den 62 Kilometer langen Elbe-Lübeck-Kanal, auf dem Geesthang ganz im Süden Schleswig-Holsteins das in Norddeutschland einzigartige Pumpspeicherwerk zur Stromerzeugung und das international beachtete Helmholtz-Zentrum für Material- und Küstenforschung. Kleine Dörfer und fünf Städte prägen das Kreisgebiet. Hofcafés und Landgasthöfe laden vielerorts zum Verweilen ein.

Wussten Sie, dass ...

40 und noch mehr Seen im Naturpark Lauenburgische Seen eine einmalige Landschaft bilden? Sie sind Relikte der letzten Eiszeit.

3 800 000 Kubikmeter Wasser in den Speichersee von Norddeutschlands einzigem Pumpspeicherkraftwerk an der Elbe bei Geesthacht passen?

Zitiert:

Treibe alles in Maßen und Sittlichkeit, namentlich das Arbeiten, dann aber auch das Essen und im Übrigen gerade auch das Trinken.

Otto von Bismarcks Rat an seinen Sohn im einzigen Tondokument mit seiner Stimme, aufgenommen 1889 in Friedrichsruh.

2 Piratennest am Kanal

Sie marodieren, pöbeln, kämpfen mit Schwertern und spucken oder schlucken Feuer: Die Piraten der in Witzeeze am Ufer des Elbe-Lübeck-Kanals gestrandeten „Roten Brut“. Deutschlandweit trifft man die Piraten um ihren Kapitän Lennard Juhl an. Wo sie auftreten, fühlen sich die Zuschauer als Teil einer großen Meuterei auf See. Unterdessen muss der Landsitz in einer alten Witzeezer Schmiede vorerst reichen, bis ein neues Schiff erbeutet werden kann.

> *www.piratenseele.de*

3 Drachenboote in Ratzeburg

20 Paddler sind nötig, um ein Drachenboot ordentlich in Bewegung zu setzen. Nicht nur als gemütliches Fortbewegungsmittel, sondern auch für sportliche Wettkämpfe werden die Boote mit den markanten Drachenköpfen am Bug genutzt. Auf dem Ratzeburger See, dem Elbe-Lübeck-Kanal oder der Elbe gibt es solche Wettkämpfe und Vermietungen.

4 Insel im Landesinneren

Die Stadt Ratzeburg wurde auf einer Insel gegründet. Sie liegt mitten im Wasser, ist durch Dämme mit dem Festland verbunden und wird vom Küchensee, dem Stadtsee, dem Domsee und dem Ratzeburger See umschlossen. Die Seen und der spätromanische Dom, errichtet im 12. Jahrhundert, prägen das Stadtbild.

> *www.ratzeburg.de*

5 Ausfahrt in den Hamburger Hafen

Mit dicken Containerfrachtern oder edlen Luxuslinern im Hafen der Metropole Hamburg auf Tuchfühlung gehen. Dieses Erlebnis bietet Kapitän Karl-Heinz Randel mit seinem „Salonschiff MS Aurora“. Regelmäßig legt er in Geesthacht ab und fährt elbabwärts.

> *www.msaurora.de*

6 Angeln in der Elbe

Immer mehr Angler lockt das gestiegene Fischaufkommen an die Elbe. Im Frühjahr jagen sie dem Stint nach, im Sommer warten sie auf Hecht und Zander. Kleine Buchten bieten schöne Plätze zum Entspannen, während auf den gewünschten Biss gehofft wird.

7 Auf der Alten Salzstraße

Das „weiße Gold“ hat der Hansestadt Lüneburg zu Geld und Macht verholfen. Von der Lüneburger Saline aus wurde über Jahrhunderte Salz auf der etwa 100 Kilometer langen Alten Salzstraße nach Lübeck an die Ostsee transportiert. Teile des historischen Weges, etwa bei Schnakenbek, sind noch heute mit buckligem Kopfsteinpflaster belegt.

8 Das Lütauer Zugpferdemuseum

Als Pferdestärken tatsächlich noch für starke Pferde standen, da war die Zeit von Gespannen auf dem Land. An ihre Geschichte erinnert das Lütauer Zugpferdemuseum.

> *www.zugpferdemuseum.de*

9 Herausragend: der Ratzeburger Dom

Der ab 1160 errichtete Ratzeburger Dom ist eine der ältesten Backsteinkirchen Norddeutschlands. Streit um Bischofssitze, die Reformation, zwei Weltkriege und die Teilung Deutschlands bestimmten das Schicksal der Kirche, die Heinrich der Löwe als Bischofskirche des Bistums Ratzeburg gestiftet hatte.

> *www.ratzeburgerdom.de*

10 Erlebnistour mit Frau Förster

Nur mit Karte und offenen Augen ab in den Wald. Das bietet Waldpädagogin Traute Tockhorn-Kruckow. Ihr Mann ist Förster im Revier, sie kennt den Wald bei Grünhof aus dem Effeff. Unterwegs warten kreative und spielerische Aufgaben.
> *www.walderlebnis-welt.de*

11 Einzigartiges Stauwehr

Schleswig-Holstein und Niedersachsen sind über zwei Brücken miteinander verbunden. Eine davon führt im Verlauf der B 404 von Geesthacht im Kreis Herzogtum Lauenburg nach Rönne im Landkreis Harburg. Spannender als die Straße ist das, was sich darunter befindet: ein Stauwehr, das einzige im deutschen Teil der Elbe.

12 Auf den Spuren Alfred Nobels

Als Preisstifter ist der Schwede Alfred Nobel (1833–1896) ein Begriff. Doch in Schleswig-Holstein machte er die Erfindung, die den Grundstock für sein Vermögen legte: In Geesthacht erfand Nobel 1866 das Dynamit und baute eine Fabrik auf. Noch heute sind der Wasserturm am Elbufer und Bunkeranlagen in den Besenhorster Sandbergen zu sehen.
> *www.industriemuseum-geesthacht.de*

13 Entspannen im Beachclub

Einen Cocktail oder ein Eis genießen, dabei den Schiffen zusehen: Dafür gibt es kaum einen schöneren Platz an der Elbe als den Beachclub am Menzer-Werft-Platz in Geesthacht. Die Bar ist bei schönem Wetter bis in die Abendstunden geöffnet.

14 Buchhorster Waldbahn

Um 1900 wurden im Wald zwischen Lauenburg und Buchhorst erste Gleise für eine Materialbahn gebaut, als Verbindung innerhalb eines Ziegelwerks sowie mit den dazugehörigen Tongruben. Spurweite: 600 Millimeter. Seit 1986 erhalten Feldbahnenthusiasten die Bahn.
> *www.buchhorsterwaldbahn.de*

15 Kanalfähre Siebeneichen

Als 1900 der Elbe-Lübeck-Kanal gebaut wurde, entstand zwischen Siebeneichen und Fitzen eine einzigartige Seilfähre. Noch heute setzt der Fährmann Autos, Radfahrer und Fußgänger über, wenn nicht gerade ein Schiff auf dem Kanal bei Büchen unterwegs ist. Die Fahrt lässt sich in eine Radtour am Elbe-Lübeck-Kanal integrieren.

16 Einmalig im Norden: Pumpspeicherwerk

3,8 Millionen Kubikmeter Wasser, so viel wie in Binnen- und Außenalster zusammen, passen in den Stausee des Geesthachter Pumpspeicherwerks. Seit 1958 wird dort aus Wasserkraft Strom erzeugt. Das Wasser rauscht bei Bedarf aus dem 90 Meter hoch gelegenen Speichersee durch drei 600 Meter lange Rohre ins Tal und treibt Turbinen an.

17 Schleuse Geesthacht

Um den in der Elbe durch das Stauwehr (siehe Tipp 11) erzeugten Höhenunterschied überwinden zu können, wurde ein Kanal angelegt, in dessen Zuge es zwei 235 Meter lange Schleusenkammern gibt. Von der Schleusenbrücke kann man den Schiffen beim „Durchschleusen“ zuschauen.

18 Kanutour auf dem Schaalseekanal

Auf dem Schaalseekanal können Kanufahrer lautlos vom Pipersee bis nach Ratzeburg paddeln. Eine andere Route führt auf der Wakenitz von Rothenhusen bis nach Lübeck. Die Rückfahrt ist hier sogar mit einem Ausflugsschiff möglich.
> *www.kanu-kanu.de*

19 Palmschleuse in Lauenburg

Die Palmschleuse in Lauenburg ist Europas älteste Kammerschleuse. Sie wurde 1398 im Verlauf des Stecknitzkanals aus Holz erbaut und war eine von 15 Schleusen des ersten Wasserscheidekanals der Welt. Seit einer Restaurierung 1962 erinnert das Bauwerk an die historische Stecknitzfahrt.

20 Einmal durch den Naturpark

Der Naturpark Lauenburgische Seen erstreckt sich zwischen Groß Sarau im Norden und Büchen im Süden mit seiner abwechslungsreichen Landschaft. Für die 48 Kilometer lange Radtour von Ratzeburg über Schlagsdorf, Kittlitz und Salem zurück nach Ratzeburg sollten vier Stunden eingeplant werden.

21 Auf geht's in den Wildpark
Ein gutes Ausflugsziel für Familien ist der Wildpark vor den Toren der Eulenspiegel-Stadt Mölln. In der Wald- und Moorlandschaft können Besucher heimische Tiere beobachten. Der Park ist ganzjährig geöffnet, der Eintritt ist frei.

22 Auf Till Eulenspiegels Spuren
In der Kurstadt Mölln stoßen Besucher auf Schritt und Tritt auf Till Eulenspiegel. Brunnen, Museum, Statue und Gedenktafel – es scheint, als wäre er noch immer präsent. Im 14. Jahrhundert soll der Schalk die letzten Jahre seines Lebens in Mölln verbracht haben. Heute verwandelt sich der historische Marktplatz alle drei Jahre in ein Freilichttheater für die Eulenspiegel-Festspiele.
> *www.festspiele-moelln.de*

23 Bunte Fontänen „am Diek"
Jedes Jahr am dritten Samstag im August feiert der Geesthachter Stadtteil Grünhof-Tesperhude ein spektakuläres Fest. Den „Klönsnack am Diek", richtet die Freiwillige Feuerwehr aus. Los geht es um 19 Uhr am Dorfteich. Höhepunkt des Abends sind farbenfrohe Wasserspiele.
> *www.gemeindefeuerwehr-geesthacht.de*

24 Weitblick vom Wasserturm
186 Stufen führen auf den historischen Möllner Wasserturm „Auf dem Klüschenberg" oberhalb des Kurparks. Aus 36 Metern Höhe bietet sich ein schöner Blick über Altstadt und Seen.
> *www.moelln.de*

25 Tropische Schmetterlinge
Im Sachsenwald versteckt sich ein Paradies für Schmetterlinge. Friedrichsruh ist der Stammsitz der Familie von Bismarck. Fürstin Elisabeth von Bismarck hat den Schmetterlingsgarten gegründet. Bei bis zu 30 Grad fühlen sich bis zu 1000 tropische Falter wohl.
> *www.garten-der-schmetterlinge.de*

26 Das Wald-Geschenk von Kaiser Wilhelm I.

Kaiser Wilhelm I. schenkte dem ersten deutschen Reichskanzler Otto von Bismarck 1871 den Sachsenwald. Nach Bismarcks Entlassung 1890 blieb Friedrichsruh mit dem Schloss sein Ruhesitz. Seine Nachkommen leben dort noch heute, sein Mausoleum und ein Museum erinnern an sein Lebenswerk. Eine Stiftung beschäftigt sich mit seinem Nachlass.

27 Museumszug Karoline

Eine dänische Kuh heißt für gewöhnlich Karoline. Grund genug für die Männer der Arbeitsgemeinschaft Geesthachter Eisenbahn (AGE), ihre historische Dampflok der Baureihe „Q“ genauso zu nennen. Regelmäßig zieht sie den Museumszug von Geesthacht nach Hamburg-Bergedorf.

> *http://eisenbahn.geesthacht.de*

28 Lokschuppen-Museum Aumühle

Bei einem Rundgang durch das Aumühler Lokschuppen-Museum werden 100 Jahre Eisenbahngeschichte lebendig. 25 Waggons und Loks haben die Mitglieder des Vereins „Verkehrsamateure und Museumsbahn“ restauriert. Das Museum ist sonntags von 11 bis 17 Uhr geöffnet. Der Eintritt ist frei.

> *www.vvm-museumsbahn.de*

29 Fische, die Treppen steigen

140 Kilometer von der Elbmündung landeinwärts stoppt ein Stauwehr bei Geesthacht den Weg der Fische in ihre Laichgebiete. Um die Wanderung dennoch zu ermöglichen, wurden unterhalb der B 404 Fischtreppen gebaut. Sie reduzieren die Strömung und helfen, das Wehr zu überwinden.

30 Tour auf dem Elbe-Radweg
Der Elbe-Radweg, der über mehr als 1000 Kilometer von der Quelle bis zur Mündung am Fluss entlangführt, bietet im Naturschutzgebiet Hohes Elbufer zwischen Schnakenbek und Tesperhude einen besonders reizvollen Blick auf die Elbe. Wer sich in den Tourismusbüros in Geesthacht oder Lauenburg ein Elektrofahrrad leiht, hat es leichter.

31 Mit der Draisine auf der Rübenbahn
Der Erlebnisbahnhof Schmilau ist Ausgangspunkt für sportliche Aktivitäten. Die Bahn erstreckt sich zwischen Hollenbek und Ratzeburg. Etwa 30 Minuten dauert die Fahrt mit der Handhebeldraisine auf der Rübenbahn.
> *www.3sine.net*

32 Seifenkistenrennen in Lauenburg
Tollkühne Piloten in selbst gebauten Seifenkisten wagen sich in Lauenburg an den Start. Mit 25 km/h donnern sie die mit Strohballen gesicherte rund 200 Meter lange Rennpiste hinunter.

33 Auf den Spuren des Löwen
Gelbe Löwentatzen führen quer durch Ratzeburg zu 34 Sehenswürdigkeiten. Bürgerhäuser in der Schulstraße liegen ebenso entlang der Strecke wie das Ernst Barlach Museum und das A. Paul Weber Museum oder die Stadtkirche St. Petri.
> *www.ratzeburg-tourismus.de*

34 Klettern im Hochseilgarten
Unter den Wipfeln mehr als 100 Jahre alter Buchen im Sachsenwald oder in einem Kiefernbestand mit Blick auf die Elbe: Wer Spaß am Klettern hat, kann bei Aumühle oder Geesthacht Touren in luftiger Höhe starten.

Verschiedene Schwierigkeitsstufen bieten Anfängern und Profis Spaß.
> *www.hoga-hochseilgarten.de; www.schnurstracks-kletterparks.de*

35 Baden unter freiem Himmel

In Geesthacht (Elbuferstraße), Lauenburg (Kuhgrund) und Büchen (Heideweg) locken im Sommer drei Freibäder die Badegäste an. Rutschen, Kletterfelsen, Spielbereiche, Liegewiesen und vieles mehr gehören zur Ausstattung.

36 Schlacht um Lauenburg

Als Napoleon 1813 vor Lauenburg stand, wurde seine Armee drei Tage in der „Schlacht um Lauenburg" aufgehalten. Diese wird jeden August an historischer Stätte nachgestellt. Ihr Biwak schlagen die „Soldaten" im Fürstengarten auf.
> *www.feldbataillonlauenburg.de*

37 Der Elbe-Lübeck-Kanal

62 Kilometer lang ist der Elbe-Lübeck-Kanal. Die Tore der sechs alten Schleusen bewegen sich nur durch Wasserkraft. Nur die Lauenburger Schleuse von 2004 funktioniert nach einem anderen Prinzip. Wege laden zu Spaziergängen und Radtouren ein.

38 Karneval in Schnakenbek

Nicht nur in Köln und Düsseldorf wird der Karneval gefeiert. Auch in Schnakenbek an der Elbe heißt es Alaaf und Helau. Der „Schnakenbeker Carnevalsverein" feiert große Partys und einen bunten Umzug mit geschmückten Festwagen.

39 Vergnügen am Elbestrand

Unterhalb des Geesthachter Stauwehrs (siehe Tipp 11) gibt es einen feinen Sandstrand, der bei Einheimischen sehr beliebt ist. Er liegt am südwestlichen Ufer der Elbinsel.

40 Eine neue Perspektive

Von vielen Orten im Kreis Herzogtum Lauenburg kann man zu einer Fahrt in einem Heißluftballon starten. Wer mitfahren möchte, muss traditionell beim Aufbau des Ballons kräftig mit anpacken. Der Korb muss in Po-

sition gebracht und die Hülle aufgeblasen werden. Allein von heißer Luft getragen kann man dann traumhafte Ausblicke genießen.
> *www.air-ballooning.de*

41 Dampfeisbrecher als Ausflugsdampfer
1911 wurde der Dampfeisbrecher „Elbe" gebaut, der noch heute auf dem Fluss unterwegs ist, zum Beispiel ab Lauenburg. Allerdings stemmt sich das Schiff nicht mehr gegen Eismassen, sondern nimmt Touristen an Bord. Fahrgäste können dem Heizer zusehen, wie er Kohle ins Feuerloch schaufelt, und erleben, wie der Maschinist die über 100 Jahre alte Dampfmaschine steuert.
> *www.dampfeisbrecher.de*

42 Ihr Handy als Radreiseführer
Es gibt viel zu entdecken im Herzogtum Lauenburg. Da freut man sich über viele Informationen und Anekdoten. Für acht Radtouren gibt es auf der Internetseite des Kreises als besonderes Highlight eine Audiodatei, die den Radler während der Tour begleitet.
> *www.herzogtum-lauenburg.de*

43 Gletscher-Spuren aus der Eiszeit
Das Hellbachtal vor Mölln entstand während eines eiszeitlichen Vorstoßes von Gletschern. Ein Schmelzwasserabfluss hatte sich in den Boden eingegraben und ein Tunneltal geschaffen. Wegen der langen Abtauzeit blieben die Strukturen inklusive dreier Seen erhalten. Eine Rundwanderung ist ausgeschildert.

44 Fisch in allen Variationen

Auf einer Strecke von 200 Metern laden Gastronomen zur „Lauenburger Fischmeile" in die Elbstraße ein. Dann gibt es Räucheraal, gegrillte Scampi oder Backfisch. Das kleine Straßenfest wird immer im Mai begangen.

45 Motto-Spielplätze

Einzigartig in Norddeutschland: In Geesthacht können kleine Abenteurer im Piratennest am Strandweg absteigen, Ufos am Spakenberg erleben, an der Plaisirstraße durch die Steinzeit turnen oder an der Wilhelm-Holert-Straße in der Wasserburg matschen. Die Stadt hat in den vergangenen Jahren mit Millionenaufwand und Kinderbeteiligung besondere Spielplätze geschaffen. Mehr als 40 öffentliche Plätze reichen für mehr als einen Tagestrip.

46 Schipperhöge

Die Schifferbrüderschaft in Lauenburg gilt als älteste Versicherung der Stadt. Seit der Gründung im Pestjahr 1635 bewahren die Bürger die Tradition der gegenseitigen Hilfe – bis heute. Immer im Januar feiern sie ihr großes Fest, die Schipperhöge (Schifferfreude). Dann zieht eine „Lustige Person" im bunten Flickenkleid durch die Stadt und überbringt den Mitgliedern die Neujahrsgrüße. Im Gegenzug bekommt sie Bonbons, die sie an die Kinder, die sie begleiten, verteilt.
> *www.schifferbruederschaft.de*

47 Hochzeitsball

Seit mehr als 100 Jahren gehört der Saal von „Schröders Hotel" in Schwarzenbek am 27. Dezember immer den Gästen des traditionellen Hochzeitsballs. Die Damen im kleinen Schwarzen und die Herren im Anzug treffen sich zu einer rauschenden Ballnacht mit Livemusik bis zum frühen Morgen. Früher wurde hier die jüngere Landbevölkerung von den Eltern verkuppelt, aber auch heute finden hier noch Singles unter den Gästen aller Altersklassen zueinander.

48 Waldweihnacht
Unter 130 Jahre alten Buchen lädt der Hamwarder Förster immer am dritten und vierten Advents-Wochenende zur Waldweihnacht in sein Revier ein. Ohne nervige Musik aus dem CD-Player, dafür mit ökologisch-zertifizierten Weihnachtsbäumen, lodernden Lagerfeuern, heißem Kakao, frisch zubereitetem Spanferkel und einer einzigartigen Atmosphäre kann man im Buchenwald am Forstweg besinnliche Stunden verbringen.

49 Maränen-Essen
Maränen sind feine lachsartige Fische, die es nur in besonders sauberen und tiefen Gewässern, wie dem Ratzeburger See, gibt. Der edle Fisch gilt als Spezialität und ist während der Saison auf den Speisekarten fast aller regionalen Restaurants zu finden. Die Maränen werden geräuchert, sauer eingelegt oder gebraten, und ein einziger verbliebener Berufsfischer bietet sie in der Saison an seiner Fischerei an der Ratzeburger Schlosswiese auch fangfrisch an.

50 Oldtimerrallye
Edle Karossen aus den Schmieden von Volkswagen, Mercedes, Porsche und anderen Automobilherstellern mit aufregender Geschichte gibt es immer am ersten Samstag im Juni in Ratzeburg und Umgebung zu sehen. Dann startet die „Veteranen-Rallye" des Ratzeburger Automobil-Clubs für Autos und Motorräder rund um die lauenburgische Kreisstadt. Mit Geschick statt Tempo geht es für die Teams 100 Kilometer lang um Ruhm und Pokale.
> *www.rac-ratzeburg.de*

44 Tipps für den Kreis Stormarn

Wo die Lebensqualität daheim ist und sich auch immer mehr junge Familien wohlfühlen

Informationen für Urlaub und Ausflüge

Stormarn als Teil der Metropolregion Hamburg bietet auf seiner Internetseite vieles Wissenswerte zu Herrenhäusern und Museen, Naturschutzgebieten und Storchenhorsten, Kultur und Freizeit etc.: www.kreis-stormarn.de, www.metropolregion.hamburg.de; Informationen für Urlaub und Ausflüge: www.tourismus-stormarn.de

1 Geschichten aus dem Schloss

Im schneeweißen Schloss Ahrensburg, das mit seinen vier markanten Ecktürmen um 1585 im Stil der Renaissance erbaut wurde, kann man auf den Spuren der Geschichte wandeln. Es gibt Ausstellungen, Führungen, Lesungen, Konzerte, Mittelaltermarkt und mehr. Kinder können märchenhafte Geburtstage feiern und Erwachsene in historischem Rahmen heiraten. Als stilvoller Hintergrund für die standesamtliche Trauung stehen der repräsentative Gartensaal im Erdgeschoss sowie der Bibliotheksraum und der Salon Louis Seize im zweiten Obergeschoss zur Verfügung.

> Lübecker Straße 1, Ahrensburg, www.schloss-ahrensburg.de

Ohne Zweifel zählt der Kreis Stormarn mit seiner reizvollen Vielfalt zu den attraktivsten Regionen Deutschlands. Der Kreis in Nachbarschaft der Hansestädte Lübeck und Hamburg bietet ein Landschaftsbild aus Wiesen und Wäldern, Äckern und Seen. Neben Naherholung pur und einem attraktiven Freizeitangebot lockt auch die hervorragende Infrastruktur immer mehr junge Familien an, die hier in unmittelbarer Nähe zur Ostsee und zur Hansestadt Hamburg ihren neuen Lebensmittelpunkt sehen. Was das „Drehkreuz des Nordens" für Ausflügler oder Touristen so alles zu bieten hat, haben wir in 44 Tipps zusammengefasst. Willkommen in Stormarn!

Wussten Sie, dass …

1997 das Fernseh-Dorf Büttenwarder gegründet wurde? Im wahren Leben ist Büttenwarder die Stormarner Gemeinde Grönwohld.

237 000 Menschen in Stormarn leben, der Kreis rund 766 Quadratkilometer groß ist und derzeit über 18 Naturschutzgebiete verfügt?

Zitiert:

Der Kreis Stormarn steht für eine hohe Lebensqualität. Dazu gehören auch die vielen Ausflugsziele: Museen, Sehenswürdigkeiten, Rad- und Wanderwege sowie eine wunderschöne Natur.
Dr. Henning Görtz, Landrat

2 Tour um den Herrenteich

See- oder Fischadler, Eisvögel und Kormorane können am Herrenteich in Reinfeld beobachtet werden. Der vier Kilometer lange Rundweg um den Teich bietet einen Naturerlebnispfad mit 16 Stationen. Die „Liebesinsel“ ist ein lauschiger Platz für Verliebte. Die Badeanstalt mit Naturstrand hat von Mai bis September geöffnet. Auch die Seepromenade lohnt auf jeden Fall einen Besuch.

> Herrenteich, Matthias-Claudius-Straße, Reinfeld, www.reinfeld.de

3 Büttenwarder – Stormarns Kultort

Sie wollten schon immer wissen, wo die NDR-Kultserie „Neues aus Büttenwarder“ gedreht wird? Dann besuchen Sie doch die Drehorte im Dorf Grönwohld und lernen Sie das wahre Büttenwarder kennen. Nehmen Sie Quartier in einer Ferienwohnung nahe dem Bauernhof von Brakelmann, fahren Sie mit dem Drahtesel zu den Drehorten in der Hahnheide. Kehren Sie im Gasthof „Unter den Linden“ ein und besuchen die Grönwohlder Hausbrauerei mit Verkostung des hauseigenen Bieres.

> Op'n Drahtesel, Trittau, www.opndrahtesel.de

4 Was ist denn eine Sprachdusche?

Die Skulptur in Form einer Dusche auf der Terrasse über dem Dorfteich in Bargteheides Zentrum wirkt auf den ersten Blick ziemlich irritierend. Aus dem Duschkopf rieselt allerdings kein Wasser. Im Inneren ist ein Lautsprecher installiert, und auf Knopfdruck trägt die Dusche Texte und Gedichte zum Thema Wasser vor. Der Duschende wird so durch Sprache erfrischt.

> Am Dorfteich, Rathausstraße, Bargteheide, www.sprachdusche.de

5 Rennen mit den Windhunden

Der Windhundrennclub Hoisdorf wurde 1958 gegründet und ist einer der ältesten derartigen Vereine in Deutschland. Spannend sind die Rennen um den Preis von Schleswig-Holstein oder das Hoisdorfer Solo-Rennen.

> Fuhrwegen 9, Siek, www.hwrcev.de

6 Karpfen essen das ganze Jahr

In Reinfeld hat der Karpfen das ganze Jahr über Saison. Teichwirt Tim Schubert bietet in seinem Fischhaus an der Seepromenade Spezialitäten an.

> Reinfelder Teichwirtschaft, Karpfenplatz 1, Reinfeld, Tel. 04533/2086984, außerhalb der Öffnungszeiten 04533/5638 oder 0151/17226624; Öffnungszeiten im Sommer (bis Sept.): Donnerstag 9–12 und 15–18 Uhr, Freitag 8–13 und 15–18 Uhr, Samstag 9–13 Uhr

7 Auf einen Kaffee ins Schloss Tremsbüttel

Das 1895 erbaute „Märchenschloss" Tremsbüttel ist eigentlich ein Herrenhaus, in dem schon die Beatles, Sophia Loren, Leonard Bernstein oder Klaus Kinski nächtigten. Hier kann man sich stilvoll das Jawort geben, fürstlich speisen und gepflegt Kaffee trinken. Ein Muss ist der wunderschöne Park.

> www.tremsbuettel.de

8 Auf der Trave bis nach Lübeck

Die Landschaft entlang der Trave lädt zum Paddeln bis nach Lübeck ein. Die Strecke von Bad Oldesloe nach Klein Wesenberg ist 14 Kilometer lang. Wer kein Kanu oder Kajak besitzt, mietet sich eins.

> Jugendherberge, Konrad-Adenauer-Ring 2 in Bad Oldesloe; Kanu-Center Lothar Krebs, Grinauer Weg 23 b, Eichenbäumen

9 Fast wie in der Ostsee

Im Ahrensburger Badlantic sind dem Wasserspaß keine Grenzen gesetzt. Das Wellenbecken lässt eine nahezu echte Meeresatmosphäre aufkommen.

> Reeshoop 60, Ahrensburg, Tel. 04102/48280, www.badlantic.de

10 Weidetiere im Höltigbaum
In der savannenartigen Landschaft des Naturschutzgebiets Höltigbaum kann man Galloways und Schottische Hochlandrinder, Bentheimer Landschafe und Burenziegen beobachten.
> Haus der Wilden Weiden, Eichberg 63, Hamburg-Rahlstedt, www.hoeltigbaum.de

11 Kraniche im Moor
Im Nienwohlder Moor ist es besonders in der Dämmerung, wenn es neblig wird, ziemlich gruselig. Mit etwas Glück hört man dort sogar die Kraniche trompeten. Das Moor ist ein Paradies für Bussarde, Falken und gut 20 Libellenarten.
> www.kreis-storman.de/freizeit/natur

12 Minigolfen wie die Profis
In Bad Oldesloe kann man gepflegt minigolfen. Hier wurde ein Guinness-Weltrekord aufgestellt: in 24 Stunden 144 Runden à 18 Bahnen, mit einem Rundendurchschnitt von 21,33 Schlägen. Für Rollstuhlfahrer und Kinderwagen geeignet.
> Am Bürgerpark, Bad Oldesloe, www.minigolf-badoldesloe.de

13 Mit den Mönchen im Kloster Nütschau
Viermal am Tag rufen die Glocken des Klosters Nütschau die Mönche und ihre Gäste zum gesungenen Stundengebet in die Klosterkirche. Es gibt viele Angebote für Besinnung, Bildung und Erholung.
> Kloster Nütschau, Schloßstraße 26, Travenbrück, www.kloster-nuetschau.de

14 Räucherfisch auf den Tisch
„Trave-Fischerei Kneeden-Quell" – das Schild an der B 75 zwischen Bad Oldesloe und Reinfeld macht Appetit auf einen deftigen Imbiss. Inhaber Thomas Jacobsen führt den Betrieb, der 1482 als Flussfischerei gegründet wurde, seit mehr als 20 Jahren.
> Fischerei Kneeden-Quell, Kneeden 8, Bad Oldesloe

15 Badespaß am Naturstrand
Das Freibad Großensee, ein Naturstrandbad, zieht jeden Sommer Tausende Besucher an. Picknicken und Grillen ist möglich. Ein Wanderweg führt rund um den See.
> *Strandbad Großensee, Seestraße 1, Großensee*

16 Hier ist gut Kirschen essen
Wer Lust auf Obst frisch vom Baum hat, dem wird auf der einstigen Bahntrasse zwischen Bad Oldesloe und Sülfeld jede Menge an Früchten geboten. Gut 160 Obstbäume stehen entlang des mit 23 Kilometern längsten Lehrpfads dieser Art in Europa.
> *www.tourismus-stormarn.de*

17 Der Vergangenheit auf der Spur
Das Stormarnsche Dorfmuseum in Hoisdorf bietet einen spannenden Einblick in das dörfliche Leben vor dem Industriezeitalter. Bewundern Sie den bäuerlichen Kräuter- und Gewürzgarten und die Imkerei, den Krämerladen, den tiefen Brunnen und die Dichterstube von Hermann Claudius. Trauungen im historischen Gebäude sind sehr romantisch.
> *Sprenger Weg 1, Hoisdorf, Tel. 04107/4556, Dienstag 9–12 Uhr, Samstag 14–17 Uhr, Eintritt frei*

18 Der Muschelmann: Kunst zum Anfassen
Am Ahrensburger „Muschelläufer“ scheiden sich die Geister. Seit der Kieler Bildhauer Martin Wolke die Skulptur im Sommer 2005 auf dem Rondell aufgestellt hat, wird über den blauen Mann auf dem Schneckenhaus gestritten und diskutiert.

19 Wo Korn und Wind sich treffen
In Braak steht die einzige voll erhaltene Windmühle in Stormarn. Angeschlossen ist die Braaker Mühle – eine Bäckerei mit 150-jähriger Tradition. Die Mühle von 1849 kann samstags von 10 bis 12 Uhr besichtigt werden. Gruppen zahlen 25 Euro, Einzelpersonen eine Spende. Es gibt Trauungen.
> *Braaker Mühle, 22145 Braak, Tel. 040/6759650*

20 Hinein ins Künstlerdorf

Lust auf Kunst, auf ein idyllisches Örtchen direkt an der Trave? Dann auf ins Künstlerdorf Barnitz. Sechs Künstler haben sich dort niedergelassen und öffnen einmal jährlich ihre Ateliers zum beliebten „KunstHandFest".

> Ateliers: Lokfeld 12, 36, 41 sowie Trenthorster Straße 5 + 7, Barnitz, www.kunsthandfestbarnitz.de

21 Es rattert im Motoren-Museum

Es zischt, rattert und knattert im Motoren-Museum Lütjensee. Vom Düsentriebwerk bis zum Telefunken Sternmotor findet sich so manches Kleinod im Museum.

> Großenseer Straße 18, Lütjensee, Führungen nach Vereinbarung: Tel. 04154/989631, www.motoren-museum.com

22 Besuch auf einem besonderen Bauernhof

Wo gibt es noch landwirtschaftliche Produkte ohne chemische Zusätze? Natürlich auf dem Ökohof Lütjensee, wo Günther Fielmann auf artgerechte Haltung seiner Rinder, Schweine und Hühner achtet. Der Hofladen ist eine Attraktion, vor allem für Familien mit Kindern.

> Alte Schulstraße 13, Lütjensee, Montag–Freitag 9–19 Uhr, Samstag 8–13 Uhr, Tel. 04154/707030, www.hofluetjensee.de

23 An die eigenen Grenzen gehen

Adrenalin pur im Naturhochseilgarten Lütjensee. Das neue Abenteuerland liegt mitten im Wald. Klettern Sie sich durch 99 Hindernisse von 1,5 bis 20 Metern Höhe. Bei den Actiondays (Mittwoch bis Freitag) werden Knoten- und Klettertechniken trainiert.

> Sieker Landstraße, Lütjensee, Tel. 04155/4998006, www.hochseilgarten-luetjensee.de, April bis Okt. ab 10 Uhr, montags geschlossen, Nov. nur nach Voranmeldung und bei gutem Wetter

24 Kunst und Kultur in der Wassermühle

Die Wassermühle in Trittau ist mehr als ein musealer Ort. Das Ateliergebäude bietet vier bildenden Künstlern ein Zuhause. Die 500 Jahre alte Wassermühle ist seit 1992 Kulturzentrum und bietet wöchentlich Veranstaltungen aus Kunst und Kultur.

> Am Mühlenteich 3, Trittau, Tel. 04154/807919, geöffnet bei laufenden Ausstellungen Samstag und Sonntag 11–18 Uhr, www.wassermuehletrittau.de

25 Vom Abakus bis zum Lochstreifen

Das private Büromaschinenmuseum von Ingrid und Hartmut Koch in Barsbüttel präsentiert mehr als 2500 Exponate aus der Welt des Rechnens, vom römischen Abakus über mechanische Rechenmaschinen und Lochstreifen bis hin zum elektronischen Taschenrechner.

> Büromaschinen-Museum, Am Eichenhain 7, Barsbüttel, Tel. 040/7106180 (Besuch nach Vereinbarung)

26 Grabau – ein Naturerlebnis

Naturlehrpfad, Waldspielplatz, Niedrigseilgarten und Theaterbühne – all das bietet das „Naturerlebnis Grabau“. Es ist frei zugänglich und der Besuch kostenlos. Am besten mit dem Rad zu erreichen, Radwanderweg von Bad Oldesloe nach Grabau.

> Naturerlebnis Grabau, Hoherdamm 5, Grabau, www.naturerlebnis-grabau.de

27 Gruseln im Maislabyrith

Von Mitte Juli bis Ende September hat das Maislabyrinth in Jersbek geöffnet. Doch Vorsicht: das feldeigene Maisgespenst sorgt für schaurigen Nervenkitzel!

> Maislabyrinth, Allee 29, Jersbek, www.einlabyrinthimirrgarten.de

28 Spaß im Maislabyrinth

Von Mitte Juli bis Mitte September lockt das Maislabyrinth in Bargteheide. Geeignet für die ganze Familie.

> Maislabyrinth Bargteheide, Glindfelder Weg, www.einlabyrinthimirrgarten.de

29 Auf dem Rücken der Pferde
Stormarn ist das Land der Reiter. Es gibt ein gut ausgebautes Reitwegenetz, Reit- und Fahrvereine und zahlreiche Reiterhöfe, auf denen Urlaub mit Kind und Kegel möglich ist.
> *www.reiter-guide.de, www.stormerland.de*

30 Frostige Zeiten im Eiskeller
Ein Vorläufer der Tiefkühltruhe ist der Eiskeller des Gutes Jersbek – ein Reetdachh#aus von 1736 zum Kühlen von verderblichen Lebensmitteln. Historische Geräte werden ausgestellt. Gegenüber lädt der Barockgarten aus dem 18. Jahrhundert zum Spaziergang ein. Besichtigung des Eiskellers nach Vereinbarung.
> *Gerd-Wilhelm Nuppenau, Langereihe 15, Jersbek, Tel. 04532/7264*

31 Stormarn aus der Vogelperspektive
Schon mal Stormarn von oben gesehen? Fahren Sie per Heißluftballon über Wälder, Städte und Seen. Gestartet wird in Ahrensburg, Bad Oldesloe und Reinfeld.
> *A. O. Ballonreisen, Bendestorfer Straße 76, Buchholz, Tel. 04181/39097, www.ballonreisen.de*

32 Auf Schusters Rappen durch die Natur
Ganz Stormarn eignet sich hervorragend zum Wandern.
> *www.wanderkompass.de*

33 Lebendiges Veranstaltungshaus
Das Schloss Reinbek hat eine wechselvolle Geschichte hinter sich. Besucher können sich in dem Renaissance-Gebäude auf wechselnde Kunstausstellungen und eine stadtgeschichtliche Ausstellung freuen.
> *Schloss Reinbek, Schlossstraße 5, Reinbek, www.schloss-reinbek.org*

34 Skulpturen an fliegenden Steinen

Das Kunst-Haus am Schüberg in Hoisbüttel bietet Skulpturen aus Holz, Stahl, Eisen, Glas, Terrakotta, Bronze und Stein. Man schreitet durch Tore aus schwebenden Baumstämmen und vorbei an fliegenden Steinen.

> Wulfsdorfer Weg 33, Ammersbek-Hoisbüttel, Tel. 040/6050020, Kunstcafé geöffnet Samstag, Sonn- und Feiertage 14–17 Uhr, Skulpturenpark ganzjährig, gratis, www.haus-am-schueberg.de

35 Brandschutz im Wandel der Zeit

Für Feuerwehrbegeisterte lohnt sich ein Besuch im Reinbeker Ortsteil Ohe. Es gibt Helme, Handdruckspritzen, Tragkraftspritzen und vieles weitere zur Geschichte des Brandschutzes zu sehen. Das Museum, 1970 eingeweiht, ist im Hauptgebäude der alten Schule untergebracht. Besichtigung nach Vereinbarung.

> Jan Papke, Hoibeken 6, Reinbek-Ohe, Tel. 04104/7712

36 Galerie der Künstler

Die Galerie BOart ist ein Treffpunkt der Künstler und eine Produzentengalerie. Sie bietet Raum für Kunst zwischen Hamburg und Lübeck.

> Galerie BOart, Mühlenstraße 9–10, Bad Oldesloe, www.galerie-boart.de

37 Pilgern auf der Via Baltica

Via Baltica nennt sich der mittlere Teil des Jakobswegs, der auch durch Stormarn führt. In Klein Wesenberg bietet die Kirchengemeinde Übernachtungen an (Infos bei Pastor Graf, Tel. 04533/1416). Weiter führt der Weg über Bad Oldesloe und Nütschau (siehe Tipp 13). Im Kloster kann übernachtet werden (Tel. 04531/50040). Der Pilgerweg führt auch zu Familie Ramm in

Grabau (Tel. 04537/423) und über Nahe (Pastor Wulf, Tel. 04535/476).
> Deutsche Jakobus-Gesellschaft, Klaus Letulé, Tel. 040/563073

38 Naturidylle Oldesloer Friedhof

Azaleen- und Rhododendronbüsche sind das Markenzeichen des Oldesloer Friedhofs, eines der schönsten im Norden. Teiche mit Sprudelfelsen und Bachläufe, Pavillons mit Sitzecken, 50 Bänke.
> Evangelischer Friedhof, Lindenkamp 99, Bad Oldesloe

39 Tolle Aussicht vom Langen Otto

In der Hahnheide im Osten der Gemeinde Trittau steht der „Lange Otto". Der hölzerne Aussichtsturm ist 27 Meter hoch. Nach 125 Treppenstufen genießt man von dort aus eine Rundumsicht über Süd-Stormarn, bei gutem Wetter bis Lübeck und Hamburg.
> Waldparkplatz Hasenberg, Hamfelde

40 Öko-Forscher im Herrenhaus Trenthorst

Im vormals adeligen Herrenhaus Trenthorst in Westerau forscht heute das „Institut für ökologischen Landbau". Daneben leben hier Hühner, Schweine, Schafe, Ziegen. Sehr beliebt bei Kindern ist die alljährliche Taufe der neugeborenen Lämmer. Sogar Prinz Charles hat hier schon einen Apfelbaum gepflanzt. Es gibt Vorträge, leckeres Essen, Feste, Kochkurse, Führungen und mehr.
> Trenthorst 32, Westerau, Tel. 04539/88800, www.trenthorst.de

41 Die Kreisstadt einmal historisch

Warum heißt Oldesloe „Bad", was ist eine Saline und gab es hier wirklich Neandertaler? Wer mehr über die Historie der Kreisstadt erfahren möchte, kann im Heimatmuseum tief in die Geschichte eintauchen.

> *Königstraße 30, Bad Oldesloe, www.heimatmuseum-oldesloe.de*

42 Fürstlich speisen in Lütjensee

Die Gemeinde Lütjensee hat drei Seen, sechs Golfplätze, Dutzende Reiterhöfe, Teiche und eine herrliche Waldlandschaft. Der Gourmet hat die Qual der Wahl zwischen drei Restaurants, die mit bis zu zwei Diamanten im Varta-Restaurantführer gelistet werden: Fischerklause, Seehof und Forsthaus Seebergen.

> *www.luetjensee.de*

43 Auf den Spuren der Mennoniten

In der Mennokate in Bad Oldesloe soll sich nach Überlieferung die Druckerei von Menno Simons (gestorben 1561 bei Oldesloe) befunden haben, einem der bedeutendsten Lehrer und Prediger sowie Namensgeber der Mennoniten. Das Haus beherbergt Werke und Schriften, Landkarten, Stiche und Bilder.

> *Altfresenburg bei Bad Oldesloe, www.mennokate.de*

44 Leckereien am Wasserrad

Neben dem Mühlengebäude am Bad Oldesloer Mühlenplatz, in dem noch ein Teil der Anlagen erhalten ist, spritzt am alten Stauwehr die Wassergischt vom Nachbau eines großen hölzernen Wasserrades. Nebenan kann man in der urgemütlichen „Provence", Crèperie und Café, speisen.

> *Kirchberg 2, Tel. 04531/1694886*

Bad Oldesloe war seit jeher ein wichtiger Umschlagplatz für Waren, die von Lübeck nach Hamburg oder in die andere Richtung transportiert wurden. Im 19. Jahrhundert wurde die Stadt Kur- und Heilbad mit umfangreichen Anlagen. Erhalten gebliebenen sind der Kurpark und eine sehenswerte Altstadt mit dem Markplatz, seinem Brunnen und dem Rathaus, einem Bau des berühmten dänischen Architekten Christian Frederik Hansen.

44 Tipps für den Kreis Pinneberg

Der Kreis der Superlative – Baumschulen und Rosenzüchter sorgen für internationale Bekanntheit

Informationen für Urlaub und Ausflüge

Informationen zu Ausflügen, Rad- und Tagestouren gibt es unter www.holstein-tourismus.de, www.elbmarschenhaus.de, www.haseldorfer-marsch.de, www.maritime-elbe.de

1 Hier kommen die ganz großen Pötte vorbei
Gigantische Luxusliner und Container-Riesen zum Greifen nah: Am Willkomm-Höft in Wedel werden die großen Pötte auf ihrem Weg nach Hamburg nicht nur gern bestaunt, sondern auch begrüßt – und verabschiedet. Seit 1952 gibt es an der Schiffsbegrüßungsanlage des Schulauer Fährhauses Flaggengruß und Heimat-Hymne für die Bord-Besatzung und Infos zum jeweiligen Schiff per Lautsprecher für die „Seh-Leute" an Land.
> *www.schulauer-faehrhaus.de*

Auf dem Weg aus dem Norden in Richtung Hamburg oder umgekehrt ist der Reisende schnell durch den Kreis Pinneberg hindurchgefahren, egal, ob auf den Autobahnen A 23 und A 7 oder per Bahn. Kein Wunder: Handelt es sich beim Kreis Pinneberg mit seinen 664 Quadratkilometern doch um den kleinsten Kreis in Schleswig-Holstein – und die Frage, ob sich der Reisende schon beziehungsweise noch in Hamburg befindet, ist auf den ersten Blick nicht immer eindeutig zu beantworten. Allerdings ist der Kreis Pinneberg mit seinen mehr als 312 000 Einwohnern auch der bevölkerungsreichste Kreis im nördlichsten Bundesland. Dichte Besiedelung in den Städten auf der einen und ländliche Strukturen auf der anderen Seite prägen das Bild.
Der Kreis ist weit über die Grenzen Deutschlands hinaus bekannt als die Wiege des Waldes. Hier liegt eines der größten zusammenhängenden Baumschulgebiete der Welt. Und auch die Rosenzüchter finden international Beachtung. Kein Wunder also, dass viele Kommunen in ihr Wappen Bäume und Rosen integriert haben. Auch darüber hinaus hat der Kreis Pinneberg seinen Gästen viel zu bieten – wenn auch zahlreiche Attraktionen eher im Verborgenen wirken.

Wussten Sie, dass ...

650 000 000 Pflanzen jährlich den Kreis Pinneberg verlassen? Dies sind vor allem junge Bäume, die in den zahlreichen Baumschulen gezüchtet werden.

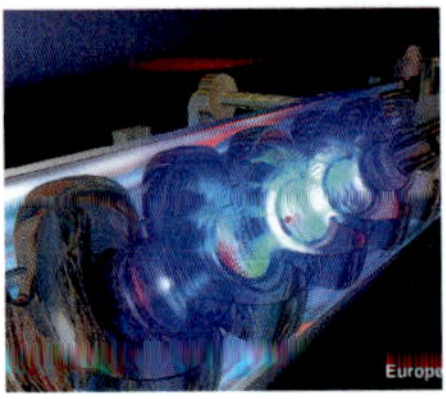

die Lichtblitze, die der European XFEL-Laser in Schenefeld seit Inbetriebnahme im Herbst 2017 erzeugt, **10 Trilliarden** Mal heller als die Sonne leuchten?

Zitiert:

Wenn Ihr die Bäume so schön voll Schnee habt, dann muss es herrlich im Gehölz [Fahlt in Pinneberg] zu spazieren sein.
Johannes Brahms, Komponist, Pianist, Dirigent (1833–1897), im Dezember 1890

2 Rellinger Kirche – ein Barockjuwel

Die Rellinger Kirche (Einweihung 1756) gehört zu Schleswig-Holsteins bedeutendsten Barockbauten. In dem von Cai Dose gebauten Oktogon an der Hauptstraße mit Turmresten aus dem späten 12. Jahrhundert befinden sich Deckengemälde der italienischen Brüder Martini, ein barockes Taufbecken sowie ein spätgotisches Kruzifix (um 1450) an der Westempore. Die Kirche ist Spielstätte des Schleswig-Holstein Musik Festivals (SHMF).

Das angrenzende Hotel- und Restaurant „Rellinger Hof" (Hauptstraße 31) ist bekannt für seine gutbürgerliche regionale Küche.

3 Elmshorns Kunst-Zentrale

Große Kunst in kleinen Räumen zeigt der Kunstverein Elmshorn im historischen Torhaus: Malerei, Zeichnungen und Fotografien werden ausgestellt. Vor dem Torhaus sind zwölf Werke norddeutscher Bildhauer ausgestellt.

> Torhaus, Probstendamm, Elmshorn, Öffnungszeiten während der Ausstellungen: Dienstag–Freitag 10–12 und 16–18 Uhr, Samstag und Sonntag 11–13 Uhr, www.kunstverein-elmshorn.de

4 Ein Park für 4000 Bäume

Mehr als 4000 verschiedene Baumarten und Pflanzensorten sind das ganze Jahr über auf etwa 17,3 Hektar bei der Norddeutschen Gartenschau (Arboretum) in Ellerhoop zu sehen.

> Öffnungszeiten: April–Sept. 10–19 Uhr, Okt.–März 10 Uhr bis zum Eintritt der Dunkelheit, www.norddeutsche-gartenschau.de

5 Forschen in Schenefeld

Seit 2017 wird mit dem Röntgenlaser des European XFEL in Schenefeld geforscht, was die Welt im Innern zusammenhält. Ab Ende 2019 soll ein etwa 1,6 Kilometer langer, ausgeschilderter Rundgang über Teile des circa 15 Hektar großen European XFEL-Betriebsgeländes in Schenefeld führen. Tafeln entlang des Wegs informieren über die Funktion des Röntgenlasers und der Gebäude. Besucher müssen auf dem markierten und ausgeschilderten Weg bleiben, die Gebäude dürfen mit Ausnahme des Betriebsrestaurants und der Eingangshalle des Hauptgebäudes nicht betreten werden. Hunde müssen an der Leine geführt werden. Das European XFEL-Betriebsrestaurant „BeamStop", das auch für externe Gäste geöffnet ist, bietet Gelegenheit zum Mittagessen in internationaler Atmosphäre.

> Öffnungszeiten Restaurant: Mo.–Fr. 11:30–14 Uhr. Öffnungszeiten Rundgang (ab Fertigstellung): täglich 8–18 Uhr, Holzkoppel 4, Schenefeld, www.xfel.eu

6 An der Quelle sitzen

Versteckt zwischen hohen Bäumen, in der Nähe des alten Gutswaldes und des Friedrichshulder Sees, entspringt Schenefelds Waldquelle. In den 1950ern wusch man dort noch seine Wäsche, heute hegen die Schenefelder ihr Denkmal vergangener Zeiten. Wer die Quelle besuchen möchte, stellt sein Auto am Mühlendamm ab und wandert entlang der Düpenau zur Quelle.

7 Kuchenessen wie bei Oma

Daran hat man zu knabbern: Die Kuchenstücke sind alle hausgemacht und dabei preiswert. Das Hofcafé der Familie Ellerbrock am Seggerweg 23 in Schenefeld ist jederzeit eine Pause wert. Von dort aus geht's per Rad schnell in den herrlichen Klövensteener Wald.

> Tel. 040/8302293, geöffnet Mittwoch–Sonntag 14–18 Uhr, www.hofcafe-ellerbrock-schenefeld.de

8 Waldidylle
Das Hasloher Gehege (von den Haslohern „Pfingstwald" genannt) liegt im westlichen Teil Haslohs (Pinneberger Straße, Ortsausgang Richtung Tangstedt). Besucher finden einen fünf Kilometer langen Waldlehrpfad. Außerdem gibt es als weitere Attraktion einen Hochseilgarten im Hasloher Gehege.
> Öffnungszeiten: 30. März–27. Okt. Fr. 14–20 Uhr, Sa., So. und feiertags 10–20 Uhr. Während der Hamburger und Schleswig-Holsteiner Schulferien hat der Hochseilgarten zusätzlich Mi. und Do. 14–20 Uhr geöffnet. www.hochseilgarten-hasloh.de

9 Den Tieren ganz nah
Landwirtschaft können Kinder und Eltern hautnah auf dem Erlebnisbauernhof Almthof in Appen erleben. Die Familien schauen am Almtweg beim Melken der Kühe zu und dürfen sogar die kleinen Kälbchen streicheln.
> Almtweg 37, Appen, www.almthof.de

10 Flotte Bienen
Im Zeichen der Biene steht ein Museum der besonderen Art in der Klinkerstraße 82 in Moorrege: 2002 wurde in der alten Schule das erste Bienen- und Imkereimuseum des Landes gegründet.
> Geöffnet von Mai bis September jeden zweiten und vierten Sonntag im Monat 14–18 Uhr, www.imkerverein-uetersen.de

11 Ausstellungen und Marsch-Informationen
Das Elbmarschenhaus in Haseldorf, Hauptstraße 26, ist die Anlaufstelle für Touristen und Naturliebhaber an der Unterelbe und bietet wechselnde Ausstellungen. Das marschtypisch gestaltete Außengelände mit Informationstafeln eignet sich für Spiel und Picknick.
> Mi.–So. 10–16 Uhr. März–Okt. Sa. und So. 10–17 Uhr, Tel. 04129/955490, www.elbmarschenhaus.de

12 Elbefahrt mit dem „Tiedenkieker"
Heiß begehrt sind die Naturerlebnis-, Literatur- oder Maritimfahrten über die Haseldorfer Binnenelbe zur Elbinsel Pagensand mit dem Flachbodenschiff „Tiedenkieker".
> Informationen über die Bootstouren ab Haseldorfer Hafen gibt es unter Tel. 04129/9554910, www.elbmarschenhaus.de

13 Dünen ohne Meer
Dünen müssen nicht immer am Meer sein – wie die Holmer Sandberge beweisen. Das Naherholungsgebiet am Rande der Gemeinde Holm umfasst die größten Binnendünen Schleswig-Holsteins – Zeugen der letzten Eiszeit.
> *Tel. 04129/955490*

14 Schwimmende Bühne
Das Theaterschiff Batavia – Kulturdampfer mit malerischem Liegeplatz zwischen Stadt und Marsch in Wedel. Marius Müller-Westernhagen, Tony Sheridan und das Kabarett-Duo Alma Hoppe standen schon auf der schwimmenden Bühne. Im urigen Unterdeck werden Theaterstücke – auch für Kinder – und Filme gezeigt.
> *Theaterschiff Batavia, Brooksdamm, Wedel, www.batavia-wedel.de*

15 Wo Ernst Barlachs Wiege stand
Wedels Mühlenstraße 1: Dort wurde 1870 Ernst Barlach geboren. Heute gibt eine Dauerausstellung Einblicke in Leben und Werk des Bildhauers, Schriftstellers und Zeichners. Das Museum zeigt zudem viel beachtete Sonderschauen.
> *www.ernst-barlach-gesellschaft.de*

16 Kunst, Geschichte, Apfelkuchen
Die Teestube Reepis Teketel im historischen Wedeler Reepschlägerhaus bietet neben Tee und selbstgebackenem Kuchen auch die Möglichkeit, zum gemütlichen Frühstücken oder zu einem Snack in der Mittagszeit einzukehren. Besonderes Highlight: Die Speisen und Getränke haben Namen op Platt.
> *Schauenburgerstraße 4, Wedel, geöffnet Mi.–Mo. 9–18 Uhr, www.reepschlaegerhaus.de*

17 Das Sonnensystem erwandern
Der sechs Kilometer lange Planetenlehrpfad zeigt maßstabsgerecht die Größe und Entfernungen der Planeten zur Sonne. Der Lehrpfad beginnt in Wedel an der Deichstraße und endet in Hetlingen.

18 Cocktails am Elbstrand
Eine malerische Elbbucht bildet die Kulisse für den – wie einige behaupten – schönsten Beach-

club an der Elbe: Das „28 Grad“ in Wedel.

> Hakendamm 2, Wedel, bei gutem Wetter täglich von 12 Uhr bis spät geöffnet, www.28grad.com

19 Lämmer, Vögel, Fahrradfahrer

Das Ausflugslokal Fährmannssand zwischen Wedel und Hetlingen mit Schäferei und Streichelzoo lockt Familien, Radfahrer und Naturfreunde an. Die Carl-Zeiss-Vogelbeobachtungsstation liegt nebenan. Für Drachenfreunde bietet der Deich beste Bedingungen.

> Geöffnet Mittwoch–Sonntag ab 11 Uhr, www.faehrmannssand.de

20 Barocke Schönheit im Herzen der Stadt

Der Besuch der Drostei ist ein absolutes Muss in Pinneberg. Das barocke Herzstück der Stadt (Dingstätte 23) ist nicht nur von außen ein Hingucker. Während der wechselnden Ausstellungen kann die Drostei mittwochs bis

sonntags von 11 bis 17 Uhr besucht werden.

> Eintritt: 3 Euro, ermäßigt 1,50 Euro (unter 18 Jahren freier Eintritt), www.drostei.de

21 Skaten unter der Hochbrücke

Für Skater und BMX-Fahrer hat Pinneberg etwas Besonderes zu bieten: Die Skateranlage unter der Hochbrücke ist überdacht und frei zugänglich, dank Straßenbeleuchtung kann dort auch im Dunkeln noch gefahren werden.

22 Klein, aber fein

Das Pinneberger Stadtmuseum ist ein kleines Schatzkästchen. Außer einer Dauerausstellung werden wechselnde Schauen gezeigt.

> Öffnungszeiten: Dienstag, Mittwoch und Freitag 17–19 Uhr, Donnerstag 10–12 und 15–17 Uhr, Samstag 11–13 Uhr, Sonntag 15–17 Uhr, Eintritt ist frei, www.pinnebergmuseum.de

23 Idyllische Insel mit großem Angebot
Ein Café, das früher ein Gefängnis war, eine Galerie, die Werke bekannter Künstler zeigt, eine Remise, in der handgefertigte Töpferarbeiten angeboten werden, ein Heimatmuseum: All das findet sich auf der Schlossinsel am Rantzauer See in Barmstedt.

24 Café Freiluft
Seine Lage und das Angebot mit tollen Kaffeespezialitäten und hausgemachtem Kuchen machen das Café Freiluft in Hasloh zu einem ganz besonderen Ort und idealen Rastplatz für Ausflügler. Hier sitzt der Besucher bei gutem Wetter in einem idyllischen Garten und blickt von der mit Lounge-Möbeln ausgestatteten Holzterrasse auf einen See mit Springbrunnen und kleinen Hütten, in denen man auch übernachten kann.
> *April–Okt. Di.–Fr. 14–19 Uhr, Sa.–So. 9–19 Uhr, www.freiluft.com*

25 Naturerlebnisraum Moor
Im Quickborner Himmelmoor lässt auch NDR-Moderator Carlo von Tiedemann gern die Seele baumeln. Mit seinen etwa 605 Hektar ist das Naturschutzgebiet im Nordwesten Quickborns das größte Hochmoor Schleswig-Holsteins. Auch ein Besuch des phänologischen Gartens, in dem Auswirkungen des Klimawandels erforscht werden, lohnt sich.
> *Ausgangspunkt: Torfwerk, Himmelmoorchaussee 61*

26 Feine dänische Architekturkunst
Die Quickborner Marienkirche, Christian-Frederik-Hansen-Platz, ist nicht irgendein Gotteshaus. In der Zeit von 1807 bis 1809 schuf der dänische Architekt Christian Frederik Hansen den Backsteinbau. Charakteristisch für den klassizistischen Stil sind die zwölf dorischen Säulen rechts und links des Mittelgangs.
> *Anmeldung für Führungen: Tel. 04106/4212 (Kirchenbüro)*

27 Wandern entlang der Krückau
Rund um den Krückauwanderweg gibt es zwischen Langeln und Elmshorn zahlreiche spannende Dinge zu entdecken. So lädt beispielsweise in Heede das Melkhus am idyllisch gelegenen Bauernhof zu einer Rast ein. Zwischen Barmstedt und Bokholt-Hanredder schlängelt sich der Wanderweg durch den Rantzauer Forst. Und in Kölln-Reisiek führt der Weg direkt am Elmshorner Friedhof vorbei, einer gartenähnlichen Anlage.

28 Die Geschichte der Arbeit
Viel zu sehen gibt es im Industriemuseum Elmshorn: Die Institution an der Catharinenstraße zeigt die Geschichte der Arbeit, der Technik und des Alltags in Schleswig-Holstein sowie Sonderausstellungen.
> *Catharinenstraße 1, Elmshorn, Dienstag–Samstag 14–17 Uhr, Sonntag 11–17 Uhr www.industriemuseum-elmshorn.de*

29 „Hol över" – ganz traditionell
Mit Deutschlands kleinster, Schleswig-Holsteins einziger handbetriebener Fähre geht es in Kronsnest zwischen Seester und Neuendorf (Kreis Steinburg) über die Krückau. Der Fährkahn ist seit 1993 wieder in Betrieb. Traditionell wriggen die Fährmänner noch heute.
> *1. Mai bis 3. Okt., samstags 12–18 Uhr, sonn- und feiertags 10.30–18 Uhr, www.faehre-kronsnest.de*

30 Kerzen ziehen im Wasserturm
Ein Kulturdenkmal mit besonderem Programm ist der Elmshorner Wasserturm an der Jahnstraße: Kerzen ziehen und Führungen.
> *Jahnstraße, Elmshorn, Öffnungszeiten nach Vereinbarung, Tel. 04121/261941*

31 Törns auf dem Ewer
Richtig Fahrt aufnehmen lässt es sich auf dem Ewer „Gloria" von 1898: Von Uetersen und Elmshorn aus geht es unter anderem nach Brunsbüttel, Itzehoe und Glückstadt. Der Ewer „Gloria" liegt im Elmshorner Hafen vor Anker.
> *www.ewer-gloria.de*

32 Einmalige Landschaft
Mit 270 Millionen Jahre alten Gesteinsschichten und einer einmaligen Landschaft wartet die Liether Kalkgrube in der Nähe von Klein Nordende auf. Der ehemalige Tagebau gilt als einer der bedeutendsten Geotope Deutschlands.
> *Informationen, auch zur Anfahrt, gibt es unter www.lietherkalkgrube.de*

33 Spaziergang im Naherholungsgebiet

Der 6,5 Hektar große Krupunder See im Süden Halstenbeks gilt als beliebtes Ausflugsziel am Hamburger Stadtrand. Nach einem Spaziergang heißt es: einkehren im Hotel „Krupunder Park".

> *Altonaer Straße 325, Rellingen, Küche von 12–22 Uhr, www.krupunder-park.de*

34 Einmalig: das Baumschulmuseum

Deutschlands einziges Baumschulmuseum ist in Pinneberg. Besucher lernen die Kultur der Baumschulen kennen.

> *Halstenbeker Straße 29, Öffnungszeiten: Mai bis Okt. Di. 16–18 Uhr und So. 14–18 Uhr sowie nach Vereinbarung, www.baumschulmuseum.de*

35 Sport und Natur

Schlemmen, golfen, übernachten: Das Gut Wulfsmühle in Tangstedt hat einiges zu bieten. Besonders attraktiv: Das Gelände ist eingebettet in einzigartige Natur – und direkt an der Pinnau gelegen.

> *www.golfanlage-wulfsmuehle.de*

36 Strandbad am Rantzauer See

Die Badestelle am Rantzauer See lädt an sonnigen Tagen mit seinem feinen Sandstrand, der hervorragenden Wasserqualität, der großen Liegewiese und einem Volleyballfeld zur Erholung ein. An der Badestelle gibt es allerdings keine Wasseraufsicht.

> *April–Sept.: Täglich 10 Uhr bis Einbruch der Dunkelheit, spätestens aber 20 Uhr, www.stadtwerke-barmstedt.de*

37 Tannen und Hügelgräber

Ein beliebtes Ziel für Spaziergänger und Wanderer im Amtsbezirk Rantzau sind die „Heeder Tannen", ein Waldstück zwischen Barmstedt und Langeln. Im südlichen Teil schlängelt sich die Krückau am Waldrand entlang, im Nordosten liegen vorgeschichtliche Grabhügel.

38 In drei Stunden nach Helgoland

Von Wedel nach Helgoland in drei Stunden – der „Halunder Jet" macht's möglich. Von Mitte März bis November pendelt der Katamaran täglich zwischen Hamburg, der Rolandstadt und der Hochseeinsel.

> *www.helgoline.de*

39 Achtung: Bälle fliegen weit

Auf dem 9-Loch-Platz in Quickborn kann sich jeder einmal im Golfspielen versuchen. Bei Red

Golf in Quickborn werden Bälle dank Flutlicht auch bis spät in die Nacht geschlagen.
> *www.redgolf.de*

40 Nur fliegen ist schöner

Wer rasant übers Wasser gleiten möchte, hat mit Wasserski und Wakeboard in der Cablesport Arena in Pinneberg Gelegenheit. Einzige Voraussetzung: Man sollte schwimmen können. Profis üben dort halsbrecherische Kunststücke.
> *Burmeisterallee 2, Pinneberg; Jugendliche unter 18 Jahren zahlen 19 Euro, Erwachsene 22 Euro pro Stunde, www.cablesport.de*

41 Ein Paradies für Rosenfreunde

Das Uetersener Rosarium ist ein Kleinod in der Stadt und ein Paradies für Rosenfreunde. Auf einer Fläche von 70 000 Quadratmetern erblühen mehr als 30 000 Rosen. Etwa 900 verschiedene Sorten werden präsentiert.
> *Wassermühlenstraße in Uetersen, www.rosarium-uetersen.de*

42 Die Kirche auf dem Klosterareal

Die Klosterkirche in Uetersen wurde wegen ihrer künstlerischen Qualität und geschichtlichen Bedeutung als Baudenkmal mit besonderer kultureller Bedeutung eingestuft. Das Gotteshaus, Baujahr 1748/49, wurde aufwendig restauriert.
> *Kirchenstraße in Uetersen*

43 Viel mehr als ein Museum

Das Museumsareal Langes Tannen in Uetersen: Dort locken nicht nur die alte Scheune und das Herrenhaus mit ihren wechselnden Ausstellungen. Im Café Langes Mühle gibt es Kaffeespezialitäten und leckeren Kuchen.
> *Heidgrabener Straße in Uetersen, www.langes-tannen-uetersen.de*

44 Leben und arbeiten wie anno dazumal

Der Schmied, der Landwirt, die Schule: Der Mölln-Hof in Tornesch zeigt, wie früher gelebt und gearbeitet wurde. Das kleine Museum wurde erst 2007 eröffnet, präsentiert seine Exponate auf 800 Quadratmetern.
> *Bockhorn 43, Tornesch, geöffnet von Mai bis Okt. an jedem ersten Sonntag im Monat, 14–17 Uhr, www.moellnhof.de*

44 Tipps für den Kreis Steinburg

Ein Landkreis, dessen vielfältige Reize oft im Verborgenen liegen

Informationen für Urlaub und Ausflüge

Unterelbe Tourismus e. V., Große Nübelstraße 31, Glückstadt, Tel. 04124/6049592;
Stadtmanagement Itzehoe GmbH, Breite Straße 4 (Ecke Kirchenstraße), Itzehoe, Tel. 04821/5800, www.stadtmanagement-itzehoe.de;
weitere Informationen unter www.holstein-tourismus.de, www.elbmarschenhaus.de, www.haseldorfer-marsch.de, www.maritime-elbe.de

1 Kanufahrt auf der renaturierten Stör

Von Arpsdorf bis zur Mündung in die Elbe: Die Stör ist ein ideales Kanu-Revier. Sehenswert ist vor allem der renaturierte Abschnitt von Arpsdorf bis zur Mündung der Bünzau in die Stör. In das ehemals begradigte Flussbett wurden wieder Mäander eingebaut. Kanu-Einstiegsstellen gibt es reichlich. Verleih-Kanus unter anderem bei Horns in Wittenbergen (Telefon 04822/7652).

Gipfelstürmer haben es nicht leicht im Kreis Steinburg. Wer in dem zur Metropolregion Hamburg zählenden Landkreis auch nur 100 Meter Höhenunterschied überwinden will, wird scheitern. Von Deutschlands tiefstgelegener Landstelle aus – immerhin 3,54 Meter unter dem Meeresspiegel – kommt man allenfalls bis auf die Itzespitze. Und die erhebt sich gerade einmal 83,4 Meter über einen Landstrich, der es immerhin schon berühmten Literaten angetan hat. Nobelpreisträger Günter Grass schrieb in Wewelsfleth seinen „Butt". Sein Domizil gehört heute einer Stiftung und beherbergt junge Schriftsteller. Wewelsfleth soll übrigens sogar schon Friedrich Schiller inspiriert haben. Sein Wilhelm Tell findet in Henneke Wulf ein Vorbild. Der Legende nach soll es im Kampf zwischen rebellischen Marschbewohnern und dem Dänenkönig schon 1472 zum berühmten Apfelschuss gekommen sein, lange vor den Schweizern also. Überhaupt glänzt der Kreis Steinburg mit oft im Verborgenen blühenden Besonderheiten. Welcher Landkreis zum Beispiel ist schon aus fast allen Himmelsrichtungen mit einer Fähre zu erreichen? Landschaftlich gehen die Elbmarschen in die waldreiche Geest mit zahllosen Naturidyllen über. Und mittendurch schlängelt sich die Stör – Schleswig-Holsteins drittlängster Fluss.

Wussten Sie, dass ...

114 580 Rinder im Kreis Steinburg zu Hause sind? Fast so viele, wie der Kreis Einwohner hat.

3,54 Meter unter dem Meeresspiegel in Neuendorf die tiefste Landstelle Deutschlands liegt?

Zitiert:

Wenn es nach uns ginge, könnte das ewig so weitergehen, sagen die Veranstalter des Heavy-Metal-Festivals Wacken Open Air, Thomas Jensen (l.) und Holger Hübner (r.).

2 Kreis Steinburg aus der Vogelperspektive

Fallschirm-Sprung oder Rundflug mit einer Sportmaschine? Beides ist im Gewerbe- und Freizeitpark „Hungriger Wolf" in Hohenlockstedt möglich.

> YUU Skydive, www.yuu-skydive.de; Itzehoer Luftsportverein, www.fliegen-itzehoe.de

3 Das Land der Fähren

Eine kleine „Kreuzfahrt" mit der Elbfähre zwischen Glückstadt und Wischhafen kostet zwei Euro und ist ein Vergnügen für Jung und Alt. Dies gilt auch für die Überfahrt mit Deutschlands kleinster Fähre in Kronsnest (1. Mai bis 3. Oktober), einem Ortsteil von Neuendorf bei Elms-

horn, und für die Seilfähre „Else" zwischen Beidenfleth und Bahrenfleth. Auch der Kanal lässt sich zwischen den Kreisen Steinburg und Dithmarschen gemütlich befahren: in Brunsbüttel, Kudensee, Burg und Hochdonn.

4 Strandspaß an der Elbe

Standerlebnis kombiniert mit Badespaß in der Elbe bietet auch der Kreis Steinburg. Feine Sandstrände in Brokdorf und Kollmar laden zu einem unbeschwerten Urlaubstag am Fluss ein.

5 Zu Gast in einer barocken Kirche

Die St.-Laurentii-Kirche in Itzehoe – ein typisches Beispiel für eine barocke Hallen- oder Saalkirche mit einer einmaligen, umlaufenden Empore. Geöffnet täglich von 15.30 bis 17.30 Uhr; Führungen, auch für Gruppen, nach Vereinbarung.

> www.kirche-itzehoe.de/isg/kirchen

6 Swingolf – Spaß für die ganze Familie
Swingolf ist ein einfacher unkomplizierter Sport für jeden. Der Spaß in der Gruppe steht im Vordergrund. Gespielt wird mit einem weichen Ball und nur einem Schläger.
> Hof Basten, Tel. 04821/92267, E-Mail: info@swingolf-itzehoe.de, www.swingolf-itzehoe.de

7 Strand in Wedel
In unmittelbarer Nähe des Hamburger Yachthafens in Wedel kann man am Strand sitzen, relaxen und – mit etwas Mut – auch in der Elbe baden. Zudem lockt das direkt auf dem Deich gelegene Café „elbe 1“ – Elbblick inklusive
> Öffnungszeiten: Mo.–Do. nur für Veranstaltungen, Fr.–Sa. 12–21 Uhr, So. 11–18 Uhr (ab 12 Uhr warme Küche)

8 Mit Rad rund um Deutschlands tiefste Landstelle
Auf dem Rad auf „Land-unter-Tour“ (38 Kilometer) durch die Wilstermarsch. Wie die Landschaft so ist auch diese Radtour einmalig in Deutschland. Entlang der Route mit Start in Wilster kommen Sie an der Tiefsten Landstelle Deutschlands vorbei, streifen den Nord-Ostsee-Kanal, Infotafeln erklären die Region.
> Info bei der Wilstermarsch Service GmbH, Tel. 04823/9215950

9 Wissenswertes im Naturkundemuseum
Sie möchten mehr wissen über Fauna und Flora der Region? Da bietet sich ein Besuch im Naturkundlichen Heimatmuseum im Speicher des Alten Rathauses in Wilster an. Der Eintritt ist frei.
> Geöffnet ist das Museum, das vom Förderverein Historische Rathäuser in Wilster betreut wird, von März bis Oktober am ersten und dritten Samstag im Monat, 10–12 Uhr oder nach Absprache unter Tel. 04823/9210740
.

10 Museum für Künstler mit Weltruhm
Sein Ziel war das Gesamtkunstwerk – dem aus Böhmen stammenden Wenzel Hablik widmet sich das nach ihm benannte Museum in der Itzehoer Reichenstraße 21. Neben der Dauerausstellung gibt es wechselnde Sonderausstellungen.
> www.wenzel-hablik.de, Öffnungszeiten: Di.–Sa. 14–17 Uhr, So. und feiertags 11–17 Uhr, Eintritt: Erwachsene: 4 Euro, ermäßigt: 2 Euro. Schulklassen und Kinder bis 14 Jahren frei

11 Es klappert die Mühle

Die erste Windmühle in Rumfleth bei Brokdorf wurde im Jahre 1534 von vier Bauern aus der Wilstermarsch mit Genehmigung des dänischen Königs erbaut. Achtmal fiel sie den Flammen zum Opfer. Die heutige Mühle stammt aus dem Jahr 1872 und wurde als einstöckiger Galerieholländer mit Windrose und Jalousie-Flügel errichtet und ist immer noch voll funktionsfähig. Die Mühle wurde 1981 unter Denkmalschutz gestellt. Auf Anmeldung können im Speicher der Mühle Gruppen zwischen 10 und 40 Personen, kleinere Gruppen bis zu 20 Personen auch in der Windmühle selbst, Kaffee trinken und Kuchen essen.

> *Rumflether Mühle Aurora, (Fam. Martens), Tel. 04823/8245, www.rumflether-muehle.de*

12 Mitten in der Stadt ein Kulturtempel

Es wirkt ein wenig wie ein Zirkuszelt: das Theater Itzehoe, entworfen vom berühmten Architekten Gottfried Böhm. Pro Spielzeit gibt es mehr als 200 Veranstaltungen.

> *www.theater-itzehoe.de*

13 Ausblick von einem Kulturdenkmal

Man kommt wieder nach oben: Im Itzehoer Stadtwald kann das Kulturdenkmal Bismarcksäule bestiegen werden. Geöffnet ist es von April bis Oktober – und in einem rollenden Kiosk gibt es Naschereien von früher sowie Getränke von heute.
Bis 2021 ist das Denkmal wegen Sanierungsarbeiten gesperrt.

> *www.bismarckturm-itzehoe.de*

14 Museum am Wasserturm Hohenlockstedt

Das Heimatmuseum ist in dem historischen Pumpenhaus, gleich neben dem ebenfalls unter Denkmalschutz stehenden Wasserturm in Hohenlockstedt untergebracht. Zum einen wird die heimatliche Geschichte von Hohenlockstedt, früher hieß die Gemeinde „Lockstedter Lager“, jedem Interessierten näher gebracht, zum anderen wird an die traditionelle Verbundenheit mit den Finnischen Jägern erinnert.

> *Tel. 04826/370042, www.hohenlockstedt-museum.de*

15 Kultur in einem alten Zementwerk

Ein Kulturzentrum soll es werden, eine Zementfabrik war es einmal: Inmitten der Ruinen des früheren Alsen-Werkes in Itzehoe hat sich der Verein „planet-alsen“ eingerichtet. Dieser hat den Werdegang des Geländes dokumentiert und versucht, die kulturelle Entwicklung voranzutreiben.

> *www.planet-alsen.de*

16 Edle Tropfen im ehrwürdigen Haus

Rund 50 Spirituosen aus eigener Herstellung, dazu ein Sortiment mit 1000 verschiedenen Weinen – Freunde des guten Tropfens sind im Weinhaus Pfingsten richtig. Seit 1879 gibt es den Handel in der Itzehoer Altstadt. Regelmäßig finden in den alten Gewölben Weinproben statt.

> *www.weinhaus-pfingsten.de*

17 Kultur im Herzen Itzehoes

Das Kreismuseum Prinzeßhof liefert in der Dauerausstellung schwerpunktmäßig Informationen zur Geschichte und Kulturgeschichte des Kreises Steinburg im 19. und 20. Jahrhundert. Zudem besticht es mit vielen wechselnden Sonderausstellungen und Filmvorführungen.

> *Öffnungszeiten: Di.–So. 10–12 Uhr und 14.30–17 Uhr, www.museum-prinzesshof.de*

18 Fayence-Tradition im Museum

Eine lange Keramik-Tradition hat die Stadt Kellinghusen. Fayencen aus dem 18. und 19. Jahrhundert sind im städtischen Museum (Hauptstraße 18) ausgestellt.

> *Öffnungszeiten: Mo.–Fr. 10–12.30 Uhr, Mo.–So. 14–17 Uhr (außer mittwochs). Januar und Februar geschlossen*

19 Alte Züge neu erleben

Der Verein „Freunde der Marschbahn Glückstadt“ betreibt das Stellwerkmuseum in Glückstadt. Er will die Geschichte der Eisenbahn in Glückstadt und entlang der Marschbahn lebendig machen. Zu sehen gibt es historische Eisenbahnfahrzeuge, eine große Zahl an historischen Gegenständen sowie die Geschichte in regelmäßigen Ausstellungen.

> *Öffnungszeiten: Mai–Okt. am 1. So. des Monats 14–17 Uhr oder nach Vereinbarung, Dieter Meier: Tel. 04124/604086, Ewald Jahstorfer: Tel. 04124/1571, E-Mail: info@marschbahn-glueckstadt.de, www.marschbahn-glueckstadt.de*

20 Schlendern am Glückstädter Hafen

Der Glückstädter Binnenhafen wartet mit einem einzigartigen maritimen Ambiente auf. Die neu gestaltete Promenade mit dem Hafenkopf und Tafeln zur Historie lädt zum Schlendern und Verweilen ein.

21 Wo Günter Grass seinen „Butt“ schrieb

Er rettete die alte Kirchspielvogtei in Wewelsfleth vor dem Verfall und machte daraus das „Alfred-Döblin-Haus“ (Dorfstraße 3). Günter Grass lebte hier von 1972 bis 1984, schrieb „Kopfgeburten“, „Butt“ und „Rättin“. Das Haus schenkte er der Berliner Akademie der Künste, die hier seither mehr als 200 Stipendiaten unterbrachte. Das raue Klima hinterm Deich gilt vor allem im Winter als förderlich für Kreative.

22 Ice, Ice Baby

Es ist das beliebteste Winter-Ausflugsziel in Holstein: Das Elbe-Ice-Stadion in Brokdorf. Eis-Laufen, Eis-Disco, Eis-Stockschießen. Zwischen Oktober und März gibt es zudem jede Menge Events – ideal auch für Schulklassen und Gruppen.

> *Wilstermarsch Service GmbH, Tel. 04823/9215950, E-Mail: info@wilstermarsch-service.de, www.wilstermarsch-service.de*

23 Seit 1969 Ort für Kultur
Das Glückstädter Detlefsen-Museum ist seit 1969 im Brockdorff-Palais am Fleth 43 zu Hause. Seit 1992/93 steht das stattliche Gebäude ausschließlich für das Museum und das Stadtarchiv zur Verfügung. Damit wurde eine glückliche Lösung gefunden, denn die kostbare Sammlung ist nun in einem architekturgeschichtlich nicht minder wertvollen Bau untergebracht. Viele Sonderausstellungen und Führungen.
> Öffnungszeiten: Mi.–So. 14–17 Uhr (ab März), Do., Sa., So. 14–17 Uhr (Jan. und Feb.), www.detlefsen-museum.de

24 Heiraten auf dem historischen Schiff
Wer einen besonderen Ort zum Heiraten sucht, ist in Glückstadt richtig. Zum einen werden Paare auf dem historischen Zollkreuzer „Rigmor von Glückstadt" direkt am Hafen getraut, zum anderen auch in der historischen Döns im Detlefsen-Museum.

25 Kanonenkugeln an Glückstädter Häusern
Wer durch Glückstadt spazieren geht, entdeckt an vielen Häusern Kanonenkugeln. Sie wurden in den Fassaden als Erinnerung an die Belagerung

der Festung 1813/14 durch die Schweden angebracht. So zum Beispiel bei der Bäckerei Witt am Fleth 21.

26 Baden im Baggersee
Die Rensinger Seen sind durch Tonabbau entstandene Baggerseen im Kellinghusener Ortsteil Rensing. Der dort abgebaute Ton wurde in den lokalen Fabriken und Ziegeleien verwendet. Am 30. Juni 1997 wurden die Seen dann als Naturerlebnisraum anerkannt, da sie unter anderem zahlreiche Fischarten beheimaten.
> Tel. 04822/376230, E-Mail: info@kellinghusen.de, www.kellinghusen.de

27 Auf den Spuren der Finnen
Der einstige Truppenübungsplatz Lockstedter Lager war als Ausbildungsort finnischer Freiwilliger Ausgangspunkt des finnischen Unabhängigkeitskampfes gegen Russland (1915–1917). Darüber informiert das Hohenlockstedter Museum am Wasserturm.

> Öffnungszeiten: Sonntag 14–16.30 Uhr, www.museum-hohenlockstedt.de

28 Alles Käse im Meierhof

90 Käsesorten von 25 Hofkäsereien bietet der Meierhof Hohenlockstedt (Kieler Straße 84). Dazu gibt es Informationen sowie Führungen und Seminare.

> Öffnungszeiten: Di., Do., Fr. 9–18.30 Uhr, Sa. 8–12.30 Uhr, Tel. 04826/370378, www.meierhof-kaese.de

29 Kaffeenachmittag zwischen Orchideen

Selbst gemachte Torten in einem blumenreichen Ambiente: Das bietet das Schenefelder Orchideencafé (Holstenstraße 2). Auf Wunsch gibt es einen Orchideenvortrag über Pflege, Besonderheiten und Handhabung.

> Öffnungszeiten: Do.–So. 14–18 Uhr, Tel. 04892/9773399

30 Künstlern bei der Arbeit zusehen

Malern, Bildhauern und Grafikern bei der Arbeit über die Schulter sehen – das ist zumeist am Wochenende in der Künstlerkolonie am Hungrigen Wolf (Hohenlockstedt, Towerstraße) von 14 bis 18 Uhr möglich.

31 Baden in der Lohmühle

Badesee, Liegewiese, Spielplatz und Wanderwege – das bietet das Naturparadies an der Lohmühle Hohenlockstedt. Dazu gibt es einen Kiosk.

32 Herstellung des Glückstädter Matjes

Die Gräten werden noch per Hand herausgenommen. Wie original Glückstädter Matjes produziert wird, zeigt Henning Plotz in seiner Produktionsstätte. Führungen und Vorträge über den jungfräulichen Hering gibt es allerdings nur in Gruppen.

> Tel. 04124/932787, www.deutscher-matjes.de

33 Betörende Düfte erleben

Historische Rosen – und ihr betörender Duft: Die ganze Welt der Königin der Blumen erleben Besucher bei der Baumschule Schütt in Neuendorf-Sachsenbande, Vorder-Neuendorf 16.

> Tel. 04823/9195

34 Burgbesichtigung mit Kaffeetrinken
Eine Tour ist Willenscharen wert: Nach der Besichtigung des Wallbergs (frühgeschichtliche Burganlage) lädt Hof Ansgarius zum Kaffee ein (jeden Sonnabend und Sonntag 13 bis 17 Uhr). In der Erntezeit können Blaubeeren auf dem Fölster-Hof gepflückt werden.

35 Weihnachten auch im Sommer
Hier ist das ganze Jahr ein wenig Weihnachten: Im Kerzenhaus Callsen in Itzehoe gibt es die Artikel zum Fest auch im Sommer – und Kerzen ziehen auch als Event zum Kindergeburtstag.
> *Öffnunsgzeiten: Mi.–Fr. 10–17 Uhr, Sa. nach Absprache, Tel. 04821/4070944, www.kerzenhaus-callsen.de*

36 Idyllische Bootstouren
Die Wilstermarsch von der Wasserseite aus entdecken ist bei Bootsfahrten auf dem „Aukieker" (auch mitsamt Fahrrad) auf der Wilsterau möglich. Dazu bieten sich als Kombination Kutsch- oder Paddeltouren an.
> *Tel. 04823/9215950*

37 Paradies vor der Haustür
Eine einmalige Binnendünenlandschaft, seltene Pflanzen und Kleinlebewesen: Das Naturschutzgebiet Nordoer Heide, früher ein Truppenübungsplatz, ist ein Paradies für Naturliebhaber. Bei Anreise mit dem Auto parkt man am besten am Ende des Krebswegs in Dägeling.

38 Freizeitspaß Boßelsport
Lust auf Boßelsport? In Hollerwettern am Elbdeich treffen Sie Ihren Boßelführer samt Ausrüstung.
> *Dauer der Tour: etwa 4 Stunden, Preis: 17 Euro (mindestens 10 Personen), Tel. 04823/9215950*

39 Lebendige Geschichte in der Treckerscheune
In der Bahrenflether Treckerscheune wird der frühere Alltag auf dem Lande wieder lebendig: Historische Maschinen und Werkzeuge, Bauernstube und Werkstätten gibt es zu sehen. Alle zwei Jahre findet ein Scheunenfest statt.
> *Geöffnet: April–Okt.: 1. Sonntag im Monat 11–16 Uhr und nach Vereinbarung, Tel. 04824/2640*

40 Fundgrube für Hobby-Geologen

Jährlich steigen 500 Besucher in die Lägerdorfer Kreidegruben – meist Hobby-Geologen und Fossiliensammler, die nach versteinerten Seeigeln und Donnerkeilen suchen.

> *Dirk Schnoor, Tel. 04323/ 7828 oder 0151/15269121*

41 Auf den Spuren des Backstein-Papstes

Das Chilehaus in Hamburg ist sein berühmtestes Bauwerk. Der 1949 gestorbene Architekt Fritz Höger gilt als führender Vertreter des norddeutschen Klinker-Expressionismus. Im Kreis Steinburg hinterließ der Backstein-Papst das Soldatenheim in Hohenlockstedt, ein Geschäftshaus in Glückstadt (Markt 1), eine Schule in Neuenkirchen – und in Itzehoe ein Mahnmal zum Gedenken an Nazi-Opfer.

42 Spezialität: echte Störkringel

Wer sich ein besonderes Andenken mit nach Hause nehmen möchte, dem seien die echten Störkringel empfohlen. Es gibt nur noch eine Bäckerei, die sie auf Anfrage herstellt.

> *Bäckerei Käding in Beidenfleth, Tel. 04829/629*

43 Ein Spaziergang durch das Moor

Bis 1960 wurde in Krempermoor Torf abgebaut. Heute erwartet Spaziergänger dort eine landschaftliche Idylle. Nur noch einmal im Jahr – bei den Moortagen – wird die schwere Arbeit der Moorbauern wieder lebendig.

> *Bürgermeister Reiner Kortas, Tel. 04824/300025*

44 Schöpfmühle und Entwässerung

Die Entwässerung der Wilstermarsch – wie funktionierte sie früher? Das erleben Besucher an der funktionstüchtigen Schöpfmühle in Honigfleth.

> *Anfragen für Führungen unter Tel. 04823/9215950*

44 Tipps für den Kreis Dithmarschen

Ein Landkreis mit vielen Facetten und lohnenden Zielen

Informationen für Urlaub und Ausflüge

Dithmarschen Tourismus e. V., Markt 10, Heide,
Tel. 0481/2122555, www.dithmarschen-tourismus.de;
Unterelbe Tourismus e. V., Große Nübelstraße 31, Glückstadt,
Tel. 04124/6049592, www.holstein-tourismus.de

1 Meistbefahrene Wasserstraße

Als meistbefahrene künstliche Wasserstraße der Welt ist der Nord-Ostsee-Kanal ein Besuchermagnet. Ob Frachter oder Traumschiff, vom Nord-Ostsee-Kanal weht ein Hauch von großer, weiter Welt. Entlang der Wasserstraße lässt sich vorzüglich radwandern. Und immer wieder bieten sich Abstecher zu interessanten Zielen im Hinterland des Westküstenkreises an.

PRINSENDAM

Stolz sind die Dithmarscher auf ihre Geschichte. Nicht Könige hatten das Sagen, sondern Bauernführer. Und die rangen 1550 sogar die berüchtigte Schwarze Garde des Dänenkönigs nieder. Das Historische begegnet dem aufmerksamen Besucher an vielen Orten.
Landwirtschaft ist heute nur ein Standbein, Windkraft ein anderes. Immerhin wurde die erste „richtige“ Windkraftanlage, der „Growian“, im Kaiser-Wilhelm-Koog errichtet. Über die Kreisstadt Heide hinaus hat sich die Fachhochschule Westküste einen guten Ruf erworben. Im Süden des Kreises, in Brunsbüttel, befindet sich das größte Industriegebiet des Landes, doch auch in der Schleusenstadt spielt Tourismus längst eine Rolle. Traditionelle Urlaubermagnete sind Büsum und Friedrichskoog. Aber auch die Luftkurorte Albersdorf und Burg sind gern gewählte Ziele. Und der Tourismus mit einer Vielzahl attraktiver Angebote wächst beständig. Wer über Dithmarschen spricht, kommt an künstlerischen Größen nicht vorbei: Klaus Groth und Johannes Brahms etwa lebten in Heide, Friedrich Hebbel in Wesselburen und Boy Lornsen in Brunsbüttel. Die einstige Bauernrepublik hat eben viele Facetten.

Wussten Sie, dass …

Deutschlands größter Marktplatz in Heide **4,7** Hektar misst? Er wurde 1434 angelegt. Dort traf sich der Rat der freien Bauernrepublik.

80 Millionen Kohlköpfe jedes Jahr in Dithmarschen geerntet werden? Die Hackfrucht steht im September kreisweit im Mittelpunkt der Kohltage.

Zitiert:

Einmal im Jahr schaut Schleswig-Holstein nach Marne. Dann sind wir richtig laut.
Heiko Claußen, Karnevalspräsident, Marne

2 Nationalpark erwandern
Mit Pauken und Trompeten ins Watt: Wattwandern kann man an vielen Stellen in Dithmarschen – aber nur in Büsum ist mitunter eine Blaskapelle dabei. Die Tradition geht zurück bis 1900.
> *Termine unter www.buesum.de und für das gesamte Kreisgebiet unter www.watterleben.de*

3 Phänomenal
Gehen Sie auf eine spannende Entdeckungsreise durch unterschiedliche Sinne und physikalische Phänomene. Auf 6000 Quadratmetern Fläche ist das in der Phänomania in Büsum möglich. Die Architektur des blauen Hau-

ses in der Dr.-Martin-Bahr-Straße 7 ist einer riesigen Welle nachempfunden.
> *Öffnungszeiten: Mo.–So. 10–18 Uhr*

4 Au-Tour im Spreewaldkahn
Einmalig in Schleswig-Holstein: Gestakte Kahnfahrten mit original Spreewaldkähnen bieten auf der Burger Au ein Erlebnis der besonderen Art. Unterwegs gibt es Kaffee und Kuchen.
> *Dienstag, Donnerstag, Samstag und Sonntag um 14.30 Uhr, Anmeldung erforderlich, Tel. 04825/930518 oder 0177/2630336 über das Fremdenverkehrsamt Burg*

5 Nationaldenkmal der Dithmarscher

In der Schlacht bei Hemmingstedt schlugen am 17. Februar 1500 die Dithmarscher Bauern die zahlenmäßig weit überlegenen Truppen des dänischen Königs. Daran erinnert die Dusenddüwelswarf bei Epenwöhrden. Inklusive Info-Pavillon, immer geöffnet, kostenfrei.

6 Urgemütlich am Elbdeich

Direkt am Elbdeich in Brunsbüttel liegt das Café Katchen. Das Haus wurde zu einem gemütlichen Treffpunkt umgebaut. Es gibt Kaffee oder Tee zu leckeren Torten, am Wochenende auch Frühstück.

> Öffnungszeiten: Täglich 14–17.30 Uhr (Frühstück auf Anfrage und mit Anmeldung), www.cafe-katchen.de

7 Flachwassersee von Format

Natur pur bietet das 250 Hektar große Naturschutzgebiet Kudensee mit vielen geschützten Pflanzen- und Vogelarten. Der gleichnamige See ist mit 80 Hektar der größte Dithmarschens und der letzte Flachwassersee in den Elbmarschen. Von Kuden aus lässt es sich am Naturschutzgebiet entlang bis zum Nord-Ostsee-Kanal wandern oder radeln.

8 Spezialität nicht nur für Akademiker

Das einzige Eiergrog-Seminar mit Diplom in Deutschland wird in Wesselburen angeboten. Auf Wunsch auch mit geführten Touren durch die Hebbelstadt.

> Bruno Bahnsen, Tel. 04833/429744, www.eiergrogseminar.de

9 Café Schäferei Rolfs

Leckere selbstgenachte Torten und Kuchen machen das Café zu einem Ziel für die ganze Familie. Kinder können sich in der großen Spielscheune vergnügen. Wer etwas mit nach Hause nehmen möchte, wird sicher im integrierten Bauernhofladen fündig.

> Öffnungszeiten: März–Okt.: täglich 10–18 Uhr, Nov.–Feb.: Sa.–So. 13–17 Uhr, Marschenweg 26, 25761 Büsumer Deichhausen,

Tel. 04834/6545, www.schaeferei-rolfs.de

10 Spiel und Spaß unter Dach
„Willi Wal“ überragt die Häuschen der Fischersiedlung am Friedrichskooger Hafen. Die Indoor-Spielarena „Wal“ ist in der Form eines riesigen Meeressäugers gebaut und verspricht Kindern jede Menge Spaß.
> Geöffnet Montag–Freitag 14–19 Uhr, Wochenende und Feiertage 10–19 Uhr

11 Norditerrane Küche
Alice Heimathafen ist ein kleines, aber feines Restaurant am Neufelder Hafen mit Blick auf das Elbvorland. Das Merkmal ist die sogenannte Norditerrane Küche (klassische Gerichte, vor allem Fisch). Regionale Zutaten vom Land und aus dem Meer finden dabei den Weg auf den Teller.
> Öffnungszeiten Di.–So. 11.30–21 Uhr, Op'n Diek 5, Neufeld, Tel. 04851/9567380

12 Einblick in eine geheimnisvolle Welt
Es ist das drittgrößte Museum dieser Art in Europa: Auf 350 Quadratmetern zeigt das Freimaurermuseum in St. Michaelisdonn freimaurerisches Gebrauchsgut von Medaillen über Logenbücher bis zur Bekleidung.
> Zugang nur nach Absprache: Dietrich Henck-Neelsen, Tel. 04853/1721

13 Heimatmuseum im Clubhaus
Der Name ist irreführend, denn im „Marner Skatclub“ kommen nur noch in der Skatschule die Karten auf den Tisch. Tatsächlich finden sich in dem 1905 erbauten Haus an der Museumsstraße eine heimatkundliche Sammlung sowie wechselnde Ausstellungen.
> Geöffnet Dienstag–Freitag und Sonntag 14.30–18 Uhr, Tel. 04851/3518

14 Behindertengerecht angelegtes Angelrevier
Hobby ohne Handicap: Wenige Meter vom Fähranleger Kudensee entfernt wurde der erste Angelplatz für Behinderte am Nord-Ostsee-Kanal eingerichtet.

15 Wo der Blick auf die Elbe schweift
Der Name ist Programm: „Op'n Diek“, auf dem Deich direkt am Neufelder Hafen liegt die Gaststätte mit einmaligem Blick. Spezialität ist in der Saison der Stint.
> Op'n Diek 3, Neufeld, Öffnungszeiten in der Saison: täglich außer Montag 11.45– 20 Uhr

16 Ringhotel Landhaus Gardels
Die Küche des Gardels ist bis weit über die Landesgrenzen hinaus bekannt. Es werden ausschließlich marktfrische Produkte aus der Region verarbeitet.
> *Westerstraße 19, 25693 St. Michaelisdonn, Tel. 04853/8030, www.landhaus-gardels.de*

17 Gedenkstätte mitten im Wald
Innehalten beim Spaziergang durch den Gudendorfer Forst: Eine Gedenkstätte erinnert an russische Kriegsgefangene und Zwangsarbeiter, die hier begraben sind. An der Straße zwischen Meldorf und St. Michaelisdonn.

18 Wie Wind zu Strom gewandelt wird
Windkraftanlagen sind in Dithmarschen unübersehbar. Wie sie funktionieren, können Sie im Informationszentrum auf dem Gelände der GL Garrad Hassan im Kaiser-Wilhelm-Koog, Sommerdeich 14 b, erfahren.
> *Führungen für Gruppen ab 15 Personen nach Anmeldung, Tel. 04856/9010*

19 Boßeln wie die Europameister
Mitten im Nationalpark Schleswig-Holsteinisches Wattenmeer können Besucher im Meldorfer Speicherkoog den legendären Heimatsport der Dithmarscher ausprobieren: das Boßeln. Mit der mehrfachen Boßel-Europameisterin Dörthe Brandt auf der Originalstrecke der Europameisterschaft 2000.
> *Termine im Internet unter www.brandts-bosseltouren.de*

20 Geschichte der Landwirtschaft
Der Dichter George Bernard Shaw, Prinz Heinrich von Preußen und Knud Hamsun übernachteten einst in der „Neuen Holländerei" in Meldorf. Nachdem das Hotel 1981 niedergebrannt war, entstand dort das landesweit erste Landwirtschaftsmuseum.
> *Geöffnet Ostern bis Okt.: Dienstag–Freitag 10–16.30 Uhr, Samstag und Sonntag 11–16 Uhr; zusätzlich montags geöffnet im Juli und August; Nov. bis Ostern: Dienstag–Freitag 10–16 Uhr, Sonntag 11–16 Uhr*

21 Ruhestätte der Bauern-Regenten
An Familien, die 1447–1559 die Bauernrepublik prägten, erinnert der Geschlechterfriedhof an der Kirche von Lunden.
> *www.kirchengemeinde-lunden.de*

22 Geburtshaus des Heimatdichters
Das Bett fest in die Wand eingebaut, ein Bilegger-Ofen, der von der Küche aus beheizt wird – so sieht das Geburtszimmer von Klaus Groth (1819–1899) aus. Zu sehen in seinem Geburtshaus in Heide, heute Museum.
> *Dienstag–Donnerstag 11.30–17 Uhr, Freitag 11.30–14 Uhr, Samstag 14–17, Sonntag 11.30–17 Uhr*

23 Zahnarztbohrer mit Fußbetrieb in Burg
Eine Museumsapotheke, die 200 Jahre Apothekenwesen zeigt, eine Zahnarztpraxis mit fußbetriebenem Bohrer, Sattlerwerkstatt, Friseursalon, Kolonialwarenladen: das Burger Museum in der Großen Mühlenstraße 6.
> *Geöffnet vom 1. Mai bis 31. Okt., Dienstag, Freitag, Samstag und Sonntag 14.30–16.30 Uhr, in der Nebensaison nur sonntags*

24 Urige Unterkunft für Radwanderer
Eine ebenso schöne wie urige Übernachtungsmöglichkeit im Herzen der Stadt bietet Brunsbüttel Radwanderern. Direkt am Hallenbad LUV liegt das kleine Hüttendorf. Im Bistro des Freizeitbads kann gefrühstückt werden.
> *Geöffnet ab 1. April bis Herbstferien, Tel. 04852/940450*

25 Waisenhaus für Seehundbabys
Ein Rettungsanker für verwaiste Seehundbabys, die Heuler, ist die Seehundstation in Friedrichskoog. Dort werden die Säuger aufgepäppelt – und auch erforscht. Es gibt viele Infos rund um die Tiere. Und ein Aussichtsturm lockt zum Blick bis nach Cuxhaven.
> *Geöffnet von März bis Okt. täglich 9–18 Uhr, Nov. bis Februar täglich 10–16 Uhr*

26 Badespaß zwischen Schafen
Sonnen auf den Salzwiesen, im Hintergrund blöken die Schafe, am Horizont geht der Blick bis nach Niedersachsen, und je nach Gezeitenlage gibt es Watt oder Wasser satt: Eine der schönsten Naturbadestellen findet man im Kaiser-Wilhelm-Koog. Völlig ohne Kurtaxe.

27 Fangfrisch vom Krabbenkutter
In Büsum gibt es sie noch: echte Krabbenkutter, die täglich hinaus auf die Nordsee fahren. Wenn sie zurückkommen, verkaufen viele Fischer frisch gekochte Krabben im Hafen direkt vom Kutter. Pulen und genießen.

28 Blick in den Braukessel
Sie ist die letzte Braustätte an der Westküste und seit über 100 Jahren in Familienbesitz: die Dithmarscher Brauerei in Marne. Die „Beugelbuddel" mit dem Keramikverschluss ist typisch. Wie der Gerstensaft in die Flasche kommt, wird bei einer Brauereiführung erklärt.
> *Österstraße 18, Tel. 04851/9620*

29 Hier kommt richtig was auf den Teller
Morgens gefischt, abends auf dem Tisch: Der Fisch in „Gilas Landgasthof" kommt vom Familienkutter, die Portionen sind üppig – und schon allein der Dithmarscher Charme der Wirtin ist einen Besuch wert. Unbedingt reservieren.
> *Hauptstraße 53 in Dieksanderkoog, Donnerstag Ruhetag, Tel. 04856/337*

30 Die „Lange Anna" sehen
An der deutschen Nordseeküste gibt es viele Inseln, aber keine von ihnen ist mit Helgoland vergleichbar. 70 Kilometer vom Festland entfernt hebt sich der mächtige Buntsandsteinfelsen aus dem Meer. Von Büsum nach Helgoland bringt Sie täglich die „MS Funny Girl" von April bis November.
> *Tel. 04721/667600*

31 Natürlich reines Wasser
Badewasser ohne Chemie – das bietet das Quellenbad am Ohlendieksweg in Bunsoh, eines der wenigen Naturbäder im Land.
> *Mitte Mai bis Anfang Sept., täglich 13–19 Uhr*

32 Greifvögel zeigen ihre Flugkünste
Alles dreht sich um Greifvögel auf dem Falkenhof in Schalkholz bei Tellingstedt. 90 Minuten dauert die Vorführung, gespickt mit Wissenswertem.
> Ostern bis 31. Okt., täglich außer Donnerstag um 15 Uhr

33 Trockenen Fußes ab ins Meer
Egal, ob Ebbe oder Flut – auf dem Trischendamm vor Friedrichskoog-Spitze geht es trockenen Fußes mehr als zwei Kilometer hinaus in die Nordsee.

34 Leckere hausgemachte Torten
Ob in den liebevoll eingerichteten Räumen oder im urigen Garten unter alten hohen Bäumen: Die besten hausgemachten Torten weit und breit gibt es in „Dat lütte Café" in der Krenzerstraße 1 in Burg.
> Geöffnet Mittwoch–Montag 14–18 Uhr

35 In den Ehehafen einlaufen
In Büsum können Paare ganz wörtlich in den Hafen der Ehe einlaufen. Auf dem Krabbenkutter „Hauke" ist eine Trauung auf dem Meer möglich.
> Standesamt Büsum, Tel. 04834/99453

36 Dicke Pötte und kleine Boote
Die Schnittstelle zwischen Nord-Ostsee-Kanal und Elbe bilden die Brunsbütteler Schleusen. Darüber informiert das Schleusenmuseum „Atrium" bei der Tourist-Info. Schleusenführungen gibt es auf Anfrage: Tel. 04852/51222.
> Geöffnet vom 15. März bis zum 15. Nov., täglich 10.30–17 Uhr

37 Dithmarscher Nationalgemüse
Im Wesselburener „Kohlosseum" im Gebäude der alten Sauerkrautfabrik erfahren Besucher alles über das Dithmarscher Nationalgemüse – von der Aufzucht über Putzen und Transport bis zur Verarbeitung in der „Krautwerkstatt".
> Geöffnet Dienstag, Mittwoch und Donnerstag 14–17 Uhr, www.kohlosseum.de

38 Bedeutendes Gotteshaus

Trotz seines Namens war der Meldorfer Dom nie Bischofskirche. Dennoch ist er eines der bedeutendsten Bauwerke zwischen Hamburg und Ribe (Dänemark). Schon um das Jahr 820 gab es am Markt eine Feldsteinkirche, die heutige dreischiffige Backsteinbasilika wurde zwischen 1250 und 1300 erbaut.

39 Kaffee trinken mit Blick auf den Kanal

Genießen Sie eine Tasse Kaffee mit Blick auf Segelboote, Container- oder sogar Traumschiffe: Das „Fährhaus" in Burg und in Hochdonn liegt jeweils direkt am Nord-Ostsee-Kanal, in Hochdonn werden auch Speisen serviert.

> Burger Fährhaus, Hafenstraße 48, www.burger-faehrhaus.de; Zum Fährhaus, Hauptstraße 133, Hochdonn, Montag und Mittwoch–Freitag ab 14 Uhr, Samstag und Sonntag ab 10 Uhr

40 Badespaß direkt am Kanal

Planschen in der Bugwelle der großen Pötte – das gibt es nur an der Badestelle „Klein Westerland" am Nord-Ostsee-Kanal in Hochdonn, sogar mit Sandstrand. Eintritt frei.

41 Aussichtspunkt und Tiere der Region

Einen weiten Ausblick ins Land – bei gutem Wetter sogar bis zur Elbmündung – bietet der 21 Meter hohe Turm des Waldmuseums im Luftkurort Burg. Das Museum präsentiert die umfangreiche Tier- und Pflanzenwelt der Region.

> Karfreitag bis 31. Okt. Dienstag–Sonntag 10–12 und 14–17 Uhr

42 Strampeln auf alten Bahngleisen
Einst verkehrte hier die Marschenbahn zwischen St. Michaelisdonn und Marne, heute rollen Fahrraddraisinen über die rund zehn Kilometer lange Strecke. Radeln einmal anders.
> Von Mai bis Oktober, Tel. 04853/807305 (St. Michaelisdonn), oder Tel. 04851/957686 (Marne), www.marschenbahn-draisine.de

43 Kult-Freibad am Elbufer
Es war schon fast am Ende, doch dann formierte sich ein Förderverein. Seitdem genießt das Freibad Ulitzhörn in Brunsbüttel eine Art Kultstatus. Das Besondere: An der Liegewiese ziehen große und kleine Schiffe auf der Elbe vorbei.
> www.luv-brunsbuettel.de

44 Zeitreise im Steinzeitdorf
Im Archäologisch-Ökologischen Zentrum Albersdorf (AÖZA) werden mit originalen Denkmälern aus Jungsteinzeit und Bronzezeit, urgeschichtlich eingerichteten Häusern und alten Haustierrassen die Verhältnisse früherer Zeiten erlebbar.
>Süderstraße 47, Albersdorf, geöffnet April bis Anfang Nov. Dienstag–Samstag 11–17 Uhr, Führungen: Sonntag und Feiertage 11–17 Uhr

Titelabbildungen:
Frontcover (von oben nach unten, von links nach rechts): Fotolia (JFL Photography), Fotolia (Jürgen Wackenhut), Fotolia (druckingenieur), Fotolia (Jürgen Effner), Fotolia (Wilm Ihlenfeld), Fotolia (Jürgen Wackenhut), Fotolia (marcohoffmann)
Backcover (von oben nach unten, von links nach rechts): Marcus Dewanger, Redaktion sh:z, Redaktion sh:z, Adler-Schiffe, Tolk-Schau

Vorwort:
S. 7: Sibylle Bremer

Sylt:
„Wussten Sie, dass …“: Bild 1 (Häuser): dpa, Bild 2 (Strand): Gunnar Dommasch, Bild 3 (Suhrkamp): Redaktion sh:z, Tipp 1 (großes Bild): Wikimedia Commons (Jörg Braukmann, CC BY-SA 4.0), Tipp 2: Jörg Christiansen, Tipp 3: Michael Staudt, Tipp 4: Söl'ring Foriining, Tipp 9: Sylt-Aquarium, Tipp 14: Georg Supanz, Tipp 18: Jörg Christiansen, Tipp 27: Jörg Christiansen, Tipp 29: Jörg Christiansen, Tipp 33: Wikimedia Commons (Jörg Braukmann, CC BY-SA 4.0), Tipp 39: Moritz Wussow, Tipp 42: Boris Trenkel, Tipp 45: Hans-Dieter Reinke, Tipp 52: Georg Quedens

Föhr:
„Wussten Sie, dass …“: Bild 1 (Museum): Petra Kölschbach, Bild 2 (Wald): Georg Quedens, Bild 3 (Andersen): dpa, Tipp 1: Wikimedia Commons (Mathias v.d. Elbe, CC BY-SA 4.0), Tipp 2: Walter Wickel, Tipp 3: Henner Heinrichs, Tipp 4: Volkert Bandixen, Tipp 5: Adler-Schiffe, Tipp 19: Petra Kölschbach, Tipp 23: Henner Heinrichs, Tipp 24: Wilfried Dunckel, Tipp 29: Dirk Jenßen, Tipp 37: Volkert Bandixen, Tipp 44: picture alliance

Südtondern:
„Wussten Sie, dass …“: Bild 1 (Nolde): dpa (VG Bild Kunst), Bild 2 (Amt):Volkert Bandixen, Bild 3 (Petersen): Michael Staudt, Tipp 1: grafikfoto.de, Tipp 2: dapd, Tipp 3: Moritz Pelte, Tipp 4: Ute Weiß, Tipp 5: Michael Staudt, Tipp 6: Vanessa Müller, Tipp 9: Nordfriesland Tageblatt, Tipp 20: Nordfriesland Tageblatt, Tipp 24: Michael Staudt, Tipp 27: Moritz Pelte, Tipp 36: dpa, Tipp 40: Genet, S. 47: Fotolia

Husum:
„Wussten Sie, dass …“: Bild 1 (Wappen): Husumer Nachrichten, Bild 2 (Pharisäer): Husumer Nachrichten, Bild 3 (Gräfin zu Reventlow): Husumer Nachrichten, Tipp 1: Fotolia/stock.adobe.com (pure-life-pictures), Tipp 2: Volkert Bandixen, Tipp 3: Volkert Bandixen, Tipp 4: Volkert Bandixen, Tipp 6: Volkert Bandixen, Tipp 13: Volkert Bandixen, Tipp 15: Karin Rohr, Tipp 24: Volkert Bandixen, Tipp 29: Volkert Bandixen, Tipp 31: Volkert Bandixen, Tipp 40: Rüdiger Otto von Brocken, Tipp 50: Stephan Bülck

Eiderstedt:
„Wussten Sie, dass …“: Bild 1 (Sonnenschein): grafikfoto.de, Bild 2 (Deich): Volkert Bandixen, Bild 3 (Husumer Nachrichten), Tipp 1: Fotolia (pankow), Tipp 2: Volkert Bandixen, Tipp 3: Volkert Bandixen, Tipp 4: Volkert Bandixen, Tipp 5: grafikfoto.de, Tipp 8: Wilfried Dunckel, Tipp 18: Wilfried Dunckel, Tipp 19: Volkert Bandixen, Tipp 23: Volkert Bandixen, Tipp 24: Volkert Bandixen, Tipp 27: Volkert Bandixen

Flensburg:
„Wussten Sie, dass …“: Bild 1 (Schiffe): Michael Staudt, Bild 2 (Luftbild): Michael Staudt, Bild 3 (Casper): Gorm Casper, Tipp 1: Michael Staudt, Tipp 2: grafikfoto.de, Tipp 3: Michael Staudt, Tipp 4: Michael Staudt, Tipp 12: Michael Staudt, Tipp 14: Redaktion sh:z, Tipp 17: Jill van Zoest, Tipp 20: grafikfoto.de, Tipp 21: grafikfoto.de, Tipp 26: Gunnar Dommasch, Tipp 32: Marcus Dewanger, Tipp 40: Michael Staudt

Schleswig:
„Wussten Sie, dass ...": Bild 1 (Dorfmuseum): Wikimedia Commons (Holger.Ellgaard, CC BY-SA 4.0), Bild 2 (Wikinger Häuser): Wikinger Museum Haithabu, Bild 3 (Gottorf): Michael Staudt, Tipp 1: Wikimedia Commons (Taschenkrebs), Tipp 2: Hans-Wilhelm Langholz, Tipp 3: Sebastian Hebbeln, Tipp 5: dpa, Tipp 8: Marcus Dewanger, Tipp 20: Michael Staudt, Tipp 24: Marcus Dewanger, Tipp 37: Tolk-Schau

Kappeln:
„Wussten Sie, dass ...": Bild 1 (Figuren): Stadt Kappeln, Bild 2 (Hering): Rebecca Nordmann, Bild 3 (Müller): dpa, Tipp 1: Einar Maschmann, Tipp 2: Rebecca Nordmann, Tipp 3: Michael Staudt, Tipp 4: Rebecca Nordmann, Tipp 10: Rebecca Nordmann, Tipp 13: dpa, Tipp 16: Rebecca Nordmann, Tipp 18: Rebecca Nordmann, Tipp 27: Rebecca Nordmann, Tipp 29: Naturerlebniszentrum Maasholm, Tipp 30: dpa, Tipp 34: Martin Engelbert, Tipp 37: Modernclassics Maasholm, Tipp 40: Rebecca Nordmann, Tipp 42: Rebecca Nordmann, Tipp 44: Redaktion sh:z

Eckernförde:
„Wussten Sie, dass ...": Bild 1 (Umzug): Gernot Kühl, Bild 2 (Hotel): Gernot Kühl, Tipp 1: Bernt Wellhausen, Tipp 2: Birte Sieland, Tipp 3: Michael Staudt, Tipp 4: Hannah Sliwka, Tipp 5: Stadtwerke Eckernförde, Tipp 6: Marcus Dewanger, Tipp 18: Gernot Kühl, Tipp 21: Restaurant TreibGut, Tipp 22: Eichhörnchen-Aufzuchtstation, Tipp 34: Jan Schönstedt, Tipp 41: Redaktion sh:z

Rendsburg:
„Wussten Sie, dass ...": Bild 1 (Blaue Linie): Ariana Giese, Bild 2 (Lange Bank): Landeszeitung, Bild 3 (Storm): Redaktion sh:z, Tipp 1: Wikimedia Commons (Edit coxx, CC BY-SA 4.0), Tipp 2: Manuela Perbandt, Tipp 3: Sabine Sopha, Tipp 4: Horst Becker, Tipp 5: Tobias Fligge, Tipp 20: Florian Käselau, Tipp 42: Christian Rohbohm

Neumünster:
Tipp 1: Rolf Ziehm, Tipp 2: Christian Lipovsek, Tipp 3: Marcus Dewanger, Tipp 4: Rolf Ziehm, Tipp 6: Michael Ruff, Tipp 7: Redaktion sh:z, Tipp 8: Redaktion sh:z, Tipp 13: Redaktion sh:z, Tipp 23: Sternwarte Neumünster, Tipp 29: Jens Bluhm, Tipp 36: Pony-Park Padenstedt

Kiel:
„Wussten Sie, dass ...": Bild 1 (Regatta): dpa, Bild 2 (CAU): dpa, Bild 3 (Gíslason): dpa, Tipp 1: Redaktion sh:z, Tipp 7: Mediendom Kiel, Tipp 12: Marcus Dewanger, Tipp 14: Margret Kiosz, Tipp 17: dpa, Tipp 25: Redaktion sh:z, Tipp 31: Redaktion sh:z, Tipp 35: Margret Kiosz, Tipp 41: Thomas Schulze, Tipp 42: Redaktion sh:z, Tipp 43: Fotolia (Wolfgang Jargstorff), Tipp 44: Margret Kiosz

Holsteinische Schweiz:
„Wussten Sie, dass ...": Bild 1 (Plöner See): Ostholsteiner Anzeiger, Bild 2 (Naturpark): Ostholsteiner Anzeiger, Bild 3 (Voß): dpa, Tipp 1: Achim Krauskopf, Tipp 2: Ostholsteiner Anzeiger, Tipp 3: Michael Staudt, Tipp 4: Ostholsteiner Anzeiger, Tipp 5: dpa, Tipp 27: dpa, Tipp 28: Ostholsteiner Anzeiger, Tipp 29: Touristinfo Plön, Tipp 35: Ostholsteiner Anzeiger, Tipp 39: Ostholsteiner Anzeiger, Tipp 48: Wikimedia Commons (Holger. Ellgaard, CC BY-SA 4.0)

Fehmarn:
„Wussten Sie, dass ...": Bild 1 (Sonne): dpa, Bild 2 (Vögel): dpa, Bild 3 (Kirchner): dpa, Tipp 1: Wikimedia Commons (Wolfgang Pehlemann, CC BY-SA 3.0), Tipp 2: Stefan Sobotta, Tipp 3: Thomas Nyfelder, Tipp 4: dpa, Tipp 5: Tourist-Information Fehmarn, Tipp 7: Stefan Sobotta, Tipp 8: ap, Tipp 9: Stefan Sobotta, Tipp 15: dpa, Tipp 16: Wikimedia Commons (Superbass, CC BY-

SA 4.0), Tipp 30: Wikimedia Commons (Moritz Wickendorf, CC BY-SA 3.0), Tipp: 32: Wikimedia Commons (mr.maack@gmx.de, CC BY-SA 2.5), Tipp 33: Wikimedia Commons (Superbass, CC BY-SA 4.0), Tipp 34: Wikimedia Commons (Goego, CC BY-SA 3.0), Tipp 41: Wikimedia Commons (Billboa), S. 189: Fotolia

Lübecker Bucht:
„Wussten Sie, dass …“: Bild 1 (tiefster Festlandpunkt): Ostholsteiner Anzeiger, Bild 2 (Menschen am Strand): Wolfgang Mostaller, Bild 3 (Mann): dpa, Tipp 1: Ostsee-Holstein-Tourismus, Tipp 2: Hansa-Park, Tipp 4: Günter Grätsch, Tipp 5: Jan Kuchenbecker, Tipp 6: Ostholsteiner Anzeiger, Tipp 10: HL-Live, Tipp 19: dpa, Tipp 23: Ostholsteiner Anzeiger, Tipp 24: Michael Ruff, Tipp 44: Museumshof Lensahn, S. 203: Fotolia

Lübeck:
„Wussten Sie, dass …“: Bild 1 (Ortsschild): HL-Live, Bild 2 (Menschen): HL-Live, Bild 3 (Mann): dpa, Tipp 1: Fotolia/stock.adobe.com (EKH-Pictures), Tipp 2: dpa, Tipp 3: Hendrik Mulert, Tipp 4: Redaktion sh:z, Tipp 8: Hendrik Mulert, Tipp 17: Hendrik Mulert, Tipp 19: Hendrik Mulert, Tipp 28: Alexander Steenbeck, Tipp 29: Karin Lubowski

Lauenburg:
„Wussten Sie, dass …“: Bild 1 (Schaalsee): Jürgen Klemme, Bild 2 (Speichersee): Timo Jann, Tipp 1: Dorothee Meyer, alle anderen Tipps: Timo Jann

Stormarn:
„Wussten Sie, dass …“: Bild 1 (Büttenwarder): Helmut Möller, Bild 2 (Stormarn-Schild): Karin Lubowski, Bild 3 (Görtz): Stephan Poost, Tipp 1: Fotolia (Kameraauge), Tipp 3: NDR, Tipp 4: Volker Stolten, Tipp 6: Stormarner Tageblatt, Tipp 13: Dirk Gusick, Tipp 23: Malte Behnk, Tipp 27: Stormarner Tageblatt, Tipp 29: Rolf Röhling, Tipp 30: Stormarner Tageblatt, Tipp 34: Stormarner Tageblatt, Tipp 37: Stormarner Tageblatt, Tipp 40: Stormarner Tageblatt, S. 243: Stadtmarketing Bad Oldesloe

Pinneberg:
„Wussten Sie, dass …“: Bild 1 (Pflanzen): Pinneberger Tageblatt, Bild 2 (Lasergerät): European XFEL, Bild 3 (Brahms): Pinneberger Tageblatt, Tipp 1: Oliver Gabriel, Tipp 2: Dietmar Vogel, Tipp 3: Carsten Petersen, Tipp 4: Pinneberger Tageblatt, Tipp 16: Oliver Gabriel, Tipp 18: Oliver Gabriel, Tipp 20: Pinneberger Tageblatt, Tipp 29: Meike Kamin, Tipp 40: Andreas Daebeler

Steinburg:
„Wussten Sie, dass …“: Bild 1 (Kuh): Fotolia, Bild 2 (Tiefste Landstelle): Holstein Tourismus Photocompany, Bild 3 (Jensen u. Hübner): dpa (Axel Heimken), Tipp 1: Michael Ruff, Tipp 2: Michael Ruff, Tipp 4: Michael Ruff, Tipp 12: Norddeutsche Rundschau, Tipp 15: Michael Ruff, Tipp 18: Michael Staudt, Tipp 25: Michael Ruff, Tipp 32: Michael Ruff, Tipp 34: Volker Mehmel, Tipp 40: Michael Ruff

Dithmarschen:
„Wussten Sie, dass …“: Bild 1 (Marktplatz Heide): Michael Ruff, Bild 2 (Kohlköpfe): Michael Ruff, Bild 3 (Claußen): Ralf Pöschus, Tipp 1: Michael Ruff, Tipp 2: Michael Ruff, Tipp 3: Michael Ruff, Tipp 4: Norddeutsche Rundschau, Tipp 5: Michael Ruff, Tipp 23: Michael Ruff, Tipp 25: Michael Ruff, Tipp 27: Michael Ruff, Tipp 38: Michael Ruff, Tipp 40: Michael Ruff, Tipp 42: Michael Ruff, Tipp 43: Michael Ruff

Bibliografische Information der Deutschen Nationalbibliothek
Die Deutsche Nationalbibliothek verzeichnet diese Publikation in der Deutschen Nationalbibliografie; detaillierte bibliografische Daten sind im Internet über http://dnb.d-nb.de abrufbar.

ISBN 978-3-8319-0749-6

3., aktualisierte Auflage 2019

Redaktion Verlag: Annette Krüger, Katharina Unteutsch, Sophie Niemann
Redaktion sh:z: Anette Asmussen, Stefan Beuke
Projektkoordination: Sibylle Bremer
Gestaltung: BrücknerAping Büro für Gestaltung GbR, Bremen
Lithografie: Griebel-Repro, Hamburg
Gesamtherstellung: CPI books GmbH, Leck

www.ellert-richter.de
www.facebook.com/EllertRichterVerlag

Alle Angaben in diesem Reiseführer sind gewissenhaft geprüft. Preise, Öffnungszeiten etc. können sich aber schnell ändern. Daher können Autoren und Verlag keine Gewähr für die Richtigkeit übernehmen. Für Anregungen, Berichtigungen und Ergänzungsvorschläge sind wir dankbar. Bitte senden Sie diese an:

sh:z Schleswig-Holsteinischer Zeitungsverlag GmbH
Fördestraße 20
24944 Flensburg
Per E-Mail: flaschenpost@shz.de